LIGANDO OS PONTOS

Georg Feuerstein

LIGANDO OS PONTOS

Fototropia, Instinto de Nomadismo,
Colapso da Biosfera e a Salvação do Nosso Planeta

Tradução
MARCELO BRANDÃO CIPOLLA
DANIEL EITI MISSATO CIPOLLA

Editora
Pensamento
SÃO PAULO

Título do original: *Connecting the Dots.*

Copyright © 2007 Georg Feuerstein.
Publicado originalmente em 2007 por Traditional Yoga Studies, Canadá.
Copyright da edição brasileira © 2013 Editora Pensamento-Cultrix Ltda.
Copyright da foto do autor © 2007.

Texto de acordo com as novas regras ortográficas da língua portuguesa.

1ª edição 2013.

Todos os direitos reservados. Nenhuma parte desta obra pode ser reproduzida ou usada de qualquer forma ou por qualquer meio, eletrônico ou mecânico, inclusive fotocópias, gravações ou sistema de armazenamento em banco de dados, sem permissão por escrito, exceto nos casos de trechos curtos citados em resenhas críticas ou artigos de revistas.

A Editora Pensamento não se responsabiliza por eventuais mudanças ocorridas nos endereços convencionais ou eletrônicos citados neste livro.

Editor: Adilson Silva Ramachandra
Editora de texto: Denise de C. Rocha Delela
Coordenação editorial: Roseli de S. Ferraz
Preparação de originais: Marta Almeida de Sá
Produção editorial: Indiara Faria Kayo
Assistente de produção editorial: Estela A. Minas
Editoração eletrônica: Join Bureau
Revisão: Claudete Agua de Melo e Yociko Oikawa

Dados Internacionais de Catalogação na Publicação (CIP)
(Câmara Brasileira do Livro, SP, Brasil)

Feuerstein, Georg
  Ligando os pontos: fototropia, instinto de nomadismo, colapso da biosfera e a salvação do nosso planeta / Georg Feuerstein; tradução Marcelo Brandão Cipolla e Daniel Eiti Missato Cipolla. – São Paulo: Pensamento, 2013.

  Título original: Connecting the Dots.
  Bibliografia
  ISBN 978-85-315-1825-6

  1. Complexidade (Filosofia) 2. Consciência 3. Crescimento espiritual 4. Evolução humana 5. Filosofia de Vida 6. Fototropia 7. Meio ambiente 8. Nomadismo 9. Sustentabilidade I. Título.

13-02768   CDD-291.4

Índices para catálogo sistemático:
1. Seres humanos: Consciência e evolução espiritual   291.4

Direitos de tradução para o Brasil adquiridos com exclusividade pela
EDITORA PENSAMENTO-CULTRIX LTDA., que se reserva a
propriedade literária desta tradução.
Rua Dr. Mário Vicente, 368 – 04270-000 – São Paulo, SP
Fone: (11) 2066-9000 – Fax: (11) 2066-9008
E-mail: atendimento@editorapensamento.com.br
http://www.editorapensamento.com.br
Foi feito o depósito legal.

SUMÁRIO

Prefácio 7

1. O ser humano, uma espécie fototrópica 17
2. Nomadismo galáctico 53
3. Fogo do céu 85
4. A linguagem e a arte como espelhos da realidade 115
5. Labirintos e mosaicos 141
6. *Omphalos*: o umbigo do universo 159
7. Conhecimento incandescente 185

Epílogo 207
Pós-escrito 211
Notas explicativas 217
Bibliografia selecionada 255

PREFÁCIO

Em todos os estudos que empreendi ao longo dos anos, sempre busquei o sentido profundo das coisas e procurei entender o que elas queriam dizer para mim como pessoa. Nunca me interessei pelos fatos em si mesmos. Como observou Aldous Huxley, "Os fatos são como bonecos de ventríloquo. Sentados no colo de um sábio, enunciam palavras de sabedoria; no de outra pessoa, ou não dizem nada, ou falam bobagens, ou se comportam de maneira pura e simplesmente diabólica".

Com o passar dos anos, minha busca apaixonada pelo sentido pessoal das coisas convergiu cada vez mais para a tentativa de saber de que modo esses conhecimentos e entendimentos poderiam contribuir para a liberdade e a felicidade dos outros e para o bem do nosso planeta como um todo. Na verdade, as duas preocupações andam juntas. Afinal de contas, de certo modo, nós *somos* o mundo onde vivemos. A pessoa que somos se reflete no modo *como* vivemos, e vice-versa.

Desde a adolescência, me acostumei a pôr meus pensamentos no papel, e com isso contribuí – fato do qual tenho tomado dolorosa consciência – para o desflorestamento de nosso planeta. Na década de 1980, passei a trabalhar com o computador, esforçando-me para evitar o excesso de impressões. Em época ainda mais recente, procurei compensar aquela inadvertida destruição de árvores. Assim, passei a usar exclusivamente papel reciclado tanto no escritório quanto em casa e a apoiar ativamente programas de reflorestamento, além de convencer meus editores a usar papel reciclado, pelo menos para os meus livros.

Com este livro, me afasto do meu habitual estilo "objetivista" de redação. Esta é uma obra mais impressionista e, em definitivo, mais pessoal. Quanto a seu objetivo, contudo, *Ligando os Pontos* se coaduna perfeitamente com meus outros textos: pretende fazer o leitor parar e apreciar a incrível complexidade da nossa existência e, quem sabe, encontrar o simples fio de Ariadne que nos indica a saída do labirinto da ignorância.

Creio que todos nós, na qualidade de seres humanos inteligentes, queremos repousar sob o gostoso sol da compreensão do mundo em que vivemos, inclusive do mundo maravilhoso da nossa mente. A chamada "explosão do conhecimento" produziu apenas factoides, fragmentos de inteligência. Na maior parte das vezes, não conseguimos captar o sentido geral e pessoal dos detalhes que nos inundam a consciência. Como observaram muitos psicólogos e críticos de nossa civilização, nós mesmos nos tornamos seres fragmentados.

Para falar sem rodeios: vivemos num mundo despedaçado. O ambiente externo está esgotado e corre risco de colapso. O ambiente interior – nossa mente – está igualmente caindo aos pedaços. Os membros da nossa espécie que não são psicóticos ou gravemente neuróticos sofrem, por um motivo ou por outro, de distúrbios emocionais e de falta de equilíbrio e paz de espírito. Estou firmemente convicto de que existe forte correlação entre o mal-estar do ambiente externo e o desequilíbrio do nosso mundo interior, e neste livro pretendo explorar algumas ramificações desse complexo tema.

Eis a questão: podemos acaso nos curar ou estamos condenados a viver aos pedaços? E essa questão suscita outra, também importante: podemos acaso curar nosso planeta doente sem antes, ou pelo menos ao mesmo tempo, curar a nós mesmos? A meu ver, ambas as questões pedem, em princípio, uma resposta afirmativa.

Até agora, tenho recorrido principalmente às doutrinas tradicionais existentes – sobretudo as da Índia – para fornecer aos meus leitores um modelo plausível do que está ocorrendo dentro e fora da sombria caverna de Platão. Neste livro, optei antes por uma perspectiva ampla dentro da qual as justaposições criativas estimulam a imaginação. Descortinando vastos horizontes, reuni os detalhes que julguei significativos e entreteci-os em narrativas e experiências de cunho pessoal para dar-lhes cor e contorno. Os retratos resultantes devem ser encarados não como representações nítidas e puramente racionais, mas como imagens fluidas.

Entendo este livro como parte de um processo contínuo de composição das peças de um colorido mosaico de conhecimento que torna o mundo transparente. Ninguém possui todas as peças, toda a compreensão. Ninguém jamais conhecerá tudo o que pode ser conhecido. Entretanto, creio que nós, como o artista que cria um mosaico, já possuímos uma vaga imagem do quadro final e estamos simplesmente à procura das peças "corretas" a serem encaixadas. Uma vez que cada peça também é transparente, também através delas podemos enxergar o mundo e a nós mesmos – desde que olhemos com cuidado. À medida que aumenta o número de peças encaixadas, não necessariamente obtemos um quadro mais completo, mas a imagem pode se tornar mais nítida.

E, quando contemplamos uma imagem em alta resolução do que está acontecendo conosco e com o mundo humano, também nos tornamos mais capazes de escolher com sabedoria e tomar atitudes decisivas. As duas coisas são hoje mais necessárias do que nunca, pois a família humana se encontra à beira de um abismo que, se não tomarmos cuidado, fatalmente nos engolirá junto com inúmeros outros seres, nossos irmãos.

Uma mesma linha de pensamento perpassa todos os capítulos deste livro. Dentro de cada um deles, contudo, me dei ao luxo de fazer muitas associações livres e ligar assuntos aparentemente desconexos, método excelente para pôr em evidência as relações e as propriedades ocultas de um determinado tema. Carl Gustav Jung chamava esse processo de "amplificação", postulando que por meio dele os sonhos podiam ser compreendidos num nível simbólico mais profundo. Como afirmaram centenas de filósofos e poetas do mundo inteiro, a vida mesma não passa de um sonho; portanto, esse método pode ser igualmente aplicado a todas as coisas que incidem sobre nossa consciência e pedem para ser compreendidas.

Uma vez que vivemos sob as nuvens ameaçadoras de um colapso ambiental iminente, esse tema é como um fio que interliga minhas diversas considerações. No entanto, como evitá-lo? Hoje em dia, a ameaça do colapso da biosfera paira sobre todas as coisas como uma imensa sombra, embora somente uma exígua minoria de pessoas esteja, até agora, ciente desse fato terrível. Para mudar essa condição, provavelmente serão necessários desastres muito maiores do que os que já ocorreram em decorrência do aquecimento global, como os danos sofridos por Nova Orleans e, em outras localidades, por ocasião do furacão Katrina, em 2005.

Além disso, sequer tomamos conhecimento daquelas catástrofes que não nos afetam diretamente. Os 2 bilhões de pessoas que não têm acesso a água potável fazem parte dos desprivilegiados desta Terra e, por isso, seu sofrimento mal é registrado pela consciência dos habitantes dos países desenvolvidos e superconsumidores. Lemos as notícias e assistimos aos noticiários pré-digeridos transmitidos pelos meios de comunicação de massa, mas em geral nossas emoções se encontram fechadas a tal ponto que nada disso nos afeta. Isso nos permite continuar levando a vida que sempre levamos. Infelizmente, essa vida é prejudicial ao bem-estar geral não só da nossa espécie, mas também das espécies não humanas. Nos capítulos seguintes, terei a oportunidade de esmiuçar este tema crítico e outros temas correlatos.

Com respeito à organização do livro, o primeiro capítulo trata de nossa natureza fototrópica (orientada para a luz) – tema que atinge seu pleno desenvolvimento no último capítulo, sobre a luz interior. Viemos da luz e a ela voltaremos. Entre um extremo e outro, buscamos a luz e ao mesmo tempo a evitamos. Não podemos viver sem luz, mas também fugimos da luz excessiva – tanto física quanto psicológica. Não obstante, quando olhamos para as coisas com visão perfeita, a iluminação se afigura uma possibilidade muito real para o indivíduo e, com tempo suficiente, para nossa espécie como um todo. O problema é que provocamos tamanho tumulto na Natureza que nossa sobrevivência ao longo prazo está (como a de inúmeras outras espécies) gravemente comprometida. Nossa luz está a ponto de se apagar.

O segundo capítulo examina nosso nomadismo exterior e interior, que creio ser um aspecto essencial da natureza humana. Ele anda de mãos dadas com a busca da luz. Nossa espécie viajou muito – do coração da África, segundo se supõe, a todas as partes do globo, inclusive aos polos gelados. Chegamos a visitar a Lua e, preparados ou não, temos a pretensão de migrar para regiões mais longínquas do espaço galáctico. Nossa inquietude é um fenômeno curioso. Não devemos simplesmente ceder a ela, mas, sim, compreendê-la. A correta compreensão dela nos remeterá inevitavelmente à nossa experiência fotística primordial: a jornada humana tem um ponto ômega – a iluminação. Não se trata necessariamente de um ápice da evolução, como queria Teilhard de Chardin, mas, sim, de uma possibilidade sempre presente e de um impulso que se apresenta em nossa psique quando esta alcança certo nível de maturidade mental. Em outras palavras, nosso impulso nômade tem um objetivo. Quando este se realiza, o impulso é transcendido.

No terceiro capítulo, examino o papel do fogo na civilização humana – tanto fora de nós quanto dentro da nossa mente –, papel esse que tem íntima relação com os instintos de fototropia e nomadismo. Apesar do que diz a obra *Fire and Civilization* [*Fogo e Civilização*], de Johan Goudsblom, o papel do fogo na civilização humana nunca foi adequadamente estudado, fato que em si mesmo é curioso. No contexto deste livro, nada posso fazer exceto sublinhar certos aspectos essenciais de nossa pirofilia. As ideias aqui apresentadas lançarão luz sobre a compulsão piromaníaca que nos leva a querer destruir nossa espécie e nosso *habitat* num cataclismo nuclear; ao mesmo tempo, porão em evidência nosso inalienável potencial de controlar o fogo interior – uma capacidade psicoespiritual que poderia nos transportar aqui e agora para um mundo luminoso. Como na alquimia, o fogo é o grande catalisador dessa transformação e, para usar a linguagem bíblica, nos dá a possibilidade de revestir de novo a imagem de Abel, pondo de lado a de Caim. O correto uso do fogo interior, chamado kundalini-shakti no yoga, pode ocasionar uma transmutação mental que hoje é necessária para a criação de um novo sistema de valores, uma filosofia mais benigna e um estilo de vida adequadamente sustentável. Sem essa *metanoia* que nos conduz da pirofilia inconsciente à imersão consciente na luz, nós e provavelmente todas as outras espécies estamos – para falar claro – condenados.

O quarto capítulo busca elucidar os vários tipos de linguagem que nós, seres humanos, usamos para compreender os ambientes interior e exterior em que se desenrola a nossa vida. Sem a linguagem, nem a luz, nem o fogo, nem o espaço exterior, nem o interior, nem absolutamente coisa alguma faria sentido para nós. A linguagem é um recurso cuja espantosa potência pouca gente assimilou. Em vez de usá-la como uma cortina de fumaça ou como um artefato incendiário, nós temos a possibilidade de empregá-la corretamente. Com seu uso correto, a linguagem poderia ajudar a tornar o mundo mais transparente, servindo assim como veículo não só de autoatualização e autotranscendência, mas também de transformação social.

No Capítulo 5, examino os labirintos e os mosaicos, metáforas básicas por meio das quais podemos compreender a jornada humana de crescimento interior. Enquanto a pessoa vive num labirinto, a frustração é seu pão de cada dia. É melhor ver a vida como um mosaico cujas tesselas nós podemos montar com paciência, seguindo nossa intuição da imagem que queremos obter. A metáfora do labirinto sugere que a vida, para quem se decide a percorrê-la sem esmorecer, é um caminho unidirecional que leva ao centro. É excessivo o número de pessoas que se sentem perdidas no labirinto da civilização pós-moderna. Se fôssemos capazes de "nos lembrar" de nós mesmos em meio às incertezas desse labirinto artificial, vislumbraríamos nosso caminho com mais clareza.

Como contraponto e complemento aos labirintos e mosaicos, que têm um aspecto exterior e outro interior, a metáfora do centro – o umbigo ou *omphalos* do mundo e do ser – é o foco do sexto capítulo. A atual febre de expor, ornamentar, perfurar e modificar cirurgicamente o umbigo não passa, afirmo, de uma manifestação inconsciente e predominantemente neurótica de um impulso mais profundo: o impulso de reconhecer e honrar o centro das coisas. O arquétipo do umbigo do mundo, ou da árvore ou pilar no centro do universo, era crucial para a humanidade arcaica. Por termos perdido essa noção arquetípica e sagrada, debatemo-nos na periferia do círculo da vida. Nossa atual busca de integração passa, sem dúvida alguma, pela redescoberta do verdadeiro umbigo das coisas, que devolverá o equilíbrio e a harmonia à nossa vida.

Por fim, no sétimo capítulo, procuro amarrar os temas principais dos capítulos anteriores num todo coeso e impressionista, focando-me no potencial espiritual da nossa espécie, o qual se realiza na iluminação da mente *e* do corpo. A própria possibilidade de tal realização relativiza todas as outras coisas. Pode-se dizer que sobrepuja todas as demais considerações e, ao mesmo tempo, faz da atual crise ambiental um tema de suprema importância, pois a possibilidade da iluminação só pode se atualizar quando existem formas de vida biologicamente equipadas para realizá-la. E as tradições espirituais afirmam categoricamente: a forma humana é a única adequada para a realização da iluminação, sendo por isso um bem preciosíssimo. Ela nos proporciona todas as experiências e os desafios necessários para adquirir a compreensão e todas as virtudes que, juntas, podem elevar o indivíduo à condição de iluminado. Sendo assim, o colapso da biosfera terrestre seria uma perda inestimável para os que aspiram conscientemente à iluminação e para os que têm o potencial de alcançá-la.

Embora admire os pensadores que pacientemente procuram construir uma teoria global de todas as coisas, sinto que todo esforço para construir um sistema é, no fim das contas, quixotesco. Nenhum sistema jamais fará justiça à realidade. Uma coisa é tentar entender o quadro maior; outra é tentar encaixá-lo em uma minúscula moldura racionalista. Fiz questão de passar longe da construção de sistemas e estou mais interessado em tornar meus entendimentos transparentes para outras pessoas que, como eu, cultivam e apreciam o sentido de sua vida.

Qualquer coisa que seja encarada da maneira correta pode ser uma janela que se abra para a realidade. Juntei aqui algumas tesselas translúcidas – janelas de intuição – que me pareceram ser não somente "interessantes" em si mesmas, mas também todas ligadas entre si. Cada uma delas ilumina as demais e é potencialmente capaz de dar a você, leitor, uma experiência de *heureca!* Porém a ocorrência de uma ou mais dessas experiências depende do seu atual estado mental e emocional, de seu cabedal de conhecimentos e de seu interesse.

Aliás, a palavra "interesse" não necessariamente tem sentido tão raso quanto afirmam alguns estilistas. Veja só quantas conotações ela apresenta: interesse público, interesse nacional, interesse pessoal, interesse humano, interesse próprio, interesses estabelecidos, interesse amoroso, interesse comercial, e por aí vai. Ou seja, "interesse" pode significar "vantagem", "envolvimento", "curiosidade", "preocupação", "direito legal" e até o objeto pelo qual nos interessamos. Essa palavra vem do latim *inter esse* e significa literalmente "estar entre". Entre o quê? Depende de qual interesse estamos falando! Espero que o interesse deste livro esteja não somente entre sua capa e contracapa, mas também muito além delas.

Georg Feuerstein

A luta pelo futuro da Terra se trava em duas frentes. Uma delas existe naquelas regiões onde o ar, a água, o solo e outros seres vivos são degradados pela poluição, pelo desmatamento, pelas grandes represas, pelo desenvolvimento, e assim por diante.

A outra frente existe na mente das pessoas. A verdadeira causa de nossos hábitos destrutivos são os sistemas arraigados de valores e crenças que moldam nossos pontos de vista e nossos atos.

— David Suzuki, *Time to Change*
(Toronto: Stoddart Publishing, 1994), p. 145

1 O SER HUMANO, UMA ESPÉCIE FOTOTRÓPICA

Luz e escuridão: Goethe e os comunistas

É preciso abrir este primeiro capítulo com a figura de Goethe (1749-1832), que, como logo se verá, era um mestre da escuridão e da luz. Johann Wolfgang von Goethe reuniu em si o poeta, o romancista, o dramaturgo, o jurista, o cientista, o filósofo e o estadista. É o Shakespeare da Alemanha, e qualquer alemão minimamente alfabetizado terá lido alguma poesia desse polímata.

Goethe alcançou renome mundial com a principal obra dramática de sua maturidade, o *Fausto*, na qual o alquimista Doutor Fausto – figura semilegendária da história alemã – faz um pacto com o Diabo (o cavalheiresco, mas não menos sinistro, Mefistófeles) para aumentar seu conhecimento intelectual do mundo. No fim, porém, ele escapa por pouco das chamas do Inferno e é elevado ao Paraíso. Embora seu orgulho e sua arrogância desmedidos fossem pecaminosos, a sua busca incessante de conhecimento e perfeição – o impulso faustiano – impressionou o Criador a tal ponto que este garantiu a Fausto um camarote no Céu. No momento decisivo, os anjos descem do firmamento e resgatam sua alma imortal das garras de Mefistófeles: uma vitória clara da luz sobre a escuridão.

Essa obra arquetípica e extraordinária que Goethe criou em diversas etapas ao longo do tempo, desde seus 23 anos de idade até meros cinco dias antes de morrer, inspirou inúmeros dramaturgos, romancistas, compositores e até políticos.

Somos universalmente fascinados pela dialética entre a luz e a escuridão, o bem e o mal. Li a primeira parte do *Fausto* aos 15 anos de idade; na época, não consegui entender a segunda parte, que é muito mais metafísica e simbólica, e deixei para assimilá-la depois. Naquela circunstância, o que mais me intrigou na tragédia de Goethe foi o modo como ele retratou Deus em diálogo com Mefistófeles. Mefistófeles sugere a Deus uma aposta: ele, o Diabo, seria capaz de conquistar Fausto para seu lado. O bom Senhor aceita, certo de que Doutor Fausto, o proverbial cientista louco, era um dos seus. O intelectualismo de Fausto o afastou da doutrina da Igreja e aproximou-o do ocultismo e da alquimia, mas, mesmo assim, e apesar de Fausto ter vendido a alma para Mefistófeles, Deus facilmente ganhou a aposta.

Lendo o *Fausto*, devo ter me sentido reconfortado pela mensagem implícita de que o pensamento rebelde não necessariamente destrói nossas possibilidades de redenção. Fazia pouco tempo que eu abandonara o luteranismo de meus pais em favor de uma visão de mundo mais cosmopolita, e me sentia um pouco envergonhado de minha escolha. Suspeito que Goethe tinha o mesmo sentimento em relação as suas cambaleantes peregrinações intelectuais. Caso contrário, não teria escrito a tragédia dessa maneira, ou não a teria escrito em absoluto.

O que Goethe e o dr. Fausto teriam pensado sobre esta nossa época, em que a barganha faustiana de ciência e tecnologia está dando frutos negativos imprevistos, especialmente no campo da devastação ambiental e do declínio da saúde mental? Será que Fausto teria considerado equitativas as conquistas tecnológicas feitas nos últimos 150 anos? Ou teria sentido que Mefistófeles o traíra?

Goethe sempre foi fascinado pela polaridade entre luz e escuridão – Paraíso e Inferno – e passou mais de quarenta anos pesquisando e escrevendo sua singular teoria das cores. Apresentada como alternativa à teoria prismática de Newton, segundo a qual o branco contém as sete cores primárias, a revolucionária teoria de Goethe é mais intuitiva e se baseia num outro método de observação, que ele chamava de "empirismo leve" e que prefigurou a fenomenologia. Em vez de estudar a luz branca decomposta pelo prisma nas cores do espectro, Goethe, tirando das costas o fardo das convenções científicas e avesso ao reducionismo, percorreu uma estrada diferente.

Embora ele pareça não ter compreendido corretamente certas conclusões de Newton, sua teoria cromática alternativa, que põe em evidência a percepção subjetiva da luz, ganhou vários adeptos entre os artistas gráficos. Goethe não negava a descoberta newtoniana da refração da luz, mas considerava-a secundária. Variando a cor, a forma, o tamanho e a orientação dos objetos, ele conseguia produzir diferentes efeitos cromáticos, e essa descoberta sugeriu-lhe um princípio mais fundamental que aquele descoberto por Newton.

Goethe pesquisou esse tema diligentemente por mais de quarenta anos e produziu mais de duas mil páginas de anotações, publicadas em 1808-1810. Entendendo a luz e a escuridão como polaridades e não como opostos mutuamente exclusivos, ele buscou promover a apreciação e a aplicação das propriedades estéticas das cores. Fiel a seu pensamento holístico, também relacionou-as com qualidades psicológicas e morais. Embora a maioria dos psicólogos tenha ignorado as descobertas e especulações de Goethe, os artistas – com destaque para Turner, Kandinsky, Mondrian e os pré-rafaelitas da Inglaterra vitoriana – foram, no geral, muito mais receptivos.

Goethe morreu apenas cinco meses antes de fazer 83 anos, em 1832 – o mesmo ano em que o mundo também se viu privado do escritor escocês Sir Walter Scott e do filósofo e jurista inglês Jeremy Bentham. Na manhã em que morreu, o velho sábio sentou-se em sua poltrona predileta segurando a mão da nora Ottilie. Teceu reminiscências sobre uma moça que conhecera na juventude e sobre sua cara amizade com Friedrich von Schiller, e disse que esperava pelos dias quentes de verão. A certa altura, pediu que a empregada abrisse as venezianas para deixar entrar a luz do Sol. "Mais luz!", solicitou. Depois, desenhou no ar uma palavra invisível e imediatamente dormiu. Por algum tempo, ninguém percebeu que ele havia partido em paz.

Setenta e um anos depois da morte de Goethe e por sua própria conta, Vladimir Lênin transformou a frase "Mais luz!" num *slogan* político. O líder dos bolcheviques e futuro *premier* da União Soviética exigiu que todos, com impiedosa sinceridade, partilhassem com o Partido Comunista – o Grande Irmão – todo e qualquer fragmento de informação necessário para a tomada de boas decisões. Pode até ser que suas intenções fossem boas, apesar de terem sido por demais idealistas, ingênuas e rigorosamente totalitárias, porém os resultados foram catastróficos. A revolução de 1917, que pôs fim ao regime czarista na Rússia, alastrou nesse país uma nova forma de escuridão.

Depois da morte de Lênin, em 1924, o governo soviético removeu e preservou seu cérebro. Lênin era glorificado como gênio, e as autoridades estavam ansiosas para saber como ele pensava. Fiéis à ideologia materialista, esperavam que o estudo de seu cérebro lhes fornecesse uma resposta rápida e objetiva. Depois de repousar em paz no formol por dois anos, o cérebro foi cortado em 31 mil fatias montadas em lâminas de vidro – tarefa meticulosa e, a meu ver, inútil. Os russos haviam fundado um instituto especial de pesquisas para o neurocientista alemão Oskar Vogt, que levou entusiasticamente a termo seu trabalho de dissecação. Três anos depois, ele relatou que alguns neurônios piramidais de Lênin, localizados no fundo do córtex cerebral, eram um pouco maiores que o normal. As autoridades não se impressionaram com essa descoberta anticlimática e, fora das vistas do público, encomendaram novas pesquisas. Hoje em dia, as fatias estão trancadas a sete chaves no Instituto do Cérebro de Moscou. Caso lhe interesse saber, o cérebro de Lênin pesava 1.340 gramas, mais ou menos o que se pode esperar de um ser humano adulto do sexo masculino. O de Albert Einstein, em comparação, pesava somente 1.230 gramas, abaixo da média; mas, ao que parece, sua massa neuronal era mais densa. Diga-se de passagem, segundo se supõe, o cérebro do homem de Cro-Magnon era 30% maior que o do homem moderno médio. O que podemos concluir a respeito da relação entre o tamanho e a função?

Joseph Stálin mandou que o corpo de seu predecessor e mentor – sem o precioso cérebro – fosse embalsamado e a partir disso criou um verdadeiro culto em torno de Lênin e, como não poderia deixar de ser, em torno de si próprio. A inusitada mumificação de um Lênin idealizado foi inspirada em parte pela múmia de Tutancâmon, descoberta sete meses depois da morte do fundador do bolchevismo. Como era de se esperar, o cérebro fatiado de Stálin também está preservado no Instituto do Cérebro de Moscou. Porém, se colocássemos o cérebro de Stálin em um dos pratos de uma balança e no outro prato o sofrimento de 20 milhões de pessoas mortas durante seu reinado de terror, o ponteiro da balança não favoreceria a massa encefálica do tirano. Aliás, Lênin nunca admirou o cérebro de Stálin. Além disso, se o peso do cérebro fosse sinal de inteligência, o primeiro prêmio iria para o cachalote, cujo cérebro pesa cerca de nove quilos. Lembre-se da resistência que Moby Dick opõe às investidas do Capitão Ahab!

Lênin e Stálin figuram respectivamente como o "Fundador" e o "Número 1" no romance *O Zero e o Infinito*, publicado em 1940 por Arthur Koestler. O papel do revolucionário da velha guarda e comunista fiel – nenhum paladino da virtude, mas mesmo assim oprimido e perturbado – é dado ao fictício Rubachov. Cruelmente interrogado, ele é obrigado a confessar crimes (que não cometeu) contra o Estado: o Grande Irmão em sua pior forma. Nesse processo, Rubachov redescobre sua individualidade, separando-a da identidade artificial de "membro do partido", e passa a encarar a morte com indiferença socrática. Esse romance político assinala tanto o rompimento de Koestler com o Partido Comunista quanto sua conquista da fama como escritor.

Nascido numa família de judeus húngaros, esse polímata atormentado foi ateu antes de abraçar o sionismo e filiar-se ao Partido Comunista alemão; depois, com o mesmo zelo, tornou-se anticomunista e antissionista e dedicou-se por décadas à busca da realidade mística. A certa altura, foi membro da Legião Estrangeira, mas poucos anos depois entrou para o exército inglês. Distanciou-se de suas raízes judaicas, mas passou anos pesquisando e escrevendo *A Décima Terceira Tribo* – livro que contestava a origem semítica da maioria dos judeus da Europa, situando-a, ao contrário, no desconhecido império dos casares, um povo do Cáucaso (de lá para cá, sua teoria foi refutada pelas pesquisas em genética). Acreditava na eutanásia, uma prática controversa, mas era adversário convicto da bárbara pena de morte. A vida de Koestler transcorreu entre dois extremos e terminou, em 1983, na escuridão profunda de um duplo suicídio: sua esposa Cynthia, aos 58 anos e aparentemente saudável, juntou-se a ele na morte.

Dizem-nos que o suicídio de Koestler foi provocado pela rápida deterioração de sua saúde. Ele sofria do mal de Parkinson e de leucemia em estado terminal e temia perder o controle sobre sua vida. A julgar por um bilhete deixado por Cynthia Koestler, o motivo de ela ter se suicidado foi a incapacidade de encarar a vida sem seu marido.

Para a consternação de seus colegas, Koestler doou todo o seu patrimônio – em torno de 1 milhão de dólares – para pesquisas sobre a paranormalidade. Como teve a experiência de fenômenos paranormais ao longo de toda a sua vida, tinha certeza de que eles existiam, mas queria saber como funcionavam. Também tinha certeza de que, com a morte do corpo físico, sua preciosa individualidade dissolver-se-ia novamente na sopa cósmica, de modo que seu patrimônio já não lhe valeria de nada. Em sua última entrevista, perguntaram-lhe se é possível chegar a um ponto em que a pessoa para de ter dúvidas, e ele respondeu: "Sim, na morte. Mas até lá, não!".

Koestler intuía vagamente aquilo que muitos psiconautas hábeis das diversas tradições religiosas e espirituais sabem com certeza: quando a morte ou o estado de êxtase místico privam nossos olhos da luz física, testemunhamos o surgimento de outra luz, sobre a qual discutirei no Capítulo 7.

Nascido sob um céu ensolarado

O materialista, que nega a noção metafísica de que somos emanações de uma luz sobrenatural, pode ser desculpado por pensar que nosso instinto fototrópico tem origem evolutiva. Segundo o consenso da paleoantropologia, o berço da humanidade estendia-se sob o luminoso firmamento do continente africano, a segunda maior massa terrestre depois da Ásia. Os detalhes desse acontecimento ímpar – para nós, pelo menos – ocorrido há supostos 3,2 milhões de anos ainda estão bastante indistintos. A pequenina "Lucy" (apelido derivado de uma famosa música dos Beatles e carinhosamente atrelado à nossa mais antiga ancestral) percorria as luxuriantes florestas da região de Hadar, na Etiópia, hoje seca e estéril. Seus restos fossilizados foram encontrados pelo paleoantropólogo norte-americano Donald C. Johanson em 1974 e mudaram o que então se pensava sobre a evolução humana. Johanson conseguiu convencer seus colegas de que a espécie de Lucy era ancestral tanto do *Australopithecus africanus* quanto do *Homo sapiens* e contou a história dessa importante descoberta no livro *Lucy: The Beginnings of Humankind* [*Lucy: Os Primórdios da Humanidade*], muito bem escrito em coautoria com Maitland A. Edey.

Ainda mais símia que humana, Lucy pertencia à espécie de hominídeos chamada *Australopithecus afarensis*. Contudo, e isto é importante, ela andava ereta e tinha um metro e doze centímetros de altura. Se outrora se considerava que o deslocamento sobre duas pernas era apanágio exclusivo da vida humana, hoje se pensa que ele surgiu há cerca de 6 milhões de anos, antes do advento da humanidade. Porém, andar sobre duas pernas é muito diferente de ter um cérebro complexo capaz de realizar elaboradas operações simbólicas, algo que, pelo que sabemos, só os seres humanos têm. Quando Lucy olhava para o céu, ela não via diamantes nem ponderava sobre a luz das luzes, mas provavelmente apenas espreitava possíveis predadores.

A natureza teve de propor vários desafios para que a espécie humana evoluísse. Parece que essas provas assumiram a forma de mudanças climáticas de grande escala, que exigiram que nossos ancestrais remotos se adaptassem às novas condições ambientais. Com isso, seus neurônios assumiram novas configurações e permitiram que a mente intangível se exprimisse de modo cada vez mais inteligente e simbólico, usando como veículo um cérebro em desenvolvimento que, um dia, pôde "procurar a menina com olhos de Sol", nas palavras tiradas da música dos Beatles acima mencionada.

Hoje, estamos de novo diante de uma ameaçadora mudança climática. Se reagirmos a esse desafio com inteligência, poderemos dar um gigantesco passo evolutivo e atingir nossa maioridade como espécie ou simplesmente sofrer a extinção. Não vislumbro uma solução intermediária. Conjecturo, ainda, que nos restam duas opções: ou aprender a ver a grande Luz nos olhos uns dos outros ou não ver mais absolutamente nada.

Peter deMenocal, cientista do Observatório Terrestre Lamont-Doherty da Columbia University, em Palisades, estado de Nova York, conseguiu correlacionar duas mudanças climáticas radicais com dois grandes saltos da evolução humana. O primeiro evento ocorreu há mais ou menos 2,8 milhões de anos, quando o Hemisfério Norte foi coberto por uma grossa camada de gelo e a África se tornou mais fria e mais seca. Ao mesmo tempo, a árvore genealógica de Lucy se dividiu em dois ramos: a linhagem dos australopitecos, que se extinguiu um milhão de anos depois, e um ramo mais bem-sucedido do qual saiu primeiro o *Homo habilis* e depois, pela ordem, o *Homo erectus*, o *Homo ergaster*, o *Homo heidelbergensis* e, por fim, o *Homo sapiens*. Não se deve pensar que essa sequência esteja eternamente estabelecida ou mesmo seja aceita por todos os especialistas. Pelo contrário, os paleontólogos adoram discutir entre si e periodicamente encontram novos fósseis acerca dos quais podem discordar. Porém, uma coisa é certa: o *Homo sapiens* é, pelo menos por enquanto, o ponto final dessa linhagem evolutiva. Por outro lado, não sabemos quanto tempo isso vai durar, e nosso prognóstico é claramente desfavorável.

Entra em cena a genética, especialmente as pesquisas sobre as mitocôndrias. Enquanto os paleontólogos postulam uma extensa linhagem de ancestrais para o *Homo sapiens*, pesquisadores das mitocôndrias, como Luigi L. Cavalli-Sforza e Douglas C. Wallace, afirmaram publicamente que as conclusões de seus estudos indicam que "Eva" – a ancestral comum de todos os seres humanos – viveu há mais ou menos 200 mil anos. A maioria dos biólogos concordaria com eles, pois as mitocôndrias parecem fornecer um registro histórico mais exato que os ossos fossilizados e a datação por carbono 14. Parece apropriado fazermos agora uma breve excursão pelo mundo das mitocôndrias.

O que são elas? As mitocôndrias são organelas (estruturas orgânicas microscópicas) encontradas em todas as células animais e vegetais, dotadas de funções específicas. A função principal das mitocôndrias tem relação com a respiração celular. Essas estruturas são comumente comparadas a pequenas usinas que fornecem à célula a energia necessária para cumprir suas diversas tarefas. Elas são, no nível celular, o equivalente a nosso estômago, que decompõe o alimento em seus elementos básicos, os quais, por sua vez, abastecem o corpo.

Presume-se que as mitocôndrias eram, antigamente, partes de organismos procariontes (células sem membranas) que depois desenvolveram relação simbiótica com células eucariontes, como as dos animais e do ser humano. Ao cabo de milhões de anos de evolução, elas são hoje um aspecto essencial da nossa vida celular. Dependendo da função da célula, esta pode abrigar centenas ou mesmo milhares de mitocôndrias.

A importância das mitocôndrias como cronistas da história humana está no fato de que, ao contrário do DNA, elas se transmitem de mãe para filha nos organismos sexuados e apresentam alto índice de mutação. Assim como o cromossomo Y é usado para deslindar as linhagens paternas, a mitocôndria nos fala da filogênese dos seres do sexo feminino. Portanto, como já se disse, a Eva mitocondrial foi situada há cerca de 200 mil anos, mas não podemos postular uma data semelhante para Adão; só nos resta deduzir que ele devia estar por perto para ajudar Eva a conceber a filha a quem transmitiu suas mitocôndrias.

Do microscópico, voltemos ao macroscópico; especificamente, voltemos ao mau tempo. A segunda mudança climática significativa impôs um clima ainda mais seco e ocasionou a substituição das florestas tropicais úmidas pelas savanas. Isso ocorreu entre 1,2 milhão e 800 mil anos atrás, época em que o *Homo erectus* saiu da África e migrou para a Europa e a Ásia. Esse salto evolutivo coincidiu com uma infeliz mudança alimentar: a partir de então, nossos antepassados (do ponto de vista paleontológico) passaram a consumir carne. O *Homo erectus* controlava o fogo, morava em habitações mais duráveis, gozava de vida sociocultural mais complexa e evidentemente possuía um cérebro capacitado e aventureiro, duas vezes maior que o do *Homo habilis*. Talvez fosse inteligente o bastante para perceber que seu ambiente lhe oferecia mais problemas que soluções; tomado de vontade de viajar, dirigiu-se para o norte, aparentemente em busca de comida e da proverbial vida melhor.

O *Homo erectus* sobreviveu por muito tempo e, segundo alguns cientistas, ainda existia há cerca de 50 mil anos, pelo menos em Java. É desnecessário dizer que, em razão das pouquíssimas descobertas de esqueletos, os paleoantropólogos são obrigados a trabalhar com conjecturas, hipóteses e modelos, jamais com dados inequívocos. Suas reconstruções da evolução humana são como grafites num muro, que de tempos em tempos são apagados e substituídos por outros novos. Por que um simples crânio ou parte de um crânio ou um mero fragmento de osso pode ser suficiente para definir uma espécie, ou, ainda, acrescentar uma nova espécie à nomenclatura científica? Tudo isso está muito além da compreensão dos leigos. Tem-se a impressão de que o que está em ação aí é uma imaginação criativa muito semelhante àquela que, no campo da física nuclear, criou todo um "zoológico de partículas".

Se considerarmos o que dizem os paleoantropólogos, o *Homo sapiens* proveio do *Homo heidelbergensis* (uma ramificação do *Homo erectus*) e ramificou-se por sua vez em duas grandes linhagens de desenvolvimento: o *Homo sapiens neanderthalensis* (o homem de Neandertal) e o *Homo sapiens sapiens*, em que se destaca o homem de Cro-Magnon. Embora ambas as linhagens tenham coexistido por milhares de anos sob o mesmo Sol, dizem-nos que não houve hibridação. Infelizmente, em 1998, a descoberta dos restos do esqueleto de uma criança de 4 anos no abrigo rochoso de Lagar Velho, em Portugal, lançou fortes dúvidas sobre essa opinião dominante. A criança, que supostamente viveu milhares de anos após o desaparecimento dos homens de Neandertal de sangue puro, foi identificada como um híbrido de Neandertal e *Homo sapiens*.

De qualquer modo, os homens de Neandertal desapareceram misteriosamente faz uns 30 mil anos. Um estudo conduzido por trinta cientistas ao longo de sete anos dá a entender que o sumiço dos homens de Neandertal ocorreu em consequência, mais uma vez, de uma mudança climática crucial (queda de temperatura), com a qual a capacidade mental superior do *Homo sapiens* conseguiu lidar de modo mais adequado.

Temos de considerar aqui outro fato relacionado com o clima que só foi descoberto há pouco tempo. A análise mitocondrial demonstrou de modo inequívoco que todas as populações humanas do sul e do sudoeste da Ásia descendem dos mesmos ancestrais do período Pleistoceno que, por volta do ano 50.000 a.C., emigraram em massa da África. As provas, tais como foram montadas por Luigi Cavalli-Sforza e sua equipe, dão a entender que, depois de emigrar do Continente Negro cerca de 1,2 milhão de anos atrás, a maioria dos descendentes do *Homo erectus* sucumbiu a uma grande catástrofe – a chamada Catástrofe de Toba, em 73.000 a.C.

Foi uma explosão vulcânica colossal na ilha indonésia de Sumatra, a maior erupção conhecida (categoria 8) desde o surgimento dos primatas. Duas erupções anteriores do mesmo vulcão – 840 mil e 700 mil anos atrás, respectivamente – haviam causado grandes perdas, mas foram pequenas em comparação com a Catástrofe de Toba. Essa, que provavelmente durou duas semanas, produziu um fluxo piroclástico que cobriu uma área de 20 mil quilômetros quadrados, enquanto as cinzas se espalharam por 4 milhões de quilômetros quadrados ou mais. Estima-se que a explosão tenha derramado uma camada de cinza de cerca de oito metros em partes da Malásia e de três a seis metros em diversas regiões da Índia. Calcula-se que a erupção foi mil vezes mais forte que a do Monte Santa Helena, a qual abalou o estado norte-americano de Washington em 1980.

As descobertas ligadas ao DNA mitocondrial sugerem a ocorrência de um efeito de gargalo na evolução humana por volta da época da Catástrofe de Toba ou no começo da glaciação de Würm, e parece natural correlacionar esses dois eventos. Com efeito, a supererupção de Toba foi associada à glaciação de Würm e, do mesmo modo, a uma diminuição drástica da quantidade de seres humanos perto do fim do período Pleistoceno. Os geneticistas pensam que somente cerca de 10 mil indivíduos humanos sobreviveram a essa gigantesca catástrofe. Como afirma o geneticista Bryan Sykes, de Oxford, no livro *The Seven Daughters of Eve* [*As Sete Filhas de Eva*] (2001), 95% dos europeus modernos descendem geneticamente de somente sete mulheres, que teriam vivido entre 10 mil e 45 mil anos atrás.

Os dados mitocondriais indicam ainda que a espécie *Homo sapiens* se expandiu significativamente há aproximadamente 65 mil anos. O foco dessa expansão localizou-se no sul da China e no norte da Índia. De lá, a humanidade moderna, sobrevivente da Catástrofe de Toba, se espalhou para as outras partes do mundo.

Essa descoberta é revolucionária. Entre outras coisas, ela corrobora a tese de que os indianos *não* entraram no subcontinente somente nos tempos históricos, como postula o obsoleto modelo da "invasão ariana". Ao contrário, os criadores da civilização do Indo-Sarasvati eram naturais da própria Índia, e sua grande cultura urbana de 3100-1900 a.C. representa uma fase relativamente tardia do prolongado desenvolvimento cultural do ramo indiano da humanidade. Parece que, depois do Pleistoceno, pouquíssimos genes *entraram* na Índia. Mas existem provas sólidas de que os genes indianos se disseminaram para outros lugares, o que também nos diz que a Índia foi a matriz cultural das culturas mesolíticas e, quem sabe, até das primeiras culturas neolíticas das regiões situadas a norte e a oeste do subcontinente. À luz desses fatos, alguns pesquisadores afirmam que a primeira civilização da Terra não foi a Suméria, mas a Índia.

Isso nos leva ao ramo Cro-Magnon do *Homo sapiens sapiens*, com sua sofisticada tecnologia, que incluía as primeiras ferramentas de pesca. Usando pedras, ossos e marfim, os Cro-Magnons, de aparência moderna, enfrentaram e venceram o clima gelado da glaciação. Os artefatos ainda existentes dão a entender que eles viviam em sociedade e moravam em cavernas ou cabanas construídas com pedras, argila, galhos de árvores e peles de animais, usavam roupas de tecido e joias de conchas e marfim, caçavam com lanças e talvez até com arco e flecha, pescavam com rede e arpão, criavam relevos e espetaculares pinturas rupestres usando óxidos de ferro e manganês e enterravam solenemente seus mortos com oferendas rituais.

Segundo Michael Rappenglück, pesquisador independente alemão, os Cro-Magnons tinham inteligência suficiente para inventar o calendário lunar que está pintado no teto da gruta de Lascaux, na França. Estudando outras cavernas, ele concluiu que o homem de Cro-Magnon era exímio observador do céu – interesse que abriu caminho para a sofisticada astronomia das primeiras grandes civilizações surgidas na Índia, na Suméria e no Egito.

Essa intuição foi confirmada pela estudiosa francesa Chantal Jegues-Wolkiewiez, que demonstrou que, no fim de um dia do solstício de verão, 17 mil anos atrás, a luz do sol penetrando na caverna teria incidido diretamente sobre o grande touro (símbolo do signo zodiacal de mesmo nome) pintado na parede posterior do chamado "Salão dos Touros". A luz se manteve assim por quinze minutos no dia 21 de junho de 1999, e dessa forma nos esclareceu muitas coisas. Segundo um modelo de computador, teria se comportado do mesmo modo muitos milênios antes. Em suas belas pinturas rupestres, os homens de Cro-Magnon capturavam a eterna polaridade de luz e escuridão: a luz solar, esplêndida e vivificante, e a caverna escura e protetora. Se o clima de sua época não fosse tão ruim, eles talvez não tivessem entrado na caverna de Lascaux e nós talvez tivéssemos sido privados de um belíssimo espetáculo. Sob um céu luminoso, a exuberância artística deles teria encontrado expressão em materiais mais perecíveis.

Embora a camada de gelo já tivesse começado a derreter há 17 mil anos, vários milênios ainda se passariam antes que o sol a obrigasse a recuar e revivificasse o solo com chuvas abundantes, produzindo uma nova fartura. Como se sabe, a humanidade mais uma vez se reinventou e adotou um estilo de vida agrícola e sedentário que levou à criação de povoados, vilarejos, cidades pequenas e grandes e, por fim, belicosos Estados nacionais, durante o período neolítico.

Sem ter a pretensão de propor uma teoria completamente nova, agrada-me entender o triunfo dos Cro-Magnons sobre os Neandertais como consequência do superior instinto fototrópico dos primeiros. Quando o Hemisfério Norte foi coberto pelo gelo e os grandes animais migraram para o sul, os homens de Neandertal foram incapazes de se adaptar à nova situação e logo extinguiram-se. Já os adaptáveis homens de Cro-Magnon usaram a glaciação como oportunidade para desenvolver novas atitudes interiores e toda uma nova tecnologia.

Podemos dizer que a estrutura mental flexível do homem de Cro-Magnon tinha por base o instinto fototrópico, que vê a "luz no fim do túnel". O mau tempo não os intimidou; antes, eles puseram suas esperanças no Sol, que milhares de anos depois levou seus descendentes – em específico, as culturas megalíticas do período mesolítico tardio – a desenvolver as primeiras formas de culto solar. Os homens de Cro-Magnon magdalenianos expressavam seu otimismo por meio da arte nos mais escuros nichos das cavernas, onde eles pintavam à luz de uma tocha, representação do Sol. Os construtores de megálitos davam vazão a seu entusiasmo arquitetônico sob um firmamento luminoso, mas lembravam-se claramente, em seus dolmens e círculos de pedra, dos antigos laços que os uniam às cavernas uterinas.

O ciclo repetitivo das glaciações e dos períodos interglaciais mais quentes tem sido relacionado, entre outras coisas, à inclinação do eixo terrestre. Assim, pode-se dizer que a evolução humana, em última análise, é promovida por uma curiosa interação natural entre a luz e a escuridão. Em termos mais científicos, a quantidade de luz solar que incide sobre a Terra determina o clima; as oscilações climáticas, por sua vez, afetam a umidade do ar, a flora e a fauna. Estas, por fim, exercem influência profunda sobre o desenvolvimento da espécie humana.

Os cientistas ambientais nos dizem que estamos no meio de um período de aquecimento global acelerado que já começa a impor novo desafio à humanidade e que, daqui a pouco, deve se tornar ainda mais drástico e decisivo. Será que nossa espécie se extinguirá como o *Homo erectus* e o *Homo neanderthalensis*? Ou será que daremos um salto evolutivo para reagir ao desafio ambiental atual? Talvez nossa espécie se divida em sobreviventes inteligentes e não sobreviventes não inteligentes. Desta vez, quem sabe, mais do que nunca, a luz da razão (*phos tou logou*) poderá ser fator decisivo no destino da espécie. Desta vez, teremos de encarar nosso lado escuro, pois fomos nós mesmos que criamos as forças climáticas que se abatem sobre nós. Elas foram produzidas, em grande medida, pelo desperdício e pelo estilo de vida extravagante da parte abastada da humanidade.

Há mais ou menos 13 mil anos, a Terra sofreu um aquecimento súbito e sua temperatura aumentou quase 35°C em cinquenta anos, o que provocou drástica elevação do nível do mar e fortíssimas enchentes – provavelmente aquele acontecimento traumático lembrado no mundo inteiro como o Grande Dilúvio. A mesma capacidade cerebral que permitira ao homem de Cro-Magnon vencer pela astúcia os rigores da última glaciação produziu a sagacidade distorcida que ainda nos leva a brigar e matar pelo domínio de recursos cada vez mais escassos. Uma vez derretida a camada de gelo do Hemisfério Norte e surgida a terra fértil, a humanidade se mobilizou, ocupou novos territórios e transformou a guerra e a conquista em passatempos populares.

Algumas historiadoras e arqueólogas feministas culpam o sexo masculino, e não a espécie humana como um todo, pela invenção da guerra. Tiraram extensas conclusões da ausência de qualquer sinal de armas e fortificações em sítios neolíticos de 9 mil anos atrás, como o de Çatal Hüyük, na atual Turquia, que elas associam a uma sociedade matriarcal. Porém, os indícios de que a humanidade tenha de fato passado por uma fase matriarcal são quase inexistentes, e essa ideia, formulada pela primeira vez pelo historiador suíço Johann Jakob Bachofen em 1861, foi praticamente abandonada, a não ser na mente de um punhado de estudiosas feministas intransigentes.

Cerca de 5000 a.C., os quase 5 milhões de membros da nossa espécie então vivos haviam se dividido num sem-número de grupos rivais que defendiam suas fronteiras e buscavam conquistar as terras de seus inimigos. A guerra se tornara endêmica. Segundo o mito bíblico, o agricultor Caim matou Abel, seu irmão pastor. Esse fratricídio assinalou a invenção do pecado capital do homicídio, pelo menos de acordo com a Bíblia. Um dos descendentes de Caim foi Lamec, em quem ressurgiu a tendência violenta de seu antepassado. Orgulhoso de sua liderança política, Lamec matou um homem que o ferira e um jovem que o golpeara e vangloriou-se desses atos perante suas duas esposas.

Não é coincidência que o homicida Caim tenha sido um agricultor sedentário nem que Lamec fosse o chefe de uma cidade. O sedentarismo faz aumentar a densidade populacional, que promove a territorialidade e a agressividade e acaba gerando violência.

Visto que a população humana supostamente chegou à marca de 6 bilhões de pessoas em 12 de outubro de 1999, essa tendência marcial deve continuar se tornando cada vez mais intensa e mais perigosa. A adaptabilidade e a engenhosidade admiráveis do *Homo sapiens* são demonstradas pelo fato de o homem ser capaz de viver em qualquer lugar do planeta – dos escorchantes desertos às frígidas calotas polares, passando pelas úmidas selvas tropicais. Adequadamente protegidos, chegamos mesmo a mergulhar nas geladas profundezas oceânicas e, para além do firmamento azul que outrora abrigou divindades, nos confins do espaço sideral, à temperatura de -273,15°C, o zero absoluto.

Hoje, entretanto, paira sobre nós uma nuvem escura e fria. Já temos condições de criar literalmente milhares de pequenos sóis que brilham numa temperatura comparável à da nossa estrela. Usados numa guerra total, esses sóis tornarão nosso planeta inabitável por longo tempo. Será que nossa adaptabilidade inata vencerá novamente? Ou essa esplêndida capacidade humana não se mostrará à altura das forças prometeicas por nós desencadeadas e de nosso inabalável egocentrismo?

Quem brinca com fogo acaba por se queimar. Nossos antepassados da Idade da Pedra deveriam ter aprendido essa valiosa lição e deveriam tê-la transmitido a seus descendentes, a nós, inclusive, mas a história nos fornece abundantes provas de que isso não ocorreu. Individualmente e como espécie, parece que o ser humano tem de reaprender essa lição a cada nova oportunidade. Não devemos confundir a luz com seu simulacro – o fogo. A luz ilumina, porém o fogo, além de iluminar, também queima.

A ânsia faustiana de exploração e conquista não conhece o medo; tampouco conhece limites. A menos que seja moderado pela luz da razão ou pelo fulgor da inteligência intuitiva, esse impulso demoníaco tende a nos arrastar pelo caminho dos excessos. Como observa o filósofo e ecólogo Alan Drengson em seu livro *The Practice of Technology* [*A Prática da Tecnologia*], "O ser humano não é somente um animal capaz de resolver problemas; é também um animal capaz de causar problemas". Na ausência da graça (a autotranscendência), Mefistófeles (o ego) sempre ganha. Como Goethe, deveríamos pedir com fervor: "Mais luz!".

A luz como fator de cura e de destruição

Oitenta por cento da energia de uma explosão nuclear é composta de fótons. *Fiat lux.* "Faça-se a luz!". Quando J. Robert Oppenheimer, conhecido como o "pai da bomba atômica", testemunhou o poder destrutivo desse artefato no primeiro teste nuclear, realizado em 16 de julho de 1945, ele se lembrou deste versículo do *Bhagavad-Gita* (Cântico do Senhor), o texto sagrado em sânscrito mais popular entre os hindus:

> Se o brilho de mil sóis
> Explodisse no céu,
> seria semelhante
> ao esplendor do Poderoso.

Mas quando a nuvem em forma de cogumelo avultou nos céus do Novo México, ele pensou (segundo se conta) num versículo mais sombrio dessa obra antiga, que diz, em tradução livre: "Me tornei a Morte, destruidora dos mundos". Luz e escuridão mais uma vez.

Enquanto a ameaça de um holocausto nuclear enche nossos corações de terror, usinas nucleares fornecem eletricidade a milhares de cidades e metrópoles e uma radiação nuclear fraca é usada para combater o câncer.

Alguns – eu, inclusive – pensam que ambos esses benefícios são obtidos a um preço alto demais. A maioria pensa o contrário, especialmente os milhões de vítimas do câncer que todo ano fazem radioterapia. Seus tumores diminuem, dando-lhes alguma sobrevida. Devemos lembrar, porém, que alguns sofrem fortes queimaduras radioterápicas e acabam por sucumbir à doença, muitas vezes, sofrendo dores atrozes.

É claro que a radiação está em toda parte e perpassa todo o nosso corpo. Raios cósmicos caem como chuva sobre a Terra. O solo emite radiação e o ar está repleto de partículas radiantes. O próprio corpo do ser humano adulto é fracamente radioativo e emite cerca de 7 mil becqueréis por segundo. O becquerel é definido como uma desintegração atômica por segundo e corresponde a 27×10^{-12} curies. Trinta e sete bilhões de becqueréis equivalem a um curie. Enquanto o termo *becquerel* é uma homenagem a seu descobridor, o físico francês Antoine Henri Becquerel, o termo técnico *curie* é obviamente derivado do nome de Marie Curie, que descobriu o rádio.

Nosso corpo é um reator nuclear natural e móvel em que 600 milhões de átomos radioativos se desintegram a cada período de 24 horas. Compare a radiação natural do corpo com os 25 milhões de becqueréis emitidos por um quilo de urânio e os 70 milhões de becqueréis típicos do radioisótopo usado na medicina. E um dado assombroso: um único sinal de trítio (usado outrora para indicar as saídas dos edifícios públicos nos Estados Unidos) emite 1 trilhão (!) de becqueréis por segundo: luminosidade a um custo muito maior que o cobrado pela loja que a vendeu.

Marie Curie, nascida Maria Sklodowska na Polônia, ganhou dois Prêmios Nobel sucessivos e foi a primeira mulher a ocupar uma cátedra na Sorbonne. Foi ela quem deu o nome "radioatividade" ao estranho fenômeno que observou em seu laboratório improvisado. Por muito tempo, não acreditou que os raios emitidos pelas substâncias que estudava fossem nocivos; mas a ignorância não oferece proteção alguma quando o perigo é real. Em 1934, com 67 anos, ela morreu de anemia perniciosa aplástica, forma de leucemia típica da superexposição à radiação. Seu marido Pierre Curie já havia morrido atropelado em 1906, provavelmente em consequência da desatenção resultante da exaustão crônica provocada pelo excesso de trabalho e pela superexposição à radiação.

Como se sabe, a luz visível é apenas uma pequena faixa do espectro eletromagnético. É essencialmente benigna, assim como são benignos também os vizinhos raios infravermelhos, mais longos (que sentimos na forma de calor). Por sua vez, os raios ultravioletas, mais curtos, podem fritar nossa pele (do bronzeado ao assado) e cegar nossos olhos. Os piores criminosos são as partículas ionizadas de alta frequência: os raios X e, sobretudo, os agressivos e letais raios gama, que desde a década de 1960 têm atraído a atenção de astrônomos profissionais e amadores. Satélites detectaram misteriosos pulsos de raios gama que liberam em dez segundos mais energia do que o Sol emitirá durante toda a sua existência. Felizmente, esses pulsos vêm de fora da galáxia e, quando chegam ao nosso planeta, assemelham-se às distantes manifestações agressivas de um vizinho desagradável, mas longínquo. Mesmo assim, a carinhosa luz visível que pinta nosso mundo de belas cores tem um lado menos atraente.

Em doses sensatas, porém, a luz solar é uma das maiores dádivas da natureza. Sem ela, nosso planeta seria uma imensidão estéril e nem uma única forma *superior* de vida teria surgido nele. Somente as arqueias, consideradas habitantes originais da Terra, não precisam nem de luz nem de oxigênio. Esses micro-organismos, muitíssimo mais primitivos que as bactérias, são capazes de viver em condições verdadeiramente extremas – boiam na água fervente dos gêiseres de Yellowstone ou da Islândia, por exemplo, e adoram a hipersalinidade que pode matar todos os outros seres.

Além de ser essencial para a vida terrestre, aquática e aérea, a luz solar – assim como o vento – fornece energia em abundância e é uma alternativa viável às energias nuclear e carbônica. A destrutividade dessas duas últimas formas de energia é inconteste, mas nossa letárgica sociedade industrialista e consumista demora a reconhecer esse fato e agir com base nele.

A ciência nos diz que, cerca de 3,8 bilhões de anos atrás, a fogosa Terra já havia esfriado o suficiente para constituir um chão sólido. Mais 300 milhões de anos se passaram até que os oceanos deixassem de ferver numa temperatura ainda mais alta que a tolerável pelas resistentes arqueias, que não respiram e produzem metano. Depois de surgirem, as arqueias reinaram supremas por talvez 2 bilhões de anos até cederem lugar a micro-organismos que dependiam do oxigênio e da fotossíntese. Até agora, mais de duzentas espécies de arqueias foram identificadas pelos microbiólogos e novas espécies continuam sendo encontradas. A vida, em sua infância, era nutrida pelo líquido amniótico da Terra – os oceanos, que por sua vez criaram a atmosfera. Os procariontes (arqueias e bactérias unicelulares) transformaram-se nos eucariontes, que, naquele tempo, compreendiam as bactérias multicelulares, os fungos e os primeiros vegetais.

Há cerca de 500 milhões de anos, a vida se tornou mais aventureira e tirou da cartola os primeiros vertebrados – os peixes. Outros 100 milhões de anos depois, a vida criou pernas, muitas pernas, e foi à terra na forma de um tipo de centopeia. Em terra, a evolução se mostrou particularmente inventiva e deu origem a inúmeras formas de eucariontes – plantas terrestres, animais que se alimentam de plantas, animais que se alimentam de outros animais e, por fim, meros 2 milhões de anos atrás, seres humanos que se alimentam tanto de plantas quanto de animais, mas que também são capazes de voltar o olhar para cima e contemplar, maravilhados, o céu e o Sol vivificante. Assim é o modelo (mito?) de evolução fornecido pelos biólogos.

Como as flores e as árvores, nossa espécie é fototrópica, ou seja, busca a luz. Sem a luz, nós fenecemos fisiológica e psicologicamente. Eu, que morei catorze anos na Inglaterra, conheço muito bem a falta de luz do Sol. Com o avanço do aquecimento global, o clima terrível daquele país está mudando, mas não necessariamente para melhor.

Em 1966, quando atravessei pela primeira vez "o Canal" que separa aquela ilha da Europa Continental, ainda tive a oportunidade de conhecer uma versão em miniatura dos famosos *smogs* de Londres. Minha vista não alcançava mais do que quinze metros à minha frente: aquela espécie de crepúsculo cinzento-acastanhado de que o famigerado Jack, o Estripador, se aproveitava para cometer seus terríveis crimes. Catorze anos antes, o Grande *Smog* de Londres, de 1956, uma sopa tóxica, havia matado aproximadamente 12 mil habitantes da cidade; em sua maioria, velhos e doentes. Eu me sentia oprimido e inquieto.

Depois do Grande *Smog* de Londres, a câmara municipal aprovou a primeira de duas Leis do Ar Limpo para diminuir a toxicidade da atmosfera e atrair de novo o sol para a metrópole – sempre que o sol se desse ao luxo de penetrar na camada de nuvens que, segundo parece, faz morada permanente sobre a Grã-Bretanha. Apesar dessas medidas, os habitantes de Londres sofreram, no inverno de 1991, outro *smog*, que causou duzentas mortes a mais do que as que normalmente ocorreriam naquele período, sem mencionar os inúmeros incidentes de problemas respiratórios e oculares. A essa altura, eu já tinha deixado para trás aquele país enevoado havia muito tempo e, seguindo meus instintos de fototropia e nomadismo, rumara para um clima mais ensolarado.

Como os britânicos sempre sofreram as agruras do clima, é fácil compreender por que o tempo sempre é um dos temas prediletos de suas conversas. "Encoberto" e "úmido" caracterizavam a maioria dos meses e anos naquela ilha verde. No final de 1981, faminto de luz após mais um verão e um outono cinzentos, deixei para sempre a Grã-Bretanha. Por sorte, consegui escapar do inverno mais frio do século naquele país opulento, mas envelhecido, acerca de cujo papel o ex-primeiro-ministro Harold Macmillan certa vez disse: "Está em algum ponto entre o de abelha e o de dinossauro."

O fato de eu ter ido parar na Califórnia teve mais relação com meu trabalho do que com o suposto sol que brilha permanentemente sobre esse estado norte-americano, mas confesso que a luz e o calor, pelo menos durante parte do ano, foram muito bem-vindos. Eu nunca me interessara por visitar os Estados Unidos, que dirá por morar ali. A vida, contudo, é cheia de reviravoltas imprevistas; e, no geral, os Estados Unidos foram mais generosos comigo que o Reino Unido, com sua tradicional xenofobia. Depois de 11 de Setembro de 2001, porém, comecei a me sentir cada vez mais incomodado pelo insidioso imperialismo norte-americano; e, graças a novas viradas inesperadas do destino, esse sentimento me levou aos céus vivos de Saskatchewan, onde até o extremo frio do inverno me anima. Meu nomadismo me conduziu da Alemanha à Inglaterra; desta, aos Estados Unidos; e daí, por fim, ao Canadá, lugar onde eu sempre deveria ter morado.

No primeiro inverno que passei em Saskatchewan, testemunhei um fenômeno fascinante, que lembra ficção científica: os chamados "*Sun dogs*" (cães do Sol), duas imagens do Sol criadas pela refração da luz nos cristais hexagonais de gelo no ar. Forma-se um halo ao redor do Sol, e os *Sun dogs* aparecem na mesma altura deste, mas a 22 graus de distância dele para a esquerda e para a direita. Rodeado por ondulantes colinas cobertas de neve, coberto por um céu imenso iluminado por três astros, me senti como se estivesse em outro planeta. Considerei esse espetáculo tão maravilhoso quanto o da aurora boreal, a mais linda manifestação da luz na natureza.

Há algo de curativo no ato de tocar o solo vivo – todos os jardineiros sabem disso. Descrevo o efeito que isso tem sobre mim como algo que me aquece e me protege – uma sensação de contentamento que talvez lembre o útero materno e a Mãe Terra de passadas épocas. Mas a luz também tem um efeito curativo arquetípico sobre a nossa espécie. Quando ela me envolve, sinto uma aspiração profunda e inexplicável que quase se assemelha a uma alegre expectativa. Não tenho vontade de me fundir ao solo vivo, mas somente de ser protegido por ele como por uma mãe; em relação à luz, porém, sinto o curioso desejo de me lançar na direção dela e de nela me dissolver, tornando-me, de algum modo, unido a ela.

A ciência demonstrou que, quando uma pessoa é privada de luz por longo período, o corpo começa a parar de funcionar e a mente se torna caótica. Esse conhecimento é usado para o mal como método de tortura, junto de interrogatórios com luz intensa, castigos corporais, privação de sono, isolamento prolongado, privação de alimento e água, humilhação e outras técnicas degradantes. Os dias curtos e escuros do inverno podem ser, para certas pessoas, uma inadvertida forma de tortura. No Hemisfério Norte, onde os invernos tendem a ser mais sombrios, muita gente sofre do que se chama distúrbio afetivo sazonal. A síndrome foi identificada em 1981 pelo psiquiatra Norman E. Rosenthal, ex-diretor do departamento de psicobiologia clínica do Instituto Nacional de Saúde Mental dos Estados Unidos.

A sigla em inglês dessa síndrome – SAD, "triste" em português – descreve bem o efeito emocional que a privação de luz tem sobre o ser humano. Tornamo-nos tão sombrios quanto o clima. Sentimos o corpo estranhamente exausto e o simples ato de levantar-se pela manhã se torna uma tarefa enfadonha; movimentamo-nos lentamente ao longo do dia, temos dificuldade para trabalhar e nos concentrar, sentimo-nos irritados e, em regra, comemos demais. Temos a depressão de inverno e fazemos parte dos 6% da população que supostamente sofrem dessa síndrome pouco invejável. Como gostam de assinalar as empresas que vendem "lâmpadas de espectro total", a privação de luz também pode decorrer da iluminação artificial insuficiente, sobretudo em escritórios fechados que usam lâmpadas fluorescentes. Nessas condições, até o crescimento das plantas diminui. Reconhecendo que a privação de luz compromete a saúde e a produtividade dos trabalhadores (não necessariamente nessa ordem), muitos estabelecimentos instalaram lâmpadas de espectro total e obtiveram os resultados positivos que esperavam.

Há quase 2 mil anos que os indivíduos que padecem de privação de luz, no inverno ou em outra estação, obtêm benefícios por meio do que hoje se chama de "fototerapia". Hipócrates (460-380 a.C.), o "pai da medicina", já descrevia os sintomas da depressão sazonal, e, no século II, médicos gregos e romanos usavam a luz solar para curar a depressão de seus pacientes. O psiquiatra norte-americano Daniel Kripke, professor emérito da University of California em São Diego, tem certeza de que os benefícios terapêuticos da luz branca são pelo menos tão intensos quanto os de qualquer medicamento antidepressivo.

Enquanto cantamos os louvores da luz, devemos lembrar que a escuridão nunca está muito longe dela e também tem seus méritos. Precisamos de luz e escuridão para crescer. Considere o tempo que passamos no útero, que é como se fosse uma caverna aconchegante e escura. Os olhos do bebê permanecem fechados até a 26ª semana. Quando a mãe está ao ar livre sob o sol, seu útero se ilumina um pouco. Na 33ª semana de gestação, as pupilas do bebê passam a contrair-se e dilatar-se, reagindo à obscura percepção de formas. Constatou-se que, quando uma luz intensa incide diretamente sobre o abdômen da mãe, os bebês voltam-se às vezes para essa luz, às vezes para longe dela. Experimentos realizados no Centro de Medicina da Duke University demonstraram que, quando os bebês nascidos antes da 31ª semana de gestação são expostos à luz cíclica (que imita o ritmo circadiano), eles crescem mais rápido e, ao que parece, sem efeitos colaterais negativos. Já a exposição constante à luz forte é prejudicial aos bebês prematuros e induz irregularidade cardíaca e distúrbios de sono. Uma coisa boa se torna ruim quando em excesso. Na peça *Como vos aprouver*, Shakespeare põe na boca de Rosalinda a seguinte pergunta: "É possível desejar em excesso uma coisa boa?". Podemos responder: sim, é possível, mas é imprudente. Como ensinavam os filósofos gregos há muito tempo, as virtudes do equilíbrio e da moderação promovem a vida.

Até nossa psique é uma dinâmica complexa de luz e escuridão, consciência e inconsciência. Os mestres de yoga de antigamente já sabiam que nossa atividade mental tem uma sombra específica, a qual, porém, não é improdutiva como a sombra que se vê atrás de um objeto opaco exposto à luz. Antes, a sombra psíquica, como foi chamada por Carl Gustav Jung, é uma região hiperativa em que germinam novas atividades mentais. Para as autoridades do yoga, essa área oculta da paisagem interior é densamente povoada por "sementes" kármicas – vestígios ou impressões subliminares chamados "ativadores" (*samskara*) em sânscrito – que, vida após vida, manifestam-se quanticamente na existência na forma de motivações, disposições, emoções e pensamentos. Pressionada por essa região sombria, a mente consciente atua como um *perpetuum mobile*. Tente *não pensar* por meros quinze segundos! Somente os peritos em meditação são capazes de silenciar a mente por períodos mais longos.

Peter Pan, personagem fictício criado pelo romancista escocês James Matthew Barrie, é o clássico *puer aeternus*, a criança que não quer crescer. Acidentalmente privado de sua sombra pelo fechar de uma janela, Peter Pan se tornou permanentemente despreocupado e irresponsável. Ao que parece, a sombra da psique é necessária para nosso amadurecimento; e, quanto menos ela é integrada à nossa vida consciente, mais densa se torna a escuridão psíquica.

No ensaio "Sobre a Psicologia do Inconsciente", publicado em 1912, Jung observou: "É assustadora a ideia de que o homem tem um lado sombrio que não consiste somente em pequenas fraquezas, mas num dinamismo caracteristicamente demoníaco." No livro posterior *The Integration of the Personality* [*A Integração da Personalidade*], publicado em 1939, ele disse a mesma coisa em linguagem mais pitoresca: "Em seu sentido mais profundo, a sombra é a invisível cauda reptiliana que o homem ainda arrasta atrás de si. Cuidadosamente amputada, torna-se a serpente dos Mistérios, com seu poder curativo. Só os macacos a ostentam diante de todos." Jung tinha certeza, porém, de que é impossível ao homem se livrar completamente da sombra psíquica, assim como é impossível a ele eliminar a sombra projetada pelo corpo. Não obstante, o que permanece no escuro fatalmente será projetado no exterior, sobre as outras pessoas. Sendo assim, somos obrigados a reproduzir aquilo que não iluminamos, e é por isso que a história humana é tamanha comédia de reiterados erros.

Os escritos dos grandes mestres de yoga do passado e do presente nos dizem que eles pensavam outra coisa. Toda a atividade espiritual deles é baseada na premissa de que a iluminação – lançar luz – equivale à extinção literal do lado escuro da psique ou da mente. Considerando que no livro *Psychology and the East* [*A Psicologia e o Oriente*] Jung afirmou que o yoga é "uma das maiores coisas que a mente humana já criou", talvez ele devesse ter dado mais peso ao testemunho dos mestres dessa antiga disciplina.

Talvez todos nós devamos fazer isso, pois estamos a ponto de capitular perante nossa sombra. Isso ocorrerá se nós, individualmente ou como espécie, nos negarmos a reagir vigorosamente contra a atual tendência maníaca que nos arrasta à autodestruição e ao biocídio. Em vez de interceptar ativamente as tendências destrutivas que regem a civilização moderna, repousamos como crianças na crença ingênua de que, de algum modo, tudo dará certo – atitude que se evidencia especialmente no pensamento *New Age*. Esse infantilismo é ele mesmo um sinal de que estamos sucumbindo à sombra. Quando mencionei meu livro *Green Yoga** numa carta a um conhecido mestre de yoga, ele me respondeu com carinho, mas culpou os políticos pelo beco sem saída em que nos encontramos. Ele não via de modo algum que os culpados somos todos nós, e não somente um grupo seleto de pessoas – sejam elas políticos, burocratas, magnatas dos negócios, empresas multinacionais e seus conselhos diretores, acionistas, e por aí afora. Em especial, não devemos apontar o dedo para os políticos. Pelo menos nos países democráticos mais responsáveis pelo superconsumismo, somos nós que, pelo voto, autorizamos os políticos a legislar em nosso nome. Assim, somos duas vezes responsáveis pela catástrofe atual. Em primeiro lugar, não damos o devido valor ao ato de nomear e supervisionar os que tomam decisões políticas. Em segundo lugar, somos consumidores ávidos e, como tal, temos interesse em que as coisas continuem como estão. Pensar outra coisa é sinal de que nossa sombra está funcionando.

O heroísmo emocional e espiritual necessário hoje em dia é baseado no autoconhecimento, na lucidez mental e na disposição de encarar o momento em que vivemos. Para isso, é preciso reunir toda a nossa energia psíquica e força mental para nadar contra a corrente, sem temer a sombra, mas permanecendo ciente dela; e é necessário olhar a realidade com coragem, com disposição para lutar contra a sombra com toda a força. Esse heroísmo é intrinsecamente fototrópico, uma atividade solar que vence a escuridão dos ferozes dragões da nossa mente.

A criação de um sol portátil

A estrela média chamada "Sol", que pariu nosso sistema planetário e continua a cuidar dele como uma mãe, é uma de 100 bilhões de estrelas que povoam nossa galáxia espiralada. A temperatura do núcleo desse balão incandescente, com cerca de 1.380.000 quilômetros de diâmetro, chega a

---

* *Yoga Verde*, publicado pela Editora Pensamento, São Paulo, 2010.

15 milhões de graus Celsius. Em vista da imensa densidade e, logo, da intensa atração gravitacional do Sol, a energia de seu centro leva 50 milhões de anos (!) para chegar à superfície, a chamada fotosfera, que arde a modestos 5.700 graus Celsius. Sem essa longa demora, nosso sistema planetário teria sido pulverizado há 4,5 bilhões de anos, momento em que o Sol nasceu. A uma distância segura de cerca de 150 milhões de quilômetros, esse enorme reator nuclear ilumina o planeta onde vivemos – e um raio de luz leva oito minutos e vinte segundos para vencer essa distância.

Desde a formação do nosso sistema planetário (ou "solar"), o Sol fielmente forneceu luz e calor à Terra, permitindo o surgimento e a evolução da vida. Há cerca de 200 mil anos, a vida terrestre, na forma do *Homo sapiens*, começou a olhar conscientemente para o Sol: um fragmento de energia solar contemplando a sua fonte. Evocando a arte das correlações mágicas e analógicas e ecoando Plotino, Goethe reconheceu: "Se o olho não fosse semelhante ao Sol, jamais poderia ver o Sol." Antigamente, o próprio Sol era chamado de "Olho do Céu". O olho humano, por sua vez, é a réplica terrestre do Olho Celestial. Os receptores de luz no olho permitem que o cérebro perceba a luz no ambiente. Aparentemente, o olho humano é capaz de detectar um único fóton no escuro! Somos ultra-ultra-ultrassensíveis à luz.

Simbolicamente, é o olho que ilumina aquilo que ele vê. Na natureza, todas as coisas levam a assinatura de todas as demais. Essa intuição profunda da consciência mágica é partilhada pelos místicos e visionários das eras posteriores. Faríamos bem se praticássemos um pouquinho de pensamento lateral pelo menos de vez em quando, para não ficarmos agrilhoados à mente racional, com suas obsessivas estratégias lineares.

A descoberta consciente do Sol por nossos antepassados coincidiu com uma revolução cognitiva que representou uma ruptura evidente com a longa fase evolutiva dos hominídeos. Os seres humanos levaram cerca de 10 mil gerações para conseguir criar sóis artificiais portáteis mediante a descoberta da eletricidade – e isso não aconteceu em 1752 nem foi obra de Benjamin Franklin. Existem, na verdade, indícios de que os antigos gregos conheciam a eletricidade, embora não a compreendessem. Em 600 a.C., Tales de Mileto descobriu a eletricidade estática quando constatou que, esfregando-se uma peça de seda em âmbar, essa pedra preciosa (que na verdade é uma resina fossilizada) passa a atrair os objetos vizinhos.

Naquela época, como hoje, o âmbar também atraía as pessoas que apreciavam joias.

Em 1938, o arqueólogo alemão Wilhelm König desenterrou um jarro de argila de doze centímetros de altura. Dentro dele, para a surpresa de König e de todas as outras pessoas, havia uma barrinha de ferro envolta num cilindro de cobre. Visto que o conjunto dava sinais de corrosão, fizeram-se testes que comprovaram que o jarro continha uma solução eletrolítica, talvez de vinagre ou vinho. König concluiu que havia encontrado uma bateria primitiva. Com a eclosão da Segunda Guerra Mundial, suas descobertas foram prontamente engavetadas e esquecidas. Antes da invasão americana do Iraque e dos saques ocorridos durante a ocupação, esse estranho artefato se encontrava, ao lado de outros semelhantes, no Museu de Bagdá. Eles foram datados de cerca de 200 a.C., embora alguns pesquisadores tenham proposto uma data um pouco posterior, entre 225 e 600 d.C. Essa data revista se coaduna com o fato de que, segundo alguns especialistas, o jarro não parece ser de origem parta, mas, sim, sassânida. Ninguém sabe para que essas baterias eram usadas. Alguns especulam que elas teriam aplicação médica; outros, que elas eram usadas na técnica de folheação a ouro; outros, ainda, que eram colocadas dentro de estátuas para soltar um choque elétrico quando alguém tocasse na escultura – talvez uma espécie de choque sagrado, análogo ao *shakti-pata* ("descida da energia") dos hindus. O que é certo, de acordo com os testes feitos com réplicas, é que essas baterias funcionavam e provavelmente produziam aproximadamente 0,87 volt.

Somente em 1800 o físico italiano Alessandro Giuseppe Antonio Anastasio Volta repetiu o feito científico de construir uma bateria. O conhecimento é um bem frágil e facilmente se perde. Um ano depois de inventar a bateria, Volta foi chamado à França para demonstrá-la perante Napoleão, um eterno curioso. Assim, o inventor ganhou fama, medalhas, uma pensão vitalícia e o título de conde. Volta avançara bastante. Na infância, seus pais o consideravam deficiente mental, pois ele não falara uma palavra até os 4 anos de idade. Não suspeitavam que o filho fosse um gênio em formação. Dez anos depois, o jovem Alessandro resolveu tornar-se físico; com mais 25 anos, foi nomeado catedrático de física na Escola Real de Como, sua cidade natal.

Ainda na adolescência, especializou-se no estudo da eletricidade, que fascinava especialmente sua época. Estava destinado a inventar diversos aparelhos elétricos. Uma de suas descobertas mais importantes foi que a eletricidade era capaz de se deslocar por um fio. (Aprendi a mesma lição várias vezes e do jeito mais difícil quando, na adolescência, fazia experiências de eletricidade com meu conjunto de química.) Estava aberta a temporada de caça aos novos aparelhos elétricos e a busca por uma potência elétrica cada vez maior. Cérebros brilhantes da Europa e da América se ativaram para lançar luz sobre o misterioso fenômeno elétrico, e nesse processo ajudaram a criar, ao longo dos 150 anos seguintes, a era moderna.

Descobertas e invenções caíam aos montes na corrente da história. O brilhante cientista inglês Michael Faraday aprendeu, por meio de seus experimentos, que um campo magnético móvel gera uma corrente elétrica, o que lhe permitiu construir em 1821 o primeiro gerador elétrico. O americano Thomas Alva Edison inventou o gerador de corrente contínua e a lâmpada elétrica. Uniu suas forças às do inventor inglês Joseph Swan, que havia criado independentemente, um ano antes, uma lâmpada incandescente. Juntos, eles começaram a fabricar versões utilizáveis da lâmpada e em 1882 forneceram iluminação elétrica a uma rua de Nova York. A corrente contínua, porém, não tinha potência suficiente para eletrificar fábricas, escritórios e residências em grande escala.

Entra em cena o gênio Nicola Tesla, nascido na Croácia. Ele desenvolveu um gerador de corrente alternada que produzia carga elétrica mais elevada. Seguiu-se uma breve guerra entre a CC e a CA – Edison e Tesla – em que triunfou a segunda, fato que pouca gente conhece. Então as lamparinas a óleo que por séculos haviam levado às casas uma iluminação tímida e vacilante podiam ser definitivamente aposentadas. O incansável Tesla tem muitas invenções em seu currículo, entre as quais um motor de indução, a chamada bobina de Tesla, a lâmpada fluorescente e, ao contrário da crença popular, o rádio. Ao que parece, também construiu um motor movido a "raios cósmicos" – uma espécie de moto-perpétuo – que foi perdido ou roubado, se é que algum dia existiu. Essa história por si só é fascinante.

A descoberta da primeira partícula subatômica, o elétron, pelo físico britânico John T. Thompson, em 1892, provou que a eletricidade é na realidade um fluxo de elétrons. É claro que até hoje não se conhece resposta satisfatória à questão de saber o que é o elétron. Os físicos o consideram um dos doze tipos de léptons, partículas subatômicas que não podem ser subdivididas. O elétron ("âmbar" em grego) é de fato um fenômeno misterioso que, dependendo do obstáculo que se coloca em seu caminho, se apresenta às vezes como partícula, às vezes como onda. A descoberta de Thompson, pela qual recebeu o Prêmio Nobel, inaugurou a era atômica, com seus reatores nucleares, devastadoras bombas de fissão e a inadvertida contaminação radioativa de pessoas comuns pelo mundo afora. Com a descoberta da energia nuclear, a humanidade finalmente conseguiu fabricar um Sol portátil, menos benigno que o Sol de verdade, mas potencialmente tão destrutivo quanto ele.

Os cientistas esperam que a fusão nuclear elimine os perigos associados à fissão. Convertendo hidrogênio em hélio para produzir luz e calor, o Sol faz de modo natural e espontâneo aquilo que os seres humanos até hoje não conseguiram: obter energia da fusão. Na Terra, o melhor candidato a combustível de um processo de fusão nuclear é o deutério (água pesada), que em princípio pode ser extraído da água comum com relativa facilidade. Assim, 500 litros de água geram 10 gramas de deutério. O incrível é que essa minúscula quantidade poderia atender às necessidades energéticas de uma pessoa durante toda a sua vida. Mas, como era de se esperar, há um senão. (Parece que o universo foi feito para nos contrariar.) Para produzir o deutério, o núcleo do reator tem de ser aquecido a 100 milhões de graus Celsius. O problema óbvio é que essa temperatura destruiria o próprio reator. Até agora, os cientistas não inventaram um jeito de conter essa reação termonuclear num campo magnético, que parece ser o único meio de abrigar o processo de fusão. Se esse desafio formidável for superado, a humanidade poderá gozar de energia nuclear barata e limpa. Espero que, nesse dia, nossa espécie também seja capaz de assumir o papel de guardiã responsável por tamanho recurso energético.

Enquanto isso houve a fábula da fusão a frio: força e luz por um centavo. Em 1989, dois químicos americanos – Stanley Pons e Martin Fleischmann – anunciaram numa conferência de imprensa que, usando um equipamento extremamente simples, haviam gerado energia por fusão nuclear em temperatura ambiente. Outros cientistas do mundo inteiro pularam animados para dentro desse barco, mas logo relataram resultados divergentes e, em sua maioria, decepcionantes. A fusão deu lugar à confusão, e a esperança, à desilusão. A busca pela energia da fusão continua em várias partes do mundo. Na Índia, um menino prodígio afirmou ser capaz de produzir a fusão a frio numa banheira. O consenso da opinião científica diz, por outro lado, que a fusão a frio é uma patologia da ciência. Não obstante, os que ousaram molhar os pés nessas águas barrentas parecem pensar que os experimentos provocam certo aumento de calor (= energia), o qual, embora ainda não esteja explicado, provavelmente não resulta de fusão nuclear. De qualquer modo, a energia necessária para produzir o efeito é maior que a energia produzida. A humanidade está fadada a continuar à espera de uma energia nuclear barata, segura e abundante. Talvez isso seja melhor, pois acredito que uma abundância de energia barata simplesmente aumentaria ainda mais nosso consumismo, que já é fatal no grau em que está.

Arrastada pelos torvelinhos da vida, a maioria das pessoas não se detém para pensar no aspecto simbólico desta grande busca: queremos reproduzir o Sol, nossa mãe, para podermos iluminar a escuridão sempre que a mãe estiver ausente. É claro que a ausência dela é sempre relativa, cíclica e benéfica. A alternância do dia e da noite, causada pela rotação terrestre, nos expôs à luz do Sol na medida correta para assegurar nossa evolução. Assim, deixamos de ser arqueias e nos tornamos seres dotados de sensação, sentimento e pensamento. A natureza é velha e sábia. Nosso impulso prometeico tende a nos fazer esquecer que a luz e a escuridão são inseparáveis. Será que realmente precisamos clarear o céu noturno, vivendo dentro de caixas iluminadas, e assim deixar de ver as estrelas? Não terá também a escuridão um aspecto curativo? Por que motivo nós queremos ser tão hiperativos após o pôr do sol?

Como sabe todo aluno que terminou o curso primário, as plantas vivem de fotossíntese. Um resumo simples a título de lembrete: as folhas absorvem a luz do Sol, e o dióxido de carbono do ar e as raízes absorvem água. A pigmentação verde dos vegetais, composta de inúmeras moléculas de clorofila, acolhe a luz e rejeita somente as faixas verdes do espectro. Combinada com moléculas de água, essa energia que entra é convertida em açúcar, o qual, por sua vez, é transmutado pela respiração celular em trifosfato de adenosina, a energia molecular consumida por todos os organismos vivos. O processo fotossintético produz oxigênio; as plantas liberam esse gás no ambiente, dando a todos nós, que respiramos ar, o combustível necessário para fazer nossa própria "fotossíntese". Sem o saber, essas gentis criaturas fototrópicas são o fundamento da nossa vida.

É impossível não se maravilhar diante da orquestração impecável dos processos físicos, químicos e biológicos que formam o ecossistema da

Terra. Não admira que muitos pensadores, no decorrer das eras, tenham concluído pela existência de uma grande mente criativa, um Demiurgo, por trás disso tudo. Descontadas quaisquer imprevisíveis catástrofes terrestres ou cósmicas, a maior ameaça a essa harmonia aparentemente preestabelecida entre a energia solar, a matéria inorgânica e a multiplicidade das formas de vida orgânicas é a própria humanidade. É de nós mesmos que devemos ter mais medo. Nem mesmo o Sol, com seu carinho materno, pode nos proteger da nossa escuridão mental ou, para falar claramente, da nossa estupidez. Não pode nos impedir de desencadear um holocausto nuclear ou obscurecer a atmosfera com gases poluentes. Não pode intervir na Sexta Extinção em Massa, causada desta vez pelo ser humano. Entretanto, o Sol continuará brilhando por muito tempo depois que todas as formas de vida forem varridas da face da Terra.

O espírito solar

Quando o biólogo James Lovelock formulou o conceito de Gaia, em 1970, seus colegas mais dogmáticos pensaram que ele havia enlouquecido. Lovelock havia sido contratado pela NASA para projetar instrumentos capazes de detectar a vida, para serem usados numa missão em Marte. Refletindo sobre as propriedades da vida, ele concluiu que a Terra, ao contrário de Marte, era um planeta vivo cujo ambiente biofavorável era conservado em delicado equilíbrio pelas interações cumulativas e complexas entre um sem-número de organismos. Acatando uma sugestão do romancista William Golding, ele usou o termo grego *gaia* para denominar esse superorganismo autorregulador do tamanho de nosso planeta. Ao contrário do que supunham seus críticos e do que ainda afirmam seus muitos seguidores, Lovelock jamais asseverou que nossa Terra, como a deusa Gaia da Grécia antiga, manifesta uma inteligência e uma vontade. Tal ideia seria intrinsecamente ofensiva para a maioria dos cientistas, que trabalham com definições bastante estreitas de consciência, inteligência e vontade.

Hoje em dia, a maioria das pessoas considera igualmente estranha, ou francamente insana, a noção de que o Sol é um Espírito vivo. No entanto, essa crença era fundamental no mundo antigo. Foi reiterada nos tempos modernos pelo gnóstico búlgaro Beinsa Douno (Peter Deneuv) e por seu discípulo Omraam Michaël Aïvanhov, que viveu e ensinou na França por cinquenta anos. O panteão do Egito faraônico incluía quatro divindades solares principais: Atum, o deus criador, o "oculto", representado pelo Sol poente; Rá, deus da cabeça de falcão, simbolizado pelo Sol do meio-dia e associado não só ao falcão, à fênix e ao touro, mas também aos pilares, às pirâmides e ao Olho de Hórus; Aton, personificado pelo disco solar radiante, em torno de cuja adoração o jovem faraó Akhenaton constituiu uma religião de breve existência; e, por fim, Kheper, "gerado por si mesmo", representado como um besouro rolando à sua frente uma bola de estrume que representa o Sol (ou, às vezes, a Lua).

Segundo o cristão Clemente de Alexandria, do século II, os egípcios possuíam 42 "livros de conhecimento", seis dos quais continham "os segredos dos médicos". Apesar de seu conhecimento médico, porém, os antigos egípcios geralmente padeciam de problemas de saúde e, como era de se esperar, invocavam as quatro divindades solares para ajudar na cura das doenças. As 110 páginas do Papiro Ebers, que leva o nome do alemão que o comprou e é datado de 1534 a.C., provam que eles também faziam excelente uso da helioterapia para aliviar a dor.

O mesmo faziam os indianos da Antiguidade, cujo panteão, segundo o arcaico *Rig-Veda*, compreendia 33 divindades principais, entre as quais, doze deuses solares, os Adityas, "livres de dolo e falsidade, imaculados e perfeitos". Os mais importantes deles são Mitra ("Amigo"), Ravi ("Rugidor"), Savitri ("Vivificador") dos braços dourados e Surya ("Brilhante"), a "divindade dos olhos". A imortal esposa de Surya, chamada Suryá, deu à luz os dois Ashvins, médicos celestes eternamente jovens. Segundo um mito posterior, quando o deus Vishnu foi decapitado pelos outros deuses, que sentiam inveja de sua posição superior, os Ashvins juntaram de novo a cabeça ao tronco. Também devolveram a visão a Paushya, um rei cego. Criaram uma perna de metal para a rainha guerreira Vishpala e fizeram uma dentadura de ouro para seu divino pai. Temos aí, de novo, uma forte afirmação do vínculo entre o Sol, a luz solar e a cura.

Um dos antigos sistemas de cura da Índia é o Ayurveda ("Ciência da Vida"), que goza de cada vez mais popularidade no Ocidente como modalidade de medicina alternativa ou complementar. Há muito, seus praticantes reconheceram as propriedades curativas da exposição moderada à luz do Sol, especialmente para o alívio do vitiligo (uma doença de pele). Um dos textos mais importantes desse sistema, o *Caraka-Samhita*, também se refere a um tipo diferente de luz – a do Espírito transcendente –, que deve ser levada em conta em qualquer reflexão sobre a saúde e a longevidade. O Espírito Solar, nosso Sol, é entendido como a Luz inteligente e vivificante não em sua realidade transcendente, mas no nível cósmico. Um breve exame das mitologias de outras civilizações antigas nos indica o mesmo resultado: o Sol sempre foi venerado como um ser inteligente e associado às artes da cura, à saúde, à longevidade e até à imortalidade.

Voltando por um instante a Akhenaton, o enigmático faraó que governou o Egito entre cerca de 1350 e 1334 a.C.: esse faraó tinha originalmente o nome de Amenhotep IV, era casado com Nefertite e Kiya, teve seis filhos e era meio-irmão de seu sucessor, o famoso Tutankhamon. Depois da morte do pai, com quem governou por alguns anos, Akhenaton pôs as mangas de fora. No quinto ano de seu reinado, instituiu um monoteísmo solar exclusivo e elevou a divindade Aton-Rá, até então menor, à categoria de Deus supremo do Egito. Com isso, conseguiu enfurecer e afastar de si a antiga casta dos sacerdotes. Seu novo nome significava algo como "instrumento de Aton". Na realidade, Akhenaton via-se como encarnação do deus solar. Era o único que conhecia a vontade de Deus, pois era, em certo sentido, o próprio Deus. Criou toda uma nova cidade, também chamada Akhenaton, em homenagem ao deus solar e, também, a si mesmo. Condenou a idolatria da casta sacerdotal e, fanático, ordenou a profanação dos outros templos. Era, com efeito, um deus ciumento.

Akhenaton parece ter demonstrado pouco interesse pelo governo e pouquíssimo pelas muitas ligações políticas entre o Egito e os governantes de outros países, e essa negligência minou-lhe o império. Pelo aspecto positivo, seu curto reinado assistiu a um florescimento das artes, cujo inovador estilo realista ainda nos impressiona. O mesmo realismo artístico preservou para a posteridade, provavelmente num feitio exagerado e estilizado, a estranha aparência do próprio Akhenaton. Os pesquisadores se perguntam se ele não sofria de algum desequilíbrio hormonal associado a deformidades anatômicas e à androginia. A teoria mais em voga hoje em dia é de que ele tinha a Síndrome de Marfan.

A arte de Amarna é uma expressão visual da atitude terra a terra de Akhenaton: viva o momento presente, goze esta vida. O faraó fez-se retratar em situações antes consideradas sacrossantas demais para serem vistas pelo público. Ora, ele era Deus encarnado e merecia a atenção e a adoração do povo. Não se sabe qual foi o fim desse faraó *sui generis*. Quando seu túmulo foi encontrado, não acharam nele seus restos mumificados. Os faraós subsequentes reinstauraram a fé de seus antepassados e envidaram todos os esforços para apagar por completo a memória de Akhenaton e de seu culto herético. Tiveram êxito nos limites de sua própria civilização, mas o "meme" monoteísta de Akhenaton parece ter sobrevivido na clandestinidade e fora do Egito. Encontrou expressão entre os essênios, facção do judaísmo que influenciou os primeiros cristãos.

Com exceção do disco solar do qual saíam vários braços com as mãos abertas, o faraó Akhenaton não admitia nenhuma outra representação de seu Deus. As múltiplas mãos da divindade – que lembram, curiosamente, a divindade budista Avalokiteshvara, de época muito posterior – significam as bênçãos de Aton, os raios protetores que brilham igualmente sobre todas as criaturas: o Sol como curador.

Para conhecer o Sol como destruidor, temos de cruzar o Mar Mediterrâneo e o Oceano Atlântico e percorrer mais de 11 mil quilômetros do Egito até a América Central. Durante o reinado de Akhenaton, os misteriosos olmecas – uma cultura antiga – floresciam na região que corresponde ao atual sul do México. Pouco se sabe a respeito deles, mas podemos supor que boa parte de suas práticas culturais foi transmitida aos maias, que vicejaram entre 300 a.C. e 900 d.C. O culto ao Sol, numa forma bastante sangrenta, era elemento central da civilização maia. Ao contrário do que pensavam os pioneiros do estudo dos maias, essa grande civilização mesoamericana praticava, sim, o sacrifício ritual de seres humanos como parte de sua tradição religiosa.

Os maias eram obcecados pelo sangramento voluntário e por arrancar sangue à força, e o vermelho era de longe sua cor predileta. Na Índia, a ambrosia chamada *soma* era oferecida para favorecer e alimentar os deuses. Na Mesoamérica, esse alimento era sangue. Pensava-se que as oferendas de sangue garantiam bênçãos divinas para a fertilidade da terra e a prosperidade do Estado. Os homens da elite governante perfuravam regularmente o pênis para oferecer o sangue necessário; as mulheres, em regra, perfuravam a língua. Os prisioneiros de guerra eram abatidos em grandes cerimônias sacrificais. Enquanto o Sol, Kinich Ahau, era considerado essencialmente benigno, seu companheiro – Vênus – era associado à violência e à guerra. Esses dois parceiros inseparáveis formavam uma espécie de parelha de o médico e o monstro. Por curiosa coincidência, Kinich Ahau assume a aparência de uma onça-pintada quando desce abaixo do horizonte e, guiado por Vênus como psicopompo, percorre o sangrento Mundo Inferior.

Os belicosos astecas, os romanos da Mesoamérica, transformaram o sacrifício humano numa espetacular diversão popular. Visitei as pirâmides deles e tive a lúgubre oportunidade de subir às plataformas sacrificais, onde, há pouco mais de quinhentos anos, os cadáveres das vítimas eram atirados escada abaixo. A cada ano, segundo as estimativas de certos estudiosos, cerca de 20 mil prisioneiros e escravos eram sacrificados a Huitzilopochtli, um deus solar de armadura, simbolizado por um agressivo beija-flor, que levava nas mãos um escudo semelhante ao Sol e uma serpente que cuspia fogo. O Sol sedento de sangue dos maias, dos astecas e de outras sociedades das Américas Central e do Sul ofende nossa moderna sensibilidade ética; no entanto, continuamos praticando impunemente o ritual da guerra, que mata a cada ano um número muito maior de vítimas. Lembremo-nos aqui que as vidas de cerca de 40 milhões de pessoas foram sacrificadas nas grandes guerras do século XX.

Como Akhenaton, preferimos imaginar o Sol como uma entidade amistosa e vivificante, mas sem os sentimentos antropomórficos do jovem faraó. Para nós, o Sol é simplesmente o disco radiante que vemos no céu diurno. Nosso Sol não passa de uma estrela. Não é um Espírito Solar nem um deus, nem mesmo o luminoso veículo físico de uma divindade – e, especialmente, não é um ente a quem tenhamos o dever de oferecer oblações sangrentas. Para nós, basta sacrificar-lhe um pouco da nossa pele quando pegamos um bronzeado.

Segundo uma teoria nova e excêntrica, chamada Hipótese das Larvas Estelares, as estrelas são organismos vivos e a vida biológica representa o estado larval do desenvolvimento estelar. À medida que as nebulosas esfriam para formar estrelas, elas também produzem vírus e bactérias. Quando as estrelas formam planetas e estes esfriam o suficiente, esses seres primitivos criam todas as demais formas de vida. Só estou mencionando esse modelo porque ele demonstra nossa necessidade cada vez maior de preencher com algum conteúdo significativo o esqueleto da moderna visão de mundo científica.

Temos diante de nós milhões de fatos, mas não dispomos de uma narrativa coesa que ligue todos os dados e engendre um significado profundo.

De onde viemos? Para onde vamos? Quem somos nós? Essas perguntas, para as quais nossa espécie tem procurado respostas plausíveis desde que desenvolveu uma consciência capaz de simbolizar, permanecem cruciais. Continuariam a surgir em nossa consciência mesmo que algum monólito divino à moda de Arthur C. Clarke surgisse no sistema solar para nos proteger de nós mesmos. Esse monólito simplesmente acrescentaria um novo elemento ao enigma de nossa existência e criaria uma série de novas incertezas.

A chamada ciência "objetiva" não pretende oferecer soluções a nossas questões existenciais. O objetivismo científico não nos oferece esperança nem consolo em nossa busca pelo sentido profundo das coisas. Mas os cientistas, que afinal de contas são seres humanos, nunca se mostraram particularmente objetivos ou imparciais, nem dentro nem fora de seus laboratórios. Apesar da suposta cientificidade de seu método, eles assumiram por consenso uma filosofia de trabalho que se resume à paixão subjetiva guindada à categoria de justificativa ideológica do materialismo. Segundo esse modelo filosófico simplista, a matéria é o elemento primário; a vida e a consciência são secundárias. Em específico, a mente humana é uma manifestação de neurônios materiais; a consciência é um epifenômeno do cérebro; o Espírito é uma mentira; a religião, um ópio; a filosofia, uma das formas mais benignas de sublimação.

Poucos leigos consideram essa ideologia convincente ou satisfatória. Até alguns cientistas a renegam. É o caso do cosmólogo Brian Swimme e do historiador cultural Thomas Berry, que escreveram juntos um livro altamente legível com o poético título de *The Universe Story: From the Primordial Flaring Forth to the Ecozoic Era – A Celebration of the Unfolding of the Cosmos* [*A História do Universo: Da Chama Primordial à Era Ecozoica – Uma Celebração do Desdobramento do Cosmos*]. O livro cria uma história unificada a partir de factoides isolados fornecidos pelas ciências físicas e sociais. As únicas coisas que ele tem de errado são seu título e suas premissas. É evidente que existe mais de uma história a ser contada; a prova são todos os mitos cosmogônicos existentes no mundo, além dos edifícios filosóficos contemporâneos como o de Swimme e Berry. Parece que a maioria desses relatos deixa passar em branco o grande herói da história da evolução: o Sol, não somente em seu papel de reator cósmico que nos fornece luz e vida, mas também na medida em que é um símbolo prenhe de significados para a fototrópica espécie humana.

Quem tem algum conhecimento da história da cultura, mesmo superficial, não se surpreende ao informar-se de que o Sol, antigamente, também era entendido como símbolo da luminosidade interior. Poucos se dão conta de como é amplo e extenso o papel da luz na vida humana. A luz é nossa origem e nosso alimento; e, se as tradições místicas do mundo tiverem razão, a luz é nosso destino espiritual.

Como nos ensinaram os gnósticos (não somente Beinsa Douno e Omraam Mikhaël Aïvanhov, mas também Ouspensky), temos de nos embeber do espírito solar até nos tornarmos, nós mesmos, absolutamente radiantes – sóis em miniatura que vertem luz e calor sobre todos sem exceção, como faz a estrela-mãe de nosso sistema solar. Curiosamente, a mesma ideia é postulada pelo budismo tibetano. Nas palavras de Khenpo Karthar Rinpoche: "Realizar o estado de Vajradhara ou Samantabhadra é tornar-se igual ao Sol e já não depender da luz exterior para viver na claridade." Vajradhara e Samantabhadra são aspectos da Realidade Búdica original e todo-radiante.

O ato de transformar-se num ser luminoso é o caminho do verdadeiro herói solar, por meio do qual nosso instinto fototrópico alcança sua plena realização. Quando isso acontecer, e só então, o Sol jamais voltará a se pôr para nós.

2 NOMADISMO GALÁCTICO

Caminhando pela estrada de tijolos amarelos

Descobri tarde na vida *O Mágico de Oz*, de L. Frank Baum. Tendo passado a infância na Alemanha, fui criado à base de uma suntuosa dieta de contos populares teutônicos e, por escolha minha, de mitologia grega e romana. Quando, já adulto, finalmente assisti à versão hollywoodiana (produzida em 1939) do famoso romance de Baum, fui arrebatado pelo imaginário arquetípico, pelos personagens memoráveis, pelas alegres letras e melodias e não menos pela atuação mágica de Judy Garland como Dorothy Gale. O que mais me impressionou foi o profundo simbolismo da narrativa. Enquanto passava o filme, a minha mente fazia inúmeras relações incríveis entre ele e os materiais orientais que eu estudava havia muitos anos. Depois, fiquei sabendo que Baum era membro da Sociedade Teosófica e havia tido a intenção expressa de inserir nessa historinha para crianças algo da profunda sabedoria do Oriente.

Alguns anos depois, dando uma palestra a um público norte-americano, contei a história de *O Mágico de Oz* explicando seu simbolismo tal como eu o entendia. Descobri na mesma hora o quanto era profunda a influência de *O Mágico de Oz* sobre os americanos da minha geração ou um pouco mais novos. Até hoje, o livro é amplamente lido e agrada tanto aos adultos como às crianças. Meus ouvintes se entusiasmaram quando lhes apresentei interpretações plausíveis de uma história que os havia encantado, mas também os deixara perplexos. Eles pressentiam nela um sentido mais profundo, mas as conversas durante o jantar de família nunca lhes deram ideias satisfatórias a esse respeito. Fiz a mesma palestra em outras ocasiões e sempre me deparei com a mesma resposta do público. Certa vez, num evento beneficente, cheguei a convidar a bisneta de Frank Baum – a psicóloga Gita Dorothy Morena – para ouvir uma versão abreviada de minha palestra e, no fim, ela partilhou conosco alguns momentos especiais da vida de seu famoso bisavô. Alguns o julgavam maluco; outros o consideravam mau escritor; a posteridade adora seus personagens e as peripécias deles. Em outras palavras, ele foi um romancista bem-sucedido.

Em resumo, entendo a jornada de Dorothy pela Estrada de Tijolos Amarelos como imagem de uma peregrinação espiritual que termina, felizmente, com o reconhecimento de que em certo sentido toda a viagem foi desnecessária, porque sempre e a cada momento nos encontramos já no destino que almejamos alcançar: a felicidade, a liberdade, a perfeição. Em específico, a Estrada de Tijolos Amarelos me lembra, por um lado, o caminho labiríntico que leva à perfeição; por outro lado, podemos ver nela uma referência oculta ao luminoso canal dourado que, dentro da estrutura do corpo humano, conecta nossa expressão puramente biológica a mais elevada realização espiritual de que nossa espécie é capaz. É essa a matéria de que é feito o obscuro Kundalini Yoga da Índia, com seu "poder serpentino", suas "flores de lótus" psicossomáticas, seu "caminho régio" de libertação ao longo do eixo central do corpo e sua energia da deusa. Carl Gustav Jung adorava esse tipo de esoterismo.

Mas isso tudo é um pouco difícil de compreender. Em termos mais tradicionais, a Estrada de Tijolos Amarelos define a passagem da ignorância para a iluminação. Ela serpenteia em meio à paisagem da nossa vida psicoespiritual, que para nós é antes de tudo um território desconhecido, e chega por fim ao eterno "centro ritual" do nosso ser autêntico, que podemos chamar de Si Mesmo, Eu Superior ou Espírito. Aí se ergue o altar onde devemos louvar. Mas isso nós raramente fazemos, pois preferimos depositar nossas oferendas junto aos templos idolátricos da vida convencional.

Estou convicto de que essa interpretação não seria considerada estranha pelo próprio Baum, que provavelmente estava pensando em algo desse tipo quando escreveu sua arquetípica historinha para crianças. Seja como for, a narrativa de Baum encontrou eco na alma norte-americana; o registro de vendas, o valor perene e o interesse contínuo despertado pelo livro envergonham aquelas bibliotecas que, em certa ocasião, baniram-no de suas prateleiras. Ainda bem que a obra não serviu de lenha para uma fogueira pública.

O *Cambridge Advanced Learner's Dictionary* [*Dicionário Cambridge para Iniciantes Adiantados*] define "estrada" como "uma superfície comprida e firme construída para ser percorrida por veículos". É uma definição prosaica e, ouso dizer, nem um pouco adiantada. O *Compact Oxford Dictionary* [*Dicionário Compacto Oxford*] vai um pouco além e acrescenta que a estrada pode ser "um meio para se alcançar determinado resultado". Do ponto de vista filosófico, a estrada é muitas coisas mais. Em um nível, é um local de comércio, interação social e aprendizado cultural. Em outro, é um gesto de boa vontade entre vizinhos próximos ou distantes, ou, ao contrário, um meio rápido de conquista. Em outro nível, ainda, é uma perturbação do meio ambiente, um ferimento infligido à Terra. Por fim, e sem ter a pretensão de esgotar os significados possíveis, a estrada é uma oportunidade para despertar do sonho da realidade consensual. Tudo depende da ocasião e do ponto de vista. Às vezes, a mesma estrada que estabelece comunicação entre as pessoas serve para derrotá-las e derrotar suas culturas. São bons exemplos a famosa Rota da Seda e a Estrada Real Persa.

Um dos documentários de que mais gosto é *The Silk Road* [*A Rota da Seda*], que demorou dez anos para ser feito e pode ser assistido em meros 330 minutos. Lançado em 1998, esse documentário foi a primeira grande coprodução cinematográfica entre China e Japão e redescobriu, de certo modo, esse antigo caminho de 6.500 quilômetros. A Rota da Seda, formada na verdade por uma série de rotas interligadas, é uma das estradas mais antigas do mundo. Criada há cerca de 2.500 anos pelas pegadas de intrépidos viajantes e de seus camelos, ligou intermitentemente por muitos séculos o Extremo Oriente à Índia, ao Afeganistão, à Pérsia e à Turquia. Visto que boa parte dessa estrada se situa nas areias móveis do deserto, ela corresponde mais a uma ideia do que a uma passagem física nitidamente delineada, exceto no que se refere às etapas definidas do caminho – oásis, fortalezas e cidades.

Como indica seu nome, o principal tesouro transportado nessa rota era a fina seda produzida na China e cobiçada pela elite ocidental. Entretanto os mercadores levavam muitos outros materiais preciosos e objetos valiosos – desde ouro, pedras preciosas, marfim e peles até objetos feitos de bronze, artigos laqueados, cerâmicas e pólvora. É possível, contudo, que a mercadoria mais preciosa transportada pela Rota da Seda tenha sido as grandes ideias filosóficas e religiosas que fluíam nos dois sentidos. Em específico, foi por esse meio que o budismo saiu da Índia e penetrou no Extremo Oriente, onde recebeu forma nova e mais durável.

Boa parte da Rota da Seda serpenteia pelo deserto inóspito e ventoso de Taklimakan, que tem pouquíssimos oásis e cobra dos viajantes toda a sua reserva de energia e inteligência. A temperatura e as repentinas tempestades de areia são proibitivas. Quando ainda estava em uso, a estrada unia mais de dez países. Por um lado, eles se beneficiavam das oportunidades oferecidas pela Rota da Seda; por outro, sofriam as consequências de seu lado sombrio: a mesma estrada percorrida por comerciantes inofensivos e filósofos itinerantes podia se tornar também o conduto de militares menos mansos e mais predispostos ao saque, ao estupro e à impiedosa conquista da glória.

A Estrada Real Persa, de que falamos acima, já era mencionada por Heródoto, historiador grego do século V a.C. Ela também era composta de várias rotas que se estendiam por mais de 2.400 quilômetros, desde Persépolis, antiga capital da Pérsia, até Sardes, capital da Lídia (na região ocidental da atual Turquia). Talvez mais antiga que a Rota da Seda, essa via histórica não foi construída, mas simplesmente consolidada pelo imperador persa Dario I em *c.* 500 a.C. Diz-se que era pontuada por 111 paradas, em cada uma das quais havia rápidos cavaleiros a postos para avisar o imperador dos primeiros sinais de problemas em seus extensos domínios.

Esse sistema, contudo, não bastou para impedir o jovem Alexandre Magno de marchar a toda velocidade e arrasar Persépolis em 331 a.C. Segundo esse rei macedônio, Persépolis era uma cidade "odiosa"; sabemos que era uma das mais prósperas de sua época. Entre outras malfeitorias, o ambicioso Alexandre queimou completamente o palácio de Dario III com o objetivo de vingar o saque e o incêndio de Atenas e dos templos de sua sagrada Acrópole cometidos por Xerxes quase setenta anos antes. Paradoxalmente, a rápida invasão da Pérsia foi possibilitada a Alexandre pela mesma estrada construída para apoiar e proteger o império.

Os maias iucatecas construíram uma rede de estradas elevadas para fins comerciais e militares, agora abandonadas e cobertas de árvores, chamadas Estradas Brancas (*sac bé*), de *sac* ("branco") e *bé* ("estrada"). Visitei a península do Iucatã duas vezes nos últimos vinte anos. A primeira vez foi na década de 1980, quando fui tomado por uma estranha fascinação pelos maias, à qual senti necessidade de dar vazão. Fui de avião a Merida, capital do Iucatã, com a expectativa de satisfazer a minha curiosidade.

Felizmente, consegui fazer contato com um senhor aposentado, a eminência parda dos guias turísticos da região – um nativo de mais de 80 anos que adorou ciceronear este "gringo" pelos muitos sítios arqueológicos da península, inclusive alguns que os livros de turismo não mencionam. Ficamos amigos e cheguei a me hospedar por alguns dias em sua casa em Merida. Ele escrevera um livro e vários panfletos sobre os maias, e aprendi a apreciar seus conhecimentos, sua incrível hospitalidade e sua tremenda paciência como guia.

Ele me mostrou, entre outras coisas, as Estradas Brancas dos maias e me apresentou os vestígios daquela que, outrora, deve ter sido uma formidável teia de movimentadas artérias interligando as cidades. Essas estradas elevadas foram construídas pelos próprios maias; os conquistadores espanhóis parecem não ter acrescentado nada à civilização maia, exceto o homicídio, o saque, a doença e o sofrimento. Da perspectiva espanhola, é claro que tudo isso era compensado pelo dom da salvação por meio do catolicismo. Os sacerdotes se reuniram, queimaram os livros sagrados dos maias e impuseram-lhes uma nova identidade. Felizmente, esse esforço foi bem-sucedido apenas em parte.

O que surgiu então foi um sincretismo de doutrina católica e ritualismo maia, enquanto os antigos ensinamentos entraram na clandestinidade. Eles permaneceram ocultos por quinhentos anos, mas agora estão vindo à tona gradativamente no contexto de uma ressurreição cultural dos povos indígenas. Os maias aos poucos encontram de novo a sua voz, ao mesmo tempo que seus antepassados voltam a nos falar com mais eloquência por meio de sua escrita hieroglífica.

As *sac beob* (plural de *sac bé*), que tinham de um a dois metros de altura e até vinte metros de largura, foram projetadas como vias principais que ligavam em linha reta os centros importantes de atividades sociais e rituais. A estrada de pedra mais longa, dentre as que conhecemos, ligava a cidade imperial de Cobá ao centro religioso de Yaxuná, a sudoeste de Chichen Itzá, no Iucatã, num trajeto de 99 quilômetros. No auge de sua existência, Cobá abrigava cerca de 50 mil pessoas. Até agora foram escavadas poucas das 6.500 estruturas que, segundo se estima, a cidade continha. Sua importância como centro político e polo cultural pode ser depreendida do fato de pelo menos 50 *sac beob* se irradiarem de sua praça central. Evidentemente, nem todas as estradas levam a Roma.

Fiz questão de subir os 120 degraus da pirâmide de Nohoch Mul, diante dessa praça. É a pirâmide mais alta do Iucatã, com mais de 38 metros de altura. Como indicam os dois números supracitados, cada passo acima é um esforço naquele calor úmido. A descida é um desafio todo especial, mas me lembrei de que os maias eram, em regra, bem mais baixos que eu e teriam tido ainda mais dificuldade para transpor os degraus altos e estreitos. Assim como as *sac beob* lineares ligavam os centros rituais no plano horizontal, os degraus da pirâmide ligavam a Terra e o Céu, os homens e os deuses, ao longo do eixo vertical. Agora, não passam de um obstáculo a ser profanamente vencido por turistas barulhentos.

Infelizmente, as perguntas que eu mais queria ver respondidas durante minha visita ao Iucatã eram esotéricas demais para meu guia. No fim, resignei-me à possibilidade de os segredos metafísicos e ritos ocultos dos maias estarem perdidos para sempre. De lá para cá, progressos recentes na decifração dos hieróglifos maias responderam a algumas daquelas perguntas, e não é impossível que conhecimentos ainda mais profundos tenham sido transmitidos por via oral. Pelo menos alguns autores que estudam os xamãs e curandeiros maias fazem essa alegação. Menciono nesse contexto o livro de Rosita Arvigo, *Sastun: My Apprenticeship with a Maya Healer* [*Sastun: Meu Aprendizado com um Curandeiro Maia*], e o de Marianna Appel Kunow, *Maya Medicine: Traditional Healing in Yucatan* [*Medicina Maia: Cura Tradicional no Iucatã*].

Minha viagem foi bruscamente interrompida quando tropecei nos degraus irregulares da plataforma de um templo e torci gravemente o tornozelo. Meu novo amigo e guia se ofereceu para me levar a um *brujo* da região, um curandeiro, proposta que eu não podia recusar. Poucas horas depois do acidente, lá estava eu na "sala de espera" da humilde casa de um *brujo*, ao lado de mais ou menos uma dúzia de nativos doentes acompanhados de seus familiares. Vendo-o tratar os pacientes, rapidamente me esqueci do meu desconforto. Ele desempenhava suas atividades de modo solene e com consumada habilidade. Logo chegou a minha vez. Dirigiu-me um rápido olhar e pediu, com um gesto, que eu removesse as bandagens improvisadas ao redor do tornozelo. Tocou-o com suavidade para verificar se não estava quebrado; depois, abruptamente, passou a apertá-lo e puxá--lo, soprando-o sem parar. Num instante, o nível de dor passou de módico a insuportável, mas o tratamento parece ter funcionado. A luxação se curou com surpreendente rapidez, mas não rápido o suficiente para me permitir visitar outros sítios arqueológicos. Minhas férias haviam terminado.

Minha segunda viagem ao intrigante mundo dos maias foi em 2004. Dessa vez, viajei de carro, acompanhado por Brenda, minha atual mulher, e por Urso, nosso cão pastor australiano. Percorremos o México de cabo a rabo, desviando-nos muitas vezes do caminho em pequenas excursões laterais. (Tenho a dolorosa consciência de que nossa viagem consumiu uma quantidade imensa de gasolina e contribuiu para a poluição por dióxido de carbono. Hoje, não me daria ao luxo de repeti-la.)

Haviam-nos advertido de que devíamos evitar o atribulado estado de Chiapas, na fronteira com a Guatemala, onde, pouco antes de nossa viagem, os guerrilheiros zapatistas haviam matado um casal de turistas. Confiantes em nossa intuição, decidimos seguir em frente mesmo assim. É verdade que alguns nativos não se mostraram particularmente receptivos, mas também é fato que essa atitude fria em relação aos turistas, que afinal bem podem ser espiões do governo, é igualmente encontrada em muitas outras regiões do México e do mundo inteiro. A maioria das pessoas nos ajudou e – com destaque para as onipresentes crianças – se mostrou curiosa em relação a mim, a minha esposa, ao nosso cão e a nossa caminhonete abarrotada. Pudemos viajar sem ser incomodados, e a bela Chiapas se tornou um dos pontos altos da nossa visita.

Percorremos todo o caminho que vai da turística, porém arrebatadora, Palenque às distantes ruínas de Bonampak, com seus singulares murais coloridos. Nossa aventurazinha nos conduziu sem incidentes pelo interior do México até as proximidades da fronteira com a Guatemala. Passamos por povoados pitorescos, pastos verdejantes e profundas ravinas, transpusemos pontes sobre rápidas corredeiras, fomos parados inúmeras vezes pelas autoridades da imigração e desviamos de centenas de buracos nas estradas. Depois voltamos.

Nossa razão original para visitar o México era procurar um novo lugar para morar. Quando concluímos que, no fim das contas, havíamos nos conduzido na direção errada, fizemos meia-volta e tomamos o rumo norte, para além dos Estados Unidos, imensamente enriquecidos pelo nosso pequeno desvio mexicano. Numa cidadezinha canadense, finalmente encontramos (mais ou menos) o que estávamos procurando. Os nômades nunca se deslocam em linha reta.

Assim como a Estrada de Tijolos Amarelos de Frank Baum conduz ao mágico que habita o coração do País de Oz, assim também cada *sac bé* dos maias conduz ao centro ritual de uma cidade grande ou pequena. As estradas modernas nos conduzem a gigantescos congestionamentos urbanos. As estradas em geral, como eu já disse, são percorridas por vários motivos e por vários meios – a pé, a camelo ou a cavalo, numa carruagem ou carroça, num veículo motorizado. Entre todos os motivos e meios, há um que se destaca: a antiquíssima prática da peregrinação, para a qual é preciso usar as pernas e nada mais.

Roma, Jerusalém, Meca, Lhasa, Varanasi – todas têm sido locais prediletos de peregrinação para gente religiosa em busca de perdão, graça ou cura. Seus modernos análogos seculares são o Disney World, a Disneylândia, a DisneyQuest, a DisneySea, Alton Towers, o Europa Park, os Bush Gardens, a Universal's Island of Adventure, o aquário SeaWorld, a Six Flags, a Legoland, o Hershey Park, os estúdios da Universal, os Jardins de Tívoli, Dollywood e inúmeros outros parques temáticos do mundo inteiro que atraem, todo ano, centenas de milhões de visitantes em busca de alegria e diversão instantâneas. Enquanto os centros de peregrinação religiosa cultivam uma mentalidade centrípeta, os parques temáticos e parques de diversões atendem às necessidades da consciência centrífuga, a desgraça da civilização pós-moderna.

A península indiana abriga o maior número de antigos centros de peregrinação, e a cada doze anos seus homens e mulheres religiosos e espiritualizados se reúnem no maior festival da Terra – o *kumbha-mela*, a Reunião da Urna, do qual se diz que é derramado o néctar da imortalidade sobre cada participante. A cada 144 anos, esse festival assume proporções gigantescas; o mais recente, realizado em 2001 em Allahabad, reuniu um público recorde de 70 milhões de pessoas ao longo de 44 dias. Numa reunião tão imensa, não surpreende que em cada edição do festival alguns peregrinos se machuquem ou mesmo morram pisoteados. Esses acidentes são, em toda parte, aspectos previsíveis da dinâmica das multidões. Acontecem em vários outros centros de peregrinação, durante a festa chinesa das lanternas e em jogos de futebol, shows de rock, passeatas políticas, pistas de corrida, estações de metrô e *shopping centers*. A multidão em pânico tem uma vontade própria, e essa vontade é incivilizada, quer a ocasião seja religiosa, quer seja secular. O cérebro se desativa momentaneamente e o tronco encefálico (o cérebro reptiliano) começa a funcionar – pondo em ação o binômio "matar ou morrer".

Claro está que o objetivo da peregrinação é cultivar as capacidades superiores da mente humana, aquelas associadas ao lobo frontal do cérebro. Isso exige o controle do tronco encefálico. O cérebro, que muito se parece com um labirinto, corresponde aos caminhos serpentinos e tortuosos da mente, que, embora seja de todas as coisas a mais próxima de nós, continua sendo também o maior de todos os mistérios. As estradas ligam o ponto A ao ponto B; as sinuosas vias elevadas da mente partilham um centro comum, nossa verdadeira identidade, mas essa não pode ser descoberta por um processo linear. Primeiro é preciso aprender a ver o que está do outro lado das muralhas conceituais que nós mesmos erguemos.

Em *O Mágico de Oz*, Dorothy não percebe imediatamente a Estrada de Tijolos Amarelos. Ela se distrai com as atividades à sua volta. Do mesmo modo, levamos tempo para perceber que os caminhos espiralados da vida não são aleatórios. Parecem-se mais, na verdade, com um labirinto a cujo centro nós chegaremos se tivermos perseverança. No fim de sua viagem, Dorothy ("Dom de Deus") reconhece que suas aventuras além do arco-íris não a estavam levando para mais perto de casa. Levaram-na unicamente à presença de um mágico de meia-tigela. É a essa altura que ela se lembra, cheia de sabedoria: "O lar é onde está o coração".

Todo ser humano, seja nômade ou sedentário, leva consigo um conceito de lar. Até os chamados sem-teto podem ter noção de lar. A verdadeira falta de teto é um estado de espírito. Pode significar a desorientação emocional e mental ou, numa nota positiva, a liberdade espiritual em relação a todos os conceitos limitativos, entre eles, o de "lar".

Essa variedade superior de "não ter onde morar" é o nomadismo voluntário e espiritual dos ascetas itinerantes da Índia, monges (e monjas) que não possuem absolutamente nenhum bem, exceto talvez uma tanga, uma tigela de esmolas e um bastão. São chamados *paramhansas*, "cisnes supremos" que, como o *Gander indicus*, viajam sozinhos pelo céu sem levar o fardo de um domicílio, uma família e outras preocupações deste mundo. Tendo a consciência mergulhada no Infinito, o asceta *paramhansa* acredita absolutamente que a vida lhe proporcionará o necessário para seu sustento. É isso que Jesus de Nazaré quis dizer quando afirmou em seu famoso Sermão da Montanha: "Olhai os pássaros do céu: não semeiam, nem ceifam, nem ajuntam em celeiros, e, no entanto, vosso Pai Celestial os alimenta. Ora, não valeis vós mais do que eles?" (Mateus 6, 26).

Firmar os nossos pés

O sedentarismo – que constitui o estilo de vida habitual de bilhões de seres humanos – é, de certa forma, antinatural. Embora a maioria das pessoas esteja predisposta a buscar uma casa onde morar e, em seu esnobismo, ignore ou desprezem os sem-teto, penso que o instinto de nomadismo da nossa espécie é tão profundo quanto o de encontrar um ninho. Isso estabelece uma tensão peculiar em nossa natureza. É verdade, por outro lado, que o sedentarismo – supostamente favorável à maior segurança e maior eficiência no viver (o que quer que isso signifique) – deslocou o impulso de nomadismo, embora não o tenha, de modo algum, substituído. Infelizmente, do ponto de vista fisiológico, as pernas são feitas para andar e a permanência prolongada na posição sentada é prejudicial à saúde da coluna vertebral. Nossa sede de viajar, aparentemente inata, se manifesta de múltiplas maneiras – algumas previsíveis, outras mais surpreendentes.

Quando descemos das árvores (metaforicamente, pelo menos), as primeiras caminhadas da nossa espécie por este planeta ocorreram nas savanas africanas. A certa altura, por razões desconhecidas, o Hemisfério Norte recobriu-se de gelo e neve e enviou massas de ar frio para o sul, piorando o clima da África e secando a terra, como ainda se vê em muitas partes desse continente. Ainda ignorante da pecuária e da agricultura, o *Homo erectus* – nosso bem-sucedido primo hominídeo de postura ereta – se deslocou para o norte. Aos poucos, no decorrer de muitas gerações, ele marchou para a África do Norte, o Oriente Médio e, daí, para a Eurásia e a península indiana. Segundo alguns, essa empreendedora espécie parece ter chegado à Austrália há cerca de 100 mil anos.

Admito que o termo "marchou" não é apropriado para descrever os movimentos do *Homo erectus*, pois o estilo militarista de andar pertence a uma era muito posterior, quando a guerra se tornou intelectualizada, sincronizada, tecnologizada, demoníaca e brutal. O *Homo erectus* simplesmente vagou mais longe que de costume em sua busca de caça e plantas comestíveis. A vida contemporânea dos pastores nômades da Mongólia, da

Arábia e de outras partes nos ensina que as tribos nômades conhecem muito bem seu território. A caça e o acesso à água e a outros recursos não são deixados a cargo do mero acaso. Estou convicto de que nossos ancestrais sabiam mais ou menos o quê, onde e quando esperar. Seu nomadismo, como o dos povos nômades que ainda resistem, era possibilitado por um conhecimento prático dos caminhos mais percorridos – memes vitais associados, sem dúvida, a um instinto tremendamente eficaz.

Quando conduzi um trabalho de campo em etnografia no sultanato de Omã, em meados da década de 1970, tive a oportunidade de conhecer alguns membros de tribos nômades e ouvi-los contar histórias de suas migrações cíclicas. Lembro-me de ter ficado impressionado com a capacidade deles de distinguir características específicas no deserto, onde, para mim, todos os lugares eram iguais. Os exploradores da Arábia relatavam que seus guias, depois de dias de viagem nas dunas de areia, encontravam infalivelmente um poço específico. Nessa mesma veia, conheci um beduíno do Kuwait que estudou comigo e que, mesmo com a ajuda de um mapa, não tinha absolutamente nenhum sentido de orientação quando tentava andar pela cidade de Londres. Parece que as habilidades correspondem especificamente aos ambientes onde foram desenvolvidas. Eu inevitavelmente me perderia se procurasse me deslocar no deserto ou em mar aberto. Sou perito, entretanto, em localizar informações numa biblioteca, mesmo sem o sistema de classificação decimal de Dewey.

Meu trabalho de campo em etnografia terminou abruptamente quando o governo de Omã decidiu que minhas pesquisas não seriam "úteis". Embora o governo tivesse um Ministério de Assuntos Tribais, o fato de Omã ter bem mais de cem tribos era um pouco constrangedor, e mais ainda porque algumas delas tinham se revoltado contra o governo. Com efeito, uma pesquisa que pusesse em evidência as numerosas – e às vezes conflituosas – tradições tribais do país não seria nem um pouco útil para as negociações de Omã com o Banco Mundial na década de 1970.

Omã é um ex-protetorado britânico localizado no extremo sudeste da península arábica e se orgulha de ser um Estado nacional moderno que patrocina um extenso programa de modernização, o que, de certo modo, é verdade. Ao depor seu tirânico pai em 1970, o sultão Qabus, que estudou na Inglaterra, introduziu seu povo no século XX, com o óbvio apoio político e militar do Reino Unido. As tribos rebeldes não se deram bem e vi com próprios olhos os efeitos drásticos dos obuses britânicos num povoado tribal construído de adobe. Fui convencido a não visitar a região de Dhofar, onde uma rebelião estava sendo reprimida com a ajuda dos ingleses e dos iranianos. Os dhofaris, inspirados por seus vizinhos marxistas do Iêmen do Sul, estavam ansiosos por desestabilizar o regime do novo sultão. Hoje em dia, a região de Dhofar, terra do incenso, é aberta aos turistas, como todo o resto do país.

Quando visitei Omã, o sultanato ainda não havia tomado conhecimento do conceito de turismo. É provável que, a certa altura, eles tenham decidido que eu sabia demais. Com toda a educação, mas também com firmeza, fui persuadido a pôr em prática meu instinto nômade e mudar para algum outro Estado do Golfo; ofereceram-me até uma passagem grátis, caso me dispusesse a partir imediatamente. Quando me tomaram o carro que um dos ministérios havia me emprestado, concluí que era hora de voltar para casa, aposentar o chapéu de antropólogo e retomar minhas tranquilas investigações sobre o legado espiritual da Índia.

Dhofar, por sinal, assistiu à chegada do *Homo erectus* cerca de 1 milhão de anos atrás. Na medida em que é possível reconstituir aquela situação, foi nessa época que a escassez obrigou esse primitivo hominídeo a deslocar-se cada vez para mais longe em busca de alimento. Essa aventura sem precedentes, estendendo-se por várias gerações, produziu um patrimônio de habilidades e sabedoria que permitiu a essa espécie sobreviver até cerca de 200 mil anos atrás ou em uma época ainda mais recente, como eu disse no capítulo anterior.

Não há dúvida de que a experiência intensa do nomadismo, no princípio da evolução dos hominídeos e durante pelo menos certa parte do desenvolvimento do *Homo sapiens*, deixou uma impressão profunda na mente humana. No começo do século XX, o zóologo e geneticista americano Charles Benedict Davenport chegou a afirmar que existe uma espécie de gene do nomadismo. Para aventar essa hipótese, teve de invocar a teoria mendeliana da hereditariedade genética. Fazendo experiências com seus 28 mil amistosos pés de ervilha, o monge tcheco-austríaco Gregor Johann Mendel, tradicionalmente denominado "o pai da genética", constatou que os caracteres eram transmitidos de pais a filhos de acordo com certas leis. O nomadismo, segundo Davenport, era um caractere mendeliano baseado em um único gene: um "instinto humano fundamental" devidamente inibido pelos povos inteligentes e civilizados, os quais, ao que parece, ele considerava intrinsecamente sedentários.

As motivações por trás da pesquisa e das investigações desse acadêmico não eram puras. Sua teoria, obtida a partir de dados altamente tendenciosos, tinha o objetivo de endurecer a política americana de imigração para conter o influxo de judeus que chegavam ao país; eles não eram bem-vindos. Uma vez que não se podia recusar a entrada aos judeus alegando sua inferioridade intelectual, Davenport inventou uma nova desculpa para as autoridades: em virtude de seu histórico nômade, ele afirmava que os judeus eram inferiores em matéria de caráter e moralidade. Oportunamente, esqueceu-se de que os pioneiros da colonização norte-americana também haviam migrado da Europa para o novo continente. Acaso o teriam feito se não fossem eles mesmos portadores do "gene nômade"? E sua falta de controle sobre o instinto migratório também não os estigmatizava como moralmente inferiores?

Em primeiro lugar, é impossível explicar um comportamento complexo como o nomadismo atribuindo-o à ação de um único gene. Pode-se, porém, considerá-lo produto da atuação de muitos genes aliada a todo um conjunto de influências ambientais e ajustes mentais. Por outro lado, embora eu não tenha a intenção de endossar as teses falaciosas do determinismo biológico, gostaria de mencionar pesquisas que demonstraram claramente que o ambiente genético é um dos fatores do nosso modo de ser e agir. Ao nascermos, nós não somos uma *tabula rasa* em que a vida depois escreve as primeiras palavras. Antes, todos nós somos portadores de uma história que, em seguida, é representada, modificada e desenvolvida sob a influência das múltiplas experiências da vida. E certas partes da história, por simples falta de oportunidade, não serão sequer contadas – não desta vez, pelo menos.

No Oriente, a bagagem que levamos conosco ao entrar e sair deste mundo é chamada *karma*. Trata-se de um conceito abrangente, conveniente e plausível. Fiquei sabendo há pouco tempo que até um dos grandes intelectuais do século XX – o historiador inglês Arnold J. Toynbee – fez uso dessa noção. Em seus famosos diálogos com o educador budista japonês Daisaku Ikeda, ele disse que o karma é "uma palavra sânscrita que significa literalmente 'ação', mas que, no vocabulário do budismo, adquiriu um sentido especializado: o de uma 'conta bancária' da ética, cujo saldo é constantemente atualizado por novos saques ou depósitos durante a vida psicossomática do ente humano na Terra. Em qualquer momento, o saldo do karma de um ente humano é determinado pela soma dos depósitos e saques anteriores; mas o agente do karma pode, e vai, aumentar ou diminuir esse saldo pelos outros atos que cometer. Na verdade, é ele mesmo quem constrói seu karma, e nesse sentido ele é, pelo menos em parte, um agente livre".

Da mesma maneira que nossa hereditariedade biológica (genética) molda nossa mente em certo grau, assim também as experiências de vida processadas pela mente impactam nossas escolhas de vida e, consequentemente, nosso destino. Contudo, será que elas também afetam nosso genótipo individual? O naturalista francês Jean-Baptiste Lamarck, do século XIX, pensava que sim. Ele acreditava que seria possível a uma pessoa adquirir caracteres e, em seguida, transmiti-los a seus filhos. Era assim, com efeito, que ele explicava as mudanças observadas nas espécies. Pense no caso da girafa: tentando alcançar as folhas mais altas, ela tornou seu pescoço mais eficiente, embora ridiculamente comprido, e essas novas proporções foram transmitidas de geração em geração. (Lamarck usou originalmente o exemplo de uma ave pernalta.)

Em aguda contraposição à teoria evolutiva de Charles Darwin, que ganhou popularidade com relativa rapidez, o lamarckismo foi praticamente ignorado e hoje está relegado às notas de rodapé dos compêndios, aquelas obscuras regiões dos livros (não deste aqui!) que todos evitam, exceto os acadêmicos e outros leitores obsessivos. Alguns críticos de Lamarck observaram sem dó nem piedade que, no fim das contas, os filhotes de um camundongo de rabo cortado não nascem sem rabo – um argumento falacioso, visto que o próprio Lamarck excluiu de seu modelo as intervenções causadas por agentes exteriores. Darwin, por sua vez, foi bem mais generoso para com a teoria de Lamarck, fato evidenciado pela sua hipótese da pangênese, de índole semelhante, que também foi preterida pelos biólogos em favor de uma síntese da teoria darwiniana da seleção natural com uma reformulação das explicações genéticas de Mendel.

A ortodoxia neodarwiniana é francamente refratária ao lamarckismo. Essa atitude hostil parece ter sido um dos fatores que determinaram, em 1926, o suicídio do zoólogo austríaco Paul Kammerer, cujas teses lamarckianas haviam sido taxadas de fraudulentas por seus críticos. O eminente botânico russo T. D. Lysenko foi posto de escanteio com a mesma facilidade; afinal de contas, era cidadão do "maligno" império soviético. Os experimentos com bactérias feitos por Joseph Cairns, biólogo de Harvard, que pareciam demonstrar a ocorrência de mutações dirigidas e autônomas após a exposição a uma toxina, não puderam ser descartados com tanta prontidão, mas acabaram sendo descartados mesmo assim.

Outros pesquisadores intrépidos publicaram dados que favorecem uma interpretação lamarckiana. Consideradas isoladamente, essas manifestações podem ser depreciadas pela ortodoxia como pouco persuasivas, mas cumulativamente poderão ainda vir a abalar os fundamentos do neodarwinismo. No livro *Epigenetic Inheritance and Evolution – the Lamarckian Dimension* [Hereditariedade Epigenética e Evolução – a Dimensão Lamarckiana], publicado em 1995 pela respeitável Oxford University Press, Eva Jablonka e Marion J. Lamb recapitularam algumas dessas descobertas dissonantes, as quais, juntas, dão a entender que afinal de contas pode haver certo lamarckismo embutido no processo da evolução. Com isso, a mente passaria a figurar de novo nas teorias evolucionárias.

É fácil perceber que a presença de um efeito lamarckiano na evolução seria extremamente incômoda, pois colocaria o destino evolutivo da espécie humana, pelo menos em parte, nas mãos dos entes humanos individuais, em vez de deixá-lo à mercê de um ato sexual instintivo ou de um princípio estatístico abstrato. Isso significa que eu e você imediatamente nos tornaríamos codiretores da evolução. Mais à frente, vou demonstrar que, no que se refere à nossa existência psicocultural, isso já acontece.

No decorrer dos anos, a ortodoxia neodarwiniana teve de enfrentar vários desafios lançados por adversários não lamarckianos. Uma das críticas mais bem-sucedidas é a teoria neutra da evolução, formulada em 1968 pelo biólogo e matemático japonês Motoo Kimura. Esse modelo propõe um teto para a seleção natural. Embora os protagonistas do neodarwinismo não tenham, a princípio, visto com agrado esse biólogo heterodoxo, tiveram por fim de admitir que o modelo de Kimura contribui para a compreensão científica da genética. Ajudou muito o fato de esse modelo não ter visado destronar a visão ortodoxa, mas, sim, apenas preencher algumas de suas lacunas. A teoria de Kimura conseguiu entrar incólume nos sacrossantos compêndios acadêmicos.

Kimura afirma, em resumo, que uma comparação entre os genomas de diversas espécies evidencia um grande número de diferenças "neutras", que não influenciam nem os indivíduos de determinada espécie nem a espécie como um todo. Assim, é lógico que essas diferenças não sejam explicadas pela seleção natural. Embora não derrube a teoria da seleção natural, a teoria neutra de Kimura combina bem com o modelo da oscilação genética, que complementa a inviolável hipótese da seleção natural. O conceito de oscilação genética envolve a determinação estatística daquelas mutações genéticas numa dada população que não resultam da seleção natural, mas de mero acidente. Quando seu gato engole um rato, por exemplo, é evidente que a vítima do raticídio não será mais capaz de se reproduzir e transmitir seus genes à geração seguinte. Quando se levam em conta milhares de eventos aleatórios desse tipo, especialmente em populações pequenas, verifica-se a ocorrência de mudanças estatisticamente significativas no genótipo (o código biológico) e no fenótipo (a aparência) da população.

De qualquer modo, a ideia de evolução continua vigorosa apesar dos persistentes ataques dos criacionistas, que confundem um mito com um bom modelo da realidade. Enquanto os cientistas admitirem o fato de que todos os modelos são por natureza representações simbólicas, e não a própria realidade, eles estarão em terreno seguro. No momento em que passam a tratar seus modelos como se fossem a própria realidade, sucumbem ao mesmo erro dos criacionistas: o "concretismo deslocado". A *ideia* de evolução se conta entre aqueles conceitos excelentes que são tão poderosos quanto qualquer gene.

Em 1976, no *best-seller The Selfish Gene* [O Gene Egoísta], Richard Dawkins partiu do princípio de que, embora o genoma humano seja essencialmente o mesmo há milênios, a cultura humana sofreu tremenda evolução. Os memes estão para o desenvolvimento cultural assim como os genes estão para a evolução biológica. Ambos são unidades de transmissão de informação. Na qualidade de meme, o moderno conceito de evolução foi replicado por várias gerações e é hoje uma ideia quase universalmente aceita, rejeitada unicamente pelos fanáticos religiosos.

Quando encaramos o nomadismo como um meme, podemos afirmar que ele tem vários "alelos" – ou seja, variedades culturais análogas entre si –, tais como o *nomadismo tribal* (caso dos bosquímanos do deserto do Kalahari), a *transumância* (caso dos lapões, um povo quase extinto que segue as migrações das manadas de renas selvagens), a *migração em razão de trabalho* (o deslocamento de trabalhadores para beneficiar-se da demanda por trabalho em outro lugar), a *migração dos profissionais liberais* (a "fuga de cérebros", ou seja, o deslocamento dos profissionais liberais, caso dos especialistas canadenses que foram trabalhar nos Estados Unidos), as *peregrinações religiosas* (discutidas brevemente acima), o *nomadismo urbano* (a tendência "cigana" dos habitantes das cidades que não têm capital para adquirir casa própria e são obrigados a migrar do hotel para a pensão, dessa para um apartamento alugado etc.), o *deslocamento diário para o trabalho* (a prática de percorrer grandes distâncias de casa até o local de trabalho), o *turismo* (forma de nomadismo temporário em busca de prazer), a *emigração/imigração* (o ingresso permanente em outro país), a *mobilidade ascendente* (a passagem de uma classe social inferior a outra superior, que tanta gente busca obsessivamente), o *nomadismo pós-aposentadoria* (a prática de um número cada vez maior de aposentados de "pôr o pé na estrada" e viajar de modo mais ou menos aleatório), o *nomadismo imaginário* (o hábito intelectual de viajar ao passado por meio da historiografia e da leitura de biografias, ou ao futuro por meio da ficção científica), o *transculturalismo* (a tendência de mergulhar em outras crenças, atitudes e práticas culturais ou subculturais, e/ou de adotá-las) e, quase por último, o que proponho chamar de *nomadismo galáctico*, o esforço de certos países para "conquistar" o espaço sideral.

Gostaria, por fim, de mencionar quatro "alelos" especiais do nomadismo, três dos quais pertencem ao distante mundo da parapsicologia enquanto o quarto tem natureza metafísica. O primeiro alelo parapsicológico do meme do nomadismo é o *metamorfismo*, prática pela qual um xamã ou curandeiro se transforma temporariamente num animal. Parece que a crença nessa capacidade mágica já existia no período mesolítico, e ela pode ser concebida como uma das características mais perduráveis do xamanismo. A lenda do lobisomem tem relação com esse estranho fenômeno.

O segundo é a *clarividência*, ou seja, a capacidade de ver coisas distantes demais para ser captadas pelos sentidos ordinários. Essa visão paranormal ou viagem mental tem sido estudada pelo Pentágono e pelo Kremlin em vista de suas possíveis aplicações militares. Alguns dos "sensitivos" que serviram de cobaia nesses experimentos de fato tiveram um desempenho positivo estatisticamente significativo.

O terceiro é o que popularmente se chama de *viagem astral* ou *projeção astral*, ou seja, a capacidade mais ou menos voluntária de viajar a outros lugares tomando por veículo o corpo sutil ou "etérico". Muita gente relata que, deitada na mesa cirúrgica depois de tomar anestesia geral, viu a si mesma (no corpo sutil) flutuando sobre o corpo físico e assistindo a todo o procedimento – fenômeno paranormal chamado "autoscopia" (visão de si mesmo) ou, numa linguagem mais prosaica, "experiência de sair do corpo". Depois, essas pessoas se lembravam até das conversas entre os cirurgiões e o pessoal de apoio.

O alelo *metafísico* do meme do nomadismo é a *transmigração*, a qual, segundo o hinduísmo e várias outras religiões, é a transposição automática (dependente do karma) da psique humana (ou alma, ou mente) deste corpo nesta vida para outro corpo em outra vida. A morte é a saída desta vida e a entrada (nascimento) num estado de existência não físico ("desencarnado"). O nascimento é a entrada no familiar ambiente físico por meio do útero materno, e a concomitante saída (morte) de um nível não físico, mental, da existência.

O budismo adota uma versão específica e mais sofisticada dessa hipótese, pois rejeita a noção da existência de uma entidade espiritual estável que passa de vida em vida. Antes, a posição budista é mais wittgensteiniana, pois postula somente uma semelhança de parentesco entre os múltiplos fatores que compõem a mente humana nesta existência e os múltiplos fatores que constituirão a mente na encarnação subsequente. Não está envolvida aí uma entidade estável que sofra a transmigração – uma solução elegante para um paradoxo metafísico. Um exame mais detido nos mostra que a concepção budista é partilhada pelos hindus, pois o Si Mesmo transcendente (*atman*) não transmigra e considera-se que a psique/mente é constantemente modificada por suas experiências. Tanto o budismo quanto o hinduísmo admitem que a personalidade empírica tende a criar um centro fixo e quase totalmente fictício chamado "ego/eu".

Descendo de novo à Terra desde as alturas vertiginosas da metafísica, gostaria de dizer mais algumas palavras sobre o supramencionado fenômeno do transculturalismo. À medida que uma sociedade e uma cultura globais se formam no mundo, o transculturalismo vai se tornando nossa realidade cotidiana. Múltiplos grupos étnicos vivem no mesmo país e o moldam; e, à medida que a interação entre os grupos se intensifica e as barreiras ideológicas caem por terra, as pessoas se mostram mais dispostas a adotar caracteres socioculturais dos grupos "estranhos". A própria noção antiga e convencional de "pessoas de dentro e de fora do grupo" está se enfraquecendo. Assim, homens e mulheres se acham mais dispostos a transpor as fronteiras de sua raça, religião, classe, nacionalidade e sexualidade. De modo muito geral, têm mais tolerância para com outras concepções e expressões culturais em matéria de música, artes, língua, alimentação e vestimenta. "Traduzindo-se" em outra cultura, esses transculturalistas tendem não só a trazer outras manifestações culturais para seu próprio ambiente como também a impor-lhes adaptações de todo tipo, que causam problemas específicos.

Há alguns anos, participando de uma cerimônia de "suor" com alguns índios norte-americanos*, um dos presentes – um camarada amistoso e falante que se identificou como mestiço – me pareceu um pouco deslocado naquele ambiente. Seu jeito de falar parecia mais "índio" que o dos outros membros da nação indígena que ali estavam. Enquanto eu cuidava, circunspecto, da fogueira onde são aquecidos os "avós" (as pedras usadas na cabana de suar), ocorreu-me que ele ostentava de maneira exagerada as idiossincrasias da fala dos índios da região. Era mais índio que os índios de sangue puro. O que o desmascarou foi o fato de falar demais. Nada sei acerca do seu passado, mas já vi o mesmo fenômeno em outras pessoas que se esforçavam para transpor uma fronteira cultural e integrar-se em outra cultura que admiravam.

Lá na Inglaterra, eu era amigo de um estudante de geografia que vinha do Sudão, mas falava o inglês britânico com mais perfeição (e mais afetação) que qualquer outra pessoa. Era doloroso ouvi-lo falar. Eu mesmo nunca me esforcei para perder meu sotaque alemão, e o inglês que falo é uma mistura involuntária de inflexões alemãs, britânicas e norte-americanas. É possível que ouvir essa fusão linguística também seja doloroso. Tanto o inglês britânico exagerado do sudanês quanto minha versão *lais-*

---

* A cerimônia do suor é um rito de purificação praticado por várias nações indígenas das planícies centrais da América do Norte. Envolve a permanência prolongada numa cabana fechada, construída especialmente para a ocasião, dentro da qual se põem brasas e pedras quentes e onde se queimam ervas sagradas. O uso dessa espécie de sauna é regulado por prescrições rituais específicas. (N. do T.)

sez-faire da mesma língua são produtos do transculturalismo. Partilhamos o mesmo destino: somos nômades pós-modernos.

Consolo-me com o fato de a própria Terra ser um corpo peripatético que viaja ao redor do Sol. Até o Sol é nômade, circundando o centro da nossa galáxia. A galáxia tampouco está parada. Tudo existe num estado de giro e vibração. O nomadismo – físico, social, cultural, intelectual ou espiritual – está, por assim dizer, em nosso sangue.

Sem fronteiras

O deus hindu Vishnu ("O que penetra todas as coisas") nasceu na forma de um anão para derrubar o rei Bali, poderoso e exageradamente ambicioso. Vishnu apareceu-lhe disfarçado como asceta mendicante; Bali recebeu-o com veneração e até se ofereceu para atender a um pedido seu. Alegando querer construir uma ermida para si, Vishnu pediu que o rei lhe desse o espaço que ele, Vishnu, conseguisse transpor em três passos. Quando o rei aquiesceu, a divindade em forma humana cresceu até assumir um tamanho imenso e deu dois passos enormes, transpondo a terra e os céus. Com o terceiro passo, afundou o rei no chão. A vitória de Vishnu sobre o ambicioso rei é comemorada pelos hindus numa popular festa de cinco dias chamada *divali* ("lâmpada").

Agora outro passo, mais conhecido dos leitores ocidentais: em 20 de julho de 1969, o astronauta Neil Armstrong se tornou o primeiro ser humano a pisar na Lua. A história o lembra pelas melosas palavras "Um pequeno passo para um homem, um gigantesco salto para a humanidade". Agora, quase exatos 36 anos após esse acontecimento, ainda me lembro do entusiasmo que senti quando assisti àquelas imagens televisadas. Eu tinha 22 anos. Hoje, só me resta me perguntar qual foi a contribuição que essa grande façanha tecnológica efetivamente deu à humanidade. As pegadas deixadas no solo lunar por Armstrong e seus colegas custaram caríssimo: muitos milhares de pegadas ecológicas.

Dadas as limitações da tecnologia espacial hoje em dia, o envio de uma missão tripulada para além da Lua tornou-se altamente improvável. Hoje talvez se possa dizer que a missão da Apolo 11 foi um prematuro golpe publicitário da tecnologia, que deu certo por acaso. Outro tipo de aventura de transposição de fronteiras ocorre aqui mesmo em nosso planeta e é muito mais significativo: a humanidade dá passos pequenos e grandes para dentro e para fora de países, culturas e visões de mundo. Como flores cujo pólen é levado para campos distantes pelo vento e pelos insetos, nossa espécie está interpolinizando a biosfera e a noosfera. Nossos genes e nossos memes estão se miscigenando como nunca antes. Essa interfertilização resultou no surgimento de uma nova civilização global. É inevitável que esse processo acarrete uma fusão de todas as distinções, alegremente comemorada pelos manipuladores políticos e econômicos e lamentada pelos que sentem a sua singularidade étnica ou cultural ameaçada. A ambrosia de uns é o veneno de outros.

Mas a globalização avança inexoravelmente, como um monstro sagrado. Quando se solta o freio de mão de um veículo parado na ladeira, ele desce. Quando se planta uma semente em terreno razoavelmente fértil, a planta cresce e estende seus ramos em direção ao Sol. Ainda não está claro em que direção caminha a civilização global. Se ela for fototrópica como deveria ser, provavelmente prosperará. Se for escototrópica – do grego *skotos* ("escuridão") e *tropos* ("orientação") –, descerá, como sugere a palavra, para o inferno.

No nível físico, a globalização normalmente acarreta a urbanização intensa, um fenômeno infernal, na melhor das hipóteses. Das mais de 6 bilhões de pessoas vivas hoje, estima-se que quase 50% vivam em ambiente urbano. As cidades se alastram e muitas metrópoles crescem como células cancerosas. Atualmente, a região metropolitana mais populosa do mundo é a Grande Tóquio, que abriga mais de 36 milhões de pessoas. A Região Metropolitana de Nova York é a segunda maior, com mais de 22 milhões de habitantes. Esses números obscenos só fazem refletir o crescimento maciço da própria população humana. Às vezes, quanto mais, pior.

Em 1º de julho de 2005, às 17h04 de Greenwich, consultei o contador da população mundial disponibilizado pela Secretaria de Recenseamento dos Estados Unidos, que se atualiza a cada cinco minutos. Ele registrava 6.451.203.796 de pessoas (uma estimativa grosseira). Ou seja, são 5 bilhões de pessoas a mais que as que viviam há cerca de duzentos anos. Hoje em dia, a cada minuto, 150 novos indivíduos vêm se acrescentar à população humana do planeta. Se a fertilidade continuar a mesma, aquele número poderá ser de 13 bilhões em 2050. A fertilidade, porém, diminuiu nos últimos cinquenta anos. Por outro lado, cerca de 1 bilhão de jovens estão chegando agora à maturidade sexual, quantidade mais que capaz de compensar a perda de fertilidade. Por outro lado ainda, com a ameaça crescente de uma iminente mudança climática e de várias pandemias, das quais se diz que dizimarão populações inteiras como fez a Peste Negra na Europa do século XIV, é muito possível que em pouco tempo a população comece a decrescer.

Sejam quais forem ou venham a ser os números estimados para a população mundial, não resta dúvida de que nosso planeta azul está sobrecarregado pela espécie humana. A superpopulação é uma desagradável realidade. Algumas autoridades afirmam que o problema não é o excesso de população, mas a distribuição desigual da riqueza. No livro *Radical Simplicity* [*Simplicidade Radical*], Jim Merkel observa que, dos 51 bilhões de hectares de terra disponíveis, somente 13 bilhões são bioprodutivos. Dadas as atuais 6 bilhões de pessoas presentes no mundo, obtêm-se assim 2,16 hectares por pessoa. Se deixarmos 80% das terras bioprodutivas para as espécies não humanas de nosso planeta, a cada ser humano caberá aproximadamente 0,43 hectare ou 4.300 metros quadrados. Mas não somos tão generosos para com os animais não humanos. Ao contrário, temos feito de tudo para expulsá-los de seus *habitats* e condená-los à extinção.

Em nível global, os humanos usam, em média, 2,8 hectares por pessoa. É claro que as pegadas dos Estados Unidos e do Canadá são as maiores do mundo. Nos Estados Unidos, cada pessoa usa 9,72 hectares, em comparação com 1,62 hectare na China e 0,77 na Índia. Com exceção do empobrecido Bangladesh, com 0,4 hectare por pessoa, todos nós estamos consumindo demais e roubando dos outros! O ambiente está funcionando no vermelho. A cada ano se extinguem não uma ou duas, mas dezenas de milhares de espécies de animais e plantas – e não por motivos naturais, mas em razão das atividades humanas. Estima-se que, daqui a um século, metade das espécies do globo terá desaparecido – uma perspectiva impensável e imperdoável, especialmente porque estaremos condenados a conviver com insetos.

Sete em cada dez biólogos passaram a dar a esse trágico acontecimento o nome de Sexta Extinção em Massa. Há cerca de 430 milhões de anos, a extinção em massa do período Ordoviciano (provavelmente devida a uma mudança climática radical) varreu da face da Terra inúmeras espécies animais e vegetais; há 350 milhões de anos, a extinção em massa do Devoniano se deu em escala global, provocando até a morte dos recifes de coral; há mais ou menos 250 milhões de anos, a extinção em massa do Permiano, talvez desencadeada por uma erupção vulcânica, obliterou, ao que parece, 90% das espécies marítimas e cerca de 70% dos vertebrados terrestres, sendo chamada por isso de "Grande Morte" e "mãe de todas as extinções"; há uns 200 milhões de anos, a extinção em massa do Triássico matou mais ou menos 20% de todas as espécies; há 65 milhões de anos, a do Cretáceo eliminou os dinossauros e 50% de todas as espécies. Todas essas extinções em grande escala foram causadas por catastróficos eventos geológicos.

Diz-se que a extinção atual é totalmente provocada pelo ser humano. Está claro que caminhamos rumo a mais terrível ruína. Será que a espécie humana se extinguirá ao lado de tantas outras? Tornou-se urgente deliberar sobre essa questão, mas até agora as deliberações não foram além da retórica vazia.

Agradeço por todas as borboletas e pelos pássaros que encontro no jardim ou em minhas caminhadas pelas colinas do sul de Saskatchewan. É eletrizante ver três aguiazinhas sendo alimentadas pelos pais a menos de dois quilômetros de onde moro. Adoro sentir o cheiro dos arbustos de sálvia aromática que pontilham a paisagem. Sou fascinado pelo comportamento arguto e peculiar das marmotas, que todos os fazendeiros odeiam, mas nosso cão adora perseguir de toca em toca. Regozijo-me com cada veado tímido que espera, petrificado, que eu passe pelo campo ou pela mata onde se esconde; sei que eles terão de lutar pela vida na próxima estação de caça, quando os caçadores americanos vierem saquear a vida selvagem do Canadá.

Há pouco tempo, vi pela primeira vez um urso-negro, imóvel, na sombra de um bosque de coníferas a menos quinze metros de mim. Senti um arrepio ao vê-lo, e sei que ele também deve ter-se assustado com nosso aparecimento súbito. Em época ainda mais recente, vi um urso-pardo atravessar uma estrada bastante movimentada e, ao chegar ao mato alto, ficar de pé sobre as patas traseiras e contemplar-nos com curiosidade. Num outro passeio, avistei um lobo solitário esgueirando-se pela relva densa na esperança de não ser percebido. Diante de tanta beleza, por que nós, seres humanos, corremos o risco de perder não só a biosfera como também nosso próprio futuro? Talvez minhas ruminações neste livro nos encaminhem para uma resposta.

No contexto atual, gostaria de propor o seguinte. Pelo menos duas medidas essenciais são necessárias para impedir a catástrofe global, mas elas não são populares nem junto aos governos nem junto aos cidadãos. Em primeiro lugar, a situação exige que os países desenvolvidos diminuam drasticamente seu nível de consumo e poluição e que os países em desenvolvimento tomem medidas igualmente rigorosas. Em segundo lugar, temos de reduzir radicalmente a população humana por meio de uma política de crescimento populacional zero. Propôs-se o número de 500 milhões de habitantes como ideal, e isso me parece muito atraente; 100 milhões seria ainda melhor.

Até agora, somente a China comunista, com 1,3 bilhão de pessoas, adotou uma política rigorosa de controle populacional que permite somente um filho por casal. Se a mulher engravida pela segunda vez sem a autorização do Estado, é brutalmente obrigada a abortar a criança. Os médicos chineses, como questão de rotina, fazem uns 10 milhões de abortos por ano. O governo lança mão da humilhação pública, de pesadas multas e da pena de prisão para lidar com os transgressores. Recompensas pecuniárias e de outras espécies são oferecidas a homens e mulheres sem filhos que se oferecem para a esterilização voluntária. Como revelaram os relatos de emigrantes, ativistas de direitos humanos e outros, os abortos são realizados mesmo em mulheres em fase adiantada de gestação. Essa repressão brutal causa preocupação dentro e fora da China comunista, que no geral tem um histórico péssimo em matéria de direitos humanos.

É claro que o planejamento familiar obrigatório não se coaduna com o espírito democrático do mundo capitalista. Ao mesmo tempo, é preciso fazer algo para reduzir a população humana a fim de evitar novos sofrimentos e o colapso ambiental. O público em geral não tem informações suficientes sobre a crise que se aproxima, e parece que um excesso de pessoas se detém, em seu desenvolvimento, na fase do egocentrismo infantil. Creio que, mais cedo ou mais tarde, até no chamado "mundo livre", será inevitável uma forte intervenção do governo para controlar o crescimento populacional. Essa ideia não é popular, para dizer o mínimo. Mas parece-me que, quando a liberdade não é acoplada à responsabilidade individual, ela tende a se extinguir. Por ora, a maioria dos políticos busca agradar a seus eleitores e se afasta de questões controversas, mas urgentes, como o controle da população e a imposição impiedosa de leis ambientais rígidas, que prevejam a punição exemplar das empresas poluidoras. O mais provável, e o mais triste, é que os prementes problemas globais continuem piorando até se tornarem condições inescapáveis que afetarão e aterrorizarão todos e cada um dos habitantes da Terra.

Um dos problemas da escassez já está se manifestando: o deslocamento de grande número de pessoas que, em busca de condições mínimas de sobrevivência, atravessam sub-repticiamente as fronteiras internacionais. Não estou me referindo somente aos mexicanos que fogem para os Estados Unidos à procura de uma vida melhor. A elevação do nível do mar obrigou alguns ilhéus do Pacífico e alguns esquimós que viviam em ilhas baixas no Ártico a emigrar para terrenos mais seguros. Em 2001, o Estado insular de Tuvalu pediu formalmente à Austrália e à Nova Zelândia que dessem refúgio a seus 11 mil cidadãos, cujo território estava sendo ocupado pelo oceano. Ambos os países rejeitaram o pedido. Os pesquisadores esperam que 50 milhões de habitantes de terras insulares sejam expulsos de seu território até 2010. Diante desse espectro assustador, 43 Estados insulares do mundo inteiro constituíram em 2004 a Aliança de Pequenos Estados Insulares na esperança de fortalecer suas exigências de ajuda e, se necessário, refúgio.

Os moradores de Xangai e Nova Orléans, bem como os de outras grandes cidades litorâneas, percebem o oceano engolindo a terra ao seu redor. Mais de 600 milhões de pessoas moram no litoral; delas, 150 milhões estão sujeitas à devastadora realidade das enchentes. Vinte e sete por cento do território holandês jaz abaixo do nível do mar, e o país se apronta para enfrentar enchentes cada vez mais prováveis, que afetarão de modo catastrófico sua vida econômica e social.

O efeito estufa torna o clima caótico, e, enquanto a África se torna progressivamente mais seca, outras partes do globo estão inundadas pela chuva ou, como ocorreu no Japão, soterradas em montanhas de neve. Estou convicto de que esses fenômenos se tornarão cada vez mais frequentes nos anos vindouros. Será que assistiremos a atos de compaixão ou ao surgimento de cortinas de ferro em torno das fronteiras? Nada impede que você e eu estejamos, um dia, entre aqueles que terão de sair do lugar onde vivem.

Ao longo da história, as populações humanas sempre recorreram ao nomadismo quando obrigadas a isso pela situação de sua terra natal. Com a diminuição dos territórios litorâneos, que cerca de 10% da humanidade escolheu para habitar, é provável que daqui a pouco nos vejamos diante de migrações de grande vulto. Esse nomadismo forçado certamente desestabilizará a ordem política e econômica estabelecida, especialmente à medida que os recursos disponíveis forem se tornando mais escassos.

É notável que, apesar da nossa longa história de nomadismo e de uma tendência forte e duradoura à peregrinação, bilhões de seres humanos prefiram passar boa parte do tempo em caixas retangulares semelhantes a esquifes, feitas de madeira, pedra, aço ou mesmo materiais sintéticos. Todo dia de trabalho, corremos da caixa que chamamos "casa" àquela chamada "escritório"; no fim do dia, corremos na direção oposta. Em regra, esse trajeto é percorrido dentro de uma caixa chamada "carro" ou "metrô". Sentimo-nos estranhamente seguros dentro dessas caixas, mas também percebemos uma vaga sensação de insatisfação, que pode surgir em nossa consciência ou não.

A vida sedentária nos faz mal em diversos aspectos. Ela enfraquece os músculos, aumenta o diâmetro da cintura e prejudica as vértebras. O pior, porém, é que ela esmaga nosso espírito. Confinados dentro de caixas, não conseguimos alçar voo. É compreensível que os que ainda têm alguma noção de vida natural (e têm dinheiro) viajem para fora das cidades (e, nisso, piorem o efeito estufa). Mas, mesmo assim, ainda se recolhem em caixas chamadas "carro", "ônibus", "trem", "avião" e "hotel". Os mais aventureiros buscam acampamentos e a natureza virgem. Esta, porém, diminui rapidamente diante das cidades e dos interesses de madeireiros, mineradores e caçadores, que avançam até sobre áreas protegidas. Há algo de extraordinário em vagar livre pelos campos e pelas florestas, em ouvir os sons da natureza bem longe da cacofonia urbana, em tocar a casca quebradiça das árvores ou as samambaias novas e tenras, em dormir num leito de musgo e ver o céu crivado de estrelas sem um telhado sobre a cabeça. Por que será que tanta gente ainda se sente pouco à vontade na natureza?

É claro que os que pretendem viajar permanecendo a salvo dentro de suas caixas podem ainda explorar as possibilidades indefinidas das viagens mentais, seja para o passado, seja para um futuro possível, representadas respectivamente nos livros e filmes historiográficos e nos de ficção científica. O gênero abundante da ficção científica é alimentado pela moderna tecnologia espacial, o que me leva a falar das viagens espaciais e das viagens no tempo – dois aspectos do nomadismo galáctico.

Rumo ao espaço exterior

A ideia de superar a atração da gravidade e subir aos ares por tempo superior a um segundo já ocorrera a vários gênios da Antiguidade. São conhecidas as tentativas de voo do inventor grego Dédalo. Depois de construir o labirinto sob o Palácio de Cnossos, em Creta, onde o rei Minos prendeu o Minotauro, Dédalo quis sair da ilha. O rei, porém, não concordou. Para manter a salvo o segredo do labirinto subterrâneo, meteu na prisão o engenhoso arquiteto. Subestimou, no entanto, a imensa inventividade de Dédalo. O arquiteto-inventor e seu jovem filho Ícaro conseguiram escapar com a ajuda de outra invenção – asas artificiais que os tiraram do alcance de Minos. A única tragédia dessa fuga não foi causada por um problema de projeto, mas pelo mau uso do equipamento. Ignorando os alertas do pai (mas obedecendo a seu instinto fototrópico), Ícaro quis voar na direção do céu; aí, a cera que unia as penas derreteu sob o calor do Sol. O menino caiu no oceano e morreu. O desacorçoado Dédalo conseguiu voar até a Sicília, onde começou vida nova.

Héron de Alexandria, engenheiro de profissão, viveu em algum momento entre 150 a.C. e 300 d.C. Adorava fazer experiências e construir aparelhos mecânicos que, em sua opinião, "atendiam às mais prementes exigências da vida" ou pelo menos "causavam admiração e assombro". Uma de suas ocupações prediletas era explorar o ar, a água e o vapor como fontes de energia. Inventou sifões e fontes; uma de suas mais inteligentes invenções, porém, foi a eolípila, que usa o vapor para produzir um movimento rotatório. Pelo que sabemos, essa invenção não teve, na época, nenhuma aplicação prática significativa. Levou mais de um milênio para que o motor a vapor servisse de propulsor para a Revolução Industrial, no século XVIII. (Esse motor já fora inventado no século XVII.)

As duas grandes epopeias sanscríticas da Índia, o *Mahabharata* e o *Ramayana*, que em sua forma atual já têm mais de 2 mil anos, mencionam "balões dirigíveis" chamados *vimanas*, capazes de viajar milhares de quilômetros guiados pela mente concentrada de seu capitão. É difícil saber se esses voos não eram simplesmente imaginários. Talvez sejam tão fictícios quanto a história do rei Kaj Kaús, da Pérsia, de quem se diz que amarrou oito águias a seu trono para poder sobrevoar o reino; ou quanto a lenda de Alexandre, o Grande, que teria sobrevoado seu império numa cesta puxada por grifos.

Voltando à realidade, já em 400 a.C. os chineses usavam papagaios feitos de seda e bambu para fins religiosos. Não demorou até que alguns malucos começassem a se elevar no ar pelo mesmo meio. Segundo Joseph Needham, famoso historiador da ciência, os chineses também foram os primeiros inventores dos aparelhos voadores de asas rotativas, embora seu primitivo helicóptero não pareça ter sido mais que um brinquedo de criança. Em 1485, Leonardo da Vinci inventou seu ornitóptero. Fez mais de cem desenhos dele, mas, pelo que sabemos, jamais o construiu de fato. Ainda bem, pois os músculos de nossos braços não são fortes o suficiente para bater com eficiência as asas de pássaro dessa geringonça. Por outro lado, aquele gênio universal conseguiu inspirar em gerações posteriores de inventores a criação do avião.

Antes e depois de da Vinci, várias outras mentes criativas procuraram dominar a arte do nomadismo vertical. Entre elas, Joseph e Jacques Montgolfier – dois de dezesseis irmãos –, que em 1783 inventaram o primeiro balão de ar quente. Com uma fogueira simples, aqueceram o ar contido numa imensa bolsa de seda forrada de papel e conseguiram levá-la à altura de 1.800 metros. Alguns meses depois, repetiram a experiência com três desesperados passageiros – uma ovelha, um galo e um pato. No fim daquele mesmo ano, dois homens enfrentaram a mesma aventura, subiram a uma altura de setenta metros num balão amarrado a uma corda e desceram em segurança quinze minutos depois. O resto é história.

Fazem parte da história da aviação os experimentos de George Cayley com planadores, possibilitando que o engenheiro alemão Otto Lilienthal empreendesse um voo de longa distância num planador de sua própria lavra, em 1891. Dois mil e quinhentos voos depois, Lilienthal morreu quando uma súbita rajada de vento derrubou seu veículo aerodinâmico. Depois de várias reproduções bem-sucedidas do meme, surgiram os irmãos Orville e Wilbur Wright, de Ohio. Fazendo experiências com balões e papagaios, começaram por fim a entender o suficiente de aerodinâmica para construir um avião operante. Em 1903, Orville conseguiu pilotar um avião de 275 quilos por uma distância de 36 metros. A humanidade finalmente ganhou asas. É claro que, sem um motor elétrico afixado ao avião, as asas não adiantariam muito.

A Primeira Guerra Mundial deu grande impulso à tecnologia da aviação e em 1927 Charles Lindbergh fez o primeiro voo transatlântico, repetido um ano depois por Amelia Earhart. Então, em 1945, um bombardeiro B29 da Força Aérea Americana despejou a bomba "Little Boy" em Hiroshima, matando cerca de 140 mil pessoas de uma só vez. Começou todo um novo capítulo da história da aviação e da guerra.

A Segunda Guerra Mundial também levou às alturas (por assim dizer) a tecnologia da aviação e dos foguetes. Felizmente, a Alemanha nazista não conseguiu criar o míssil V-2 a tempo de ganhar a guerra enviando explosivos a grandes distâncias. O cientista alemão Wernher von Braun e sua equipe técnica iam ser executados pelos nazistas por traição. Em vez disso, no dia em que Berlim caiu, von Braun, aos 43 anos, entregou-se voluntariamente – e com imensa astúcia – aos americanos, acompanhado por sua equipe de quinhentos técnicos. Suas pesquisas tecnológicas em matéria de foguetes de combustível líquido interessavam imensamente ao Império do Novo Mundo. Os alemães uniram forças com o cientista americano Robert Goddard em White Sands, no Novo México, e von Braun acabou se tornando a força motriz por trás da dispendiosa montagem de satélites e foguetes, do Skylab e da primeira estação espacial.

Foram os russos, porém, que em sua febre militarista obtiveram a primeira vitória na corrida pela conquista do espaço sideral. Em 1957 colocaram o primeiro satélite, o Sputnik, numa órbita estável em torno da Terra. Depois, em 1961, lançaram o cosmonauta Yuri Gagarin cerca de 315 quilômetros acima da superfície da Terra na Vostok 1, um foguete de dois estágios. Provou-se assim, em grande estilo, a teoria gravitacional de Isaac Newton. Lembro-me bem daquela época de entusiasmo, quando eu ainda não estava ciente das implicações militares dessas façanhas.

Fiel a sua formação comunista, o cosmonauta observou laconicamente: "Não vejo aqui nenhum Deus". Mais tarde, recuperando a razão, comentou: "Povos do mundo! Vamos preservar e promover esta beleza – não destruí-la!". O voo durou 108 minutos, e Gagarin, depois de disparar pelo espaço a mais de 27 mil quilômetros por hora, ainda teve de ejetar-se de sua cápsula e descer de paraquedas. Em pânico (não, porém, em razão do modo deselegante com que Gagarin saiu da cápsula), o presidente Kennedy instou o congresso norte-americano a destinar 22 bilhões de dólares para o Projeto Apolo, que, sete anos depois, conduziu Neil Armstrong e outros dois tripulantes à Lua.

Para escapar da gravidade terrestre, o foguete tem de alcançar uma velocidade de 40.310 quilômetros por hora. Para escapar do campo gravitacional do Sol, essa velocidade teria de aumentar para vertiginosos 2.222.640 quilômetros por hora. Creio ser justo afirmar que isso não acontecerá tão cedo. A velocidade, a aceleração e o tipo de combustível não são os únicos obstáculos; as radiações nocivas, a navegabilidade, o custo e, não menos importante, a saúde física e mental também são fatores a serem considerados. Enquanto isso, porém, em 21 de julho de 2004, o primeiro astronauta a tripular um foguete de fabricação particular, chamado *SpaceShipOne*, foi levado a uma altitude de quase 100 quilômetros na termosfera inferior da Terra. Mike Melville, um sul-africano de 63 anos, viveu "uma experiência quase religiosa". O instinto nômade em nós é irreprimível.

Os problemas aparentemente insuperáveis das viagens espaciais prolongadas e de grande distância não reprimiram o entusiasmo de alguns cientistas e exploradores. Eles continuam a ampliar os horizontes da tecnologia. Do mesmo modo, até a possibilidade da viagem no tempo, ainda mais fantástica, está sendo estudada por matemáticos e físicos e vem sendo objeto de experiências em vários laboratórios pelo mundo afora. Assim, o físico alemão Günter Nimtz, professor na Universidade de Colônia, crê firmemente que é possível viajar no tempo numa velocidade superior à da luz. Mais ainda: ele efetivamente demonstrou que, por meio de um efeito quântico de túnel, a 40ª Sinfonia de Mozart pode ser transmitida a uma velocidade 4,7 vezes maior que a da luz, transportada sobre uma onda de 10 gigahertz. Se isso for verdade, estaremos testemunhando o alvorecer de uma nova era na física. A essa altura, dada a falta de perspicácia da humanidade, o que mais me interessa é saber se esse progresso será útil ou nocivo.

Esses cientistas e teóricos independentes, como Nimtz, têm sido estimulados pela garantia de Albert Einstein de que a viagem no tempo para o passado está fora de cogitação, mas a viagem para o futuro é possível, pelo menos em tese. O popular físico britânico Stephen Hawking não é tão otimista quanto seu famoso predecessor. Ele daria a mesma resposta que o físico desta piada: Um imigrante que mal sabe falar português, e que não tem relógio, pergunta a um desconhecido: "Por favor, *o que as horas são?*".

A resposta vem à queima-roupa: "Faça essa pergunta a um filósofo. Eu não sei, sou físico".

Um dos *quase* filósofos que versaram sobre o tema da viagem no tempo foi o escritor socialista britânico H. G. Wells. Ele publicou em 1895 o romance *A Máquina do Tempo*, enfadonho, mas famoso. Nessa época, ainda por influência da física newtoniana, a viagem no tempo ainda era considerada absolutamente impossível. O herói de Wells viajou 30 milhões de anos para o futuro e depois voltou, amarrado a uma cadeira equipada com toda sorte de mostradores e alavancas. A viagem em si foi acompanhada por sensações desagradáveis que pouca gente estaria disposta a suportar.

A Máquina do Tempo, primeiro livro de Wells, era uma paródia da sociedade e da cultura vitorianas e criticava com severidade as noções de capitalismo e de progresso inevitável. A esse livro seguiram-se outras obras de ficção científica, igualmente destinadas a tornarem-se clássicas. Em 1945, no fim da Segunda Guerra Mundial e um ano antes de morrer, Wells publicou *Mind at the End of Its Tether* [*A Mente no Fim da Linha*], reiterando seu pessimismo profundo acerca do futuro da humanidade. Ao lado do francês Júlio Verne, Wells é considerado um dos pais da moderna ficção científica, uma das fontes favoritas do nomadismo imaginário, ou seja, da viagem para o futuro ou para mundos paralelos por meio da leitura.

Não resta dúvida de que o nomadismo temporal é a versão mais vanguardista do instinto nômade. Por outro lado, a ciência está muito longe de transpor o abismo entre a transmissão de *bits* de informação musical, de um lado, e o transporte de seres humanos inteiros em velocidade superior à da luz, de outro. Mesmo assim, podemos ter certeza de que o esforço para viajar no tempo vai prosseguir; e podemos esperar, do mesmo modo, que a maioria das outras formas de nomadismo continue existindo.

Quer subindo numa árvore, quer escalando o Everest; quer mergulhando numa piscina, quer lançando-se de um penhasco amarrado a uma corda de *bungee-jump*; quer correndo uma maratona, quer correndo ao supermercado, o instinto do ser humano é permanecer em movimento. Ninguém gosta de ficar preso a uma cama. Os mais parados tendem a pensar bastante, movimentando-se com a mente. Os que não se movem nem no corpo nem na mente estão mortos ou em coma, *a menos que* se contem entre os notáveis pioneiros espirituais que, como os paramhansas da Índia, já chegaram a seu destino e repousam tranquilos no esplendor do próprio âmago da existência.

Perfeitamente cientes do fato de que estão em toda parte ao mesmo tempo, não sentem a necessidade de peregrinar para lugar algum.

Esses seres extraordinários estão longe de viver como meros comedores de lótus, entregando-se à preguiçosa introspecção. Não vivem nem dentro de si nem fora de si. Os rótulos de diligência e letargia não se lhes aplicam de modo algum. Quer seus olhos estejam fechados, quer abertos; quer falem, quer permaneçam em silêncio; quaisquer que sejam as atividades a que pareçam se dedicar, ou a que pareçam *não* se dedicar, eles estão sempre perfeitamente imóveis – paradoxo vivo para quantos permanecem incessantemente ativos mesmo quando procuram imobilizar-se. Falarei mais a respeito deles no Capítulo 7.

O paradoxo só existe para nós. Esses seres livres não são perplexos nem indiferentes. São transparentes para si próprios. Nosso nomadismo congênito só se transcende num estado de absoluta transparência, quando todas as coisas apenas *são*. Até então, parafraseando a expressão teológica de Santo Agostinho, nossos corações estarão inquietos até encontrarem repouso n'Ele – n'Ela, n'Isto.

3 FOGO DO CÉU

Fogo no cérebro

Nus em meio à neve, envolvidos em cobertores ensopados de água, a uma altitude de mais de 4 mil metros e à temperatura de -34°C, yogues tibetanos sentam-se em silenciosa meditação. O desafio que têm diante de si é o de criar calor corporal suficiente para secar os cobertores quase tão rápido quanto um secador elétrico. Ninguém morre de hipotermia. Ninguém precisa de médico. Não se ouve sequer um espirro. É um exercício de rotina para os monges de vários mosteiros do Nepal e do Sikkim. Desde que o grande adepto indiano Naropa ensinou a prática do *tummo*, no século XI d.C., ela tem sido uma das disciplinas básicas dos monges e yogues itinerantes do Himalaia.

Nas mesmas condições, nós ficaríamos de início com a pele arrepiada. Depois, passaríamos a tremer, ficaríamos entorpecidos e sofreríamos de falta de coordenação motora, aceleração dos batimentos cardíacos, dilatação das pupilas, sono hipotérmico, inconsciência e, por fim, morreríamos. Compare essa perspectiva com a realidade do grande yogue do Tibete, o santo Milarepa, do século XI. Sabe-se que durante décadas ele viveu e meditou o ano inteiro numa caverna do Himalaia em temperatura abaixo de zero. Vestia somente uma peça fina de algodão; seu cardápio diário, como ele dizia, era sopa de urtigas temperada com urtigas. Outros adeptos do budismo tibetano, mesmo em nossa época, realizaram façanhas semelhantes de ascese durante períodos ainda mais longos. Eles usam a mente não só para bloquear a sensação de frio, mas também para aquecer o corpo com a finalidade de tolerar os graves efeitos colaterais fisiológicos da superexposição a temperaturas ínfimas. As palavras "fogo" e "calor" têm múltiplas conotações.

Os místicos cristãos da Europa medieval tinham seu próprio conceito de fogo interior e chamavam-no *incendium amoris*, o incêndio do amor.

Ricardo Rolle, místico inglês do século XIV, escreveu uma obra em latim com esse título. Em razão da inteligência extraordinária que demonstrava na infância, o arcediago de Durham, Thomas Neville, enviou-o a Oxford e pagou por sua instrução. Rolle tinha somente 19 anos quando fugiu da universidade e adotou o modo de vida eremítico. Quis dedicar-se exclusivamente à vida santa de oração e contemplação. A princípio, escondeu-se numa caverna perto de sua casa, em Yorkshire; mas, para evitar que fosse capturado e castigado pela família, tornou-se asceta mendicante até que Sir John de Dalton o descobriu e ofereceu-se para abrigá-lo em sua própria casa.

Rolle, leigo de vida religiosa, era capaz de concentrar-se com tanta intensidade que não chegou a perceber que, em certa ocasião, as freiras do povoado de Hampole pegaram seu casaco, remendaram-no e recolocaram-no sobre seu corpo. Embora aparentemente ele nunca tenha sido ordenado, serviu como capelão das freiras por vários anos. O povo, reconhecendo nele um homem verdadeiramente piedoso, lia e copiava seus textos. Ele provavelmente morreu em consequência da Peste Negra, a epidemia de peste bubônica que matou um terço da população da Eurásia no século XIV. Depois de sua morte, em 1349, sua fama só fez crescer e ele passou a ser conhecido como o "Beato Ricardo, o Eremita".

O *Incendium Amoris* de Rolle nos ensina que a vida interior desse psiconauta do medievo cristão decorreu em três fases distintas: *calor* ("calor"), *canor* ("cantar") e *dulcor* ("doçura"). Eis o que o santo disse sobre a primeira fase:

> Era um calor verdadeiro e eu o sentia como fogo. Admirei-me de como o calor subiu e de como essa nova sensação causou-me grande e inesperado conforto. Levava a mão ao peito para ter certeza de que aquilo não tinha causa corpórea! Contudo, quando percebi que provinha unicamente do interior, que esse incêndio de amor não tinha causa material nem pecaminosa, mas era, ao contrário, um dom de meu Criador, senti um deleite profundo e quis que meu amor crescesse mais ainda. (...) Quando colocamos o dedo perto do fogo, sentimos seu calor; do mesmo modo, afirmo que a alma incendiada de amor sente um ardor genuíno.

Essa descrição, que podemos compreender como uma interpretação teológica de um fenômeno psicossomático fundamental, sugere uma experiência conhecida em toda a Índia como o despertar do "poder serpentino", a *kundalini-shakti*. É essa a substância da tradição tântrica, tão mal compreendida e mal falada, e que tanto fascinou Jung, entre outros. Mas essa é outra história, a ser contada em outra ocasião. Por ora, gostaria de ressaltar um fato simples: o budismo tibetano, essencialmente tântrico, também busca despertar o fogo da serpente. Os tibetanos chamam-no *tummo*, que significa algo como "mulher feroz". Antes de tudo, o "poder serpentino" é entendido como aquilo que desencadeia o "fogo" – ou a "luz" – da iluminação: a transfiguração da mente e, num estágio adiantado do processo, até do corpo.

Os yogues e místicos do mundo inteiro conhecem esse fenômeno e falam dele. Certas pessoas despreparadas deparam-se com ele por acaso e/ou entram num estado de perplexidade ou o sentem como uma desagradável crise psicossomática. A geração intencional desse fenômeno exige aquele tipo de concentração com que Rolle parece ter sido brindado. Para evitar incômodos efeitos colaterais, os místicos e yogues precisam ter uma personalidade equilibrada e cultivar a mente de modo cuidadoso e sistemático. Não deixamos que uma criança acenda uma fogueira até que ela adquira responsabilidade e aprenda a técnica respectiva.

Num certo nível, o ato de sentar-se na neve e secar um cobertor também não passa de uma habilidade que exige concentração, visualização e controle da respiração. Essa "técnica", porém, nada nos diz sobre o mundo interior dos que a executam. Os bosquímanos da tribo !kung, da África, falam de uma força chamada *n/um*, que produz calor e os leva a um estado de êxtase (*!kia*). Isso dá a entender que, para viver essa realidade, não é necessária grande sofisticação intelectual nem saber ler e escrever; que tudo depende de um processo universal, acessível a todos, processo que nossos mais longínquos ancestrais talvez já conhecessem e usassem para se aquecer durante a última glaciação.

Em 2004, o escritor americano Neil Slade fez suas próprias experiências e conseguiu secar um cobertor molhado enrolado ao redor do corpo numa sala à temperatura de 4°C. A experiência foi gravada num vídeo disponibilizado ao público, e Slade tem razão em orgulhar-se de seu sucesso, embora haja enorme diferença entre +4 e -30°C, temperatura que os monges tibetanos enfrentam no Himalaia. De certo ponto de vista, essa diferença é aquela que existe entre uma pessoa que conseguiu mobilizar o escudo térmico natural do corpo e um yogue autêntico que ativou sua energia psicoespiritual por meio da contemplação avançada.

Usando o poder da imaginação, Slade "ligou", como ele diz, a chave-geral do cérebro – as amígdalas. Os impulsos neurais deixam de fluir em direção ao cérebro reptiliano, causando pânico, e começam a encaminhar-se para os lobos frontais. Do ponto de vista filogenético, o cérebro reptiliano é a parte mais antiga do encéfalo e o núcleo de nossa massa encefálica tripartida. É associado às funções fisiológicas básicas, como o controle da temperatura, a fome e a reação de lutar ou fugir. É ligado também aos distúrbios obsessivo-compulsivos e pós-traumáticos e à síndrome do pânico. Quando se impede as amígdalas de ativar o cérebro reptiliano e se faz com que seus impulsos neurais dirijam-se, em vez disso, aos lobos frontais do cérebro, o que se evoca é um estado de consciência agradável. Esse truque, segundo Slade, pode ser ensinado a qualquer pessoa. O mesmo vale para a prática de *tummo* propriamente dita, a não ser pelo fato de ela exigir muito mais autocontrole e mais tempo de exercício. O mais importante é que seu objetivo não é o de secar cobertores molhados ao ar livre em temperaturas abaixo de zero, mas, sim, de secar o fluxo da mente serpenteante.

As explicações e os métodos de Slade – que usa música, dança e estimulação manual das têmporas – parecem derivar em grande parte dos experimentos de seu mestre, o pesquisador independente T. D. Lingo (antes, chamado Paul Lezchuk). Foi ele que descobriu a bioquímica "mística" das amígdalas. O excêntrico Lingo largou o doutorado na University of Chicago para fundar, no longínquo ano de 1957, um laboratório numa casa de troncos escondida no alto de uma montanha do Colorado. Ao longo dos anos, ensinou muita gente a ativar deliberadamente as amígdalas. Sem usar nenhum aparelho, mas confiando exclusivamente em sua metodologia, no sistema nervoso e na colaboração de suas cobaias, acumulou grande número de dados que lhe permitiram refinar o processo de controle mental dessas estruturas cerebrais. Quando Lingo morreu subitamente, em 1993, Slade continuou sua obra.

No final da década de 1930, os pesquisadores do cérebro descobriram as amígdalas, duas estruturas neurais com o formato de amêndoas que se constatou serem aspectos importantes do encéfalo dos mamíferos. Localizam-se no meio de cada um dos lobos temporais do cérebro e têm ligação com as reações de ira, fuga, medo e defesa. Em outras palavras, as amígdalas, quando não são controladas, traduzem emoções negativas; por outro lado, elas também são o sinal de alarme do corpo diante dos perigos e ativam o instinto de sobrevivência. As amígdalas são ricas em ligações neurais com outras estruturas cerebrais, especialmente o hipotálamo (também vinculado às emoções e à sexualidade) e o hipocampo (associado à memória).

O bom é que a mente, atuando sobre os lobos frontais, pode sobrepujar a reatividade primitiva das amígdalas. Em outras palavras, o amor e a compreensão podem vencer o medo e a ira. O desafio de ser um ente humano pleno é o de aprender a atuar como um bombeiro que sabe quando apagar o fogo da ira, do ressentimento e da rejeição ateado pelas piromaníacas amígdalas.

Excetuadas umas poucas pessoas que sofreram trauma relacionado ao fogo, a maioria de nós gosta de contemplar as chamas bruxuleantes de uma fogueira ou acompanhar um espetáculo de fogos de artifício. Em alguns indivíduos, esse prazer estético simples assume proporções neuróticas e até psicóticas, e eles sentem a compulsão de acender o fogo simplesmente pelo prazer de vê-lo queimar. Foi o caso do imperador romano Nero Cláudio César Augusto Germânico, que viveu há quase 2 mil anos.

Esse imperador, de índole artística, apreciava tudo o que vinha da Grécia, exceto a mais elevada virtude dos gregos – o equilíbrio. Era glutão e adepto das orgias; matou impiedosamente sua mãe dominadora, seu meio-irmão Britânico, uma de suas esposas e não poucos inimigos políticos. Hoje, esse tirano devasso e odiado é mais lembrado por sua suposta piromania do que por ter governado os 50 milhões de cidadãos e súditos do império. Com razão ou sem ela, Nero foi acusado de iniciar o grande incêndio que arrasou a cidade de Roma em 18 e 19 de julho de 64 d.C. Na época, comentava-se que ele tocava a lira enquanto assistia à conflagração. Fiel a seu caráter (ou à falta dele), Nero suicidou-se aos 30 anos para evitar a prisão, o julgamento, a zombaria do público e a inevitável execução.

O acendimento do fogo interior pela correta estimulação das amígdalas é o oposto da obsessão destrutiva dos incendiários, que demonstram exatamente a falta de controle sobre as amígdalas. É claro, por outro lado, que não devemos sucumbir ao reducionismo neurológico ao refletir sobre as emoções negativas e o comportamento psicótico.

A interação entre mente e corpo é muito mais complexa que uma relação direta entre duas coisas quaisquer. Não obstante, podemos traçar uma analogia provisória entre o fogo da ira e a capacidade de acender o fogo interior. Antes de assumir o modo de vida dos ascetas, Milarepa era uma pessoa tendente à ira, temido em sua província como feiticeiro cruel e eficiente, cuja maldição tinha o poder de destruir. Depois que controlou seu temperamento ardoroso (ou seja, o comportamento de suas amígdalas), obteve sucesso na prática esotérica do fogo interior. É correto dizer, por outro lado, que o papel das amígdalas nessa técnica do *tummo* não está provado de modo algum.

As descrições tradicionais das visualizações empregadas na geração de calor corporal por meio do *tummo* indicam que elas têm o objetivo de estimular o sistema nervoso central. Mas esse sistema é amplo, pois abarca todo o encéfalo e a medula espinhal. Uma vez que os tibetanos não usam a terminologia fisiológica para falar desses fenômenos, temos de conduzir nossas próprias pesquisas para compreender os mecanismos neurofisiológicos aí envolvidos. Esse esforço parece valer a pena. Ao mesmo tempo, valeria a pena irmos além da mera pesquisa médica. Afinal de contas, os tibetanos e outras culturas não buscam esses fenômenos pelo que eles são em si mesmos, mas por serem marcos no caminho de uma realização espiritual que vai muito além do corpo-mente do ser humano.

A esta altura, devo dizer algo sobre a ligação entre a mente e o cérebro, que confundiu tantas gerações de filósofos e psicólogos. Há quem identifique em Platão a origem desse problema filosófico, como se não houvesse reflexão filosófica anterior à desse discípulo de Sócrates. No decorrer dos séculos, apresentaram-se várias teorias que buscam definir a relação entre o corpo e a mente. São elas o dualismo, o monismo, o materialismo e o epifenomenalismo. O famoso modelo de Platão é do tipo dualista: existe um corpo e uma alma pensante (uma mente). O corpo pertence ao espaço-tempo, a alma não. Em termos contemporâneos, a mente não é localizada.

Em época mais recente, quem deu ao dualismo sua formulação clássica foi Descartes, matemático e filósofo francês do século XVII. Ele é lembrado, em geral, pela afirmação *Je pense, donc je suis*, "Penso, logo existo" – em latim, *cogito ergo sum*. Em busca da certeza filosófica absoluta, Descartes chegou à conclusão de que, uma vez que era capaz de refletir sobre sua própria existência, ele existia de fato. Como assinalaram outros filósofos, isso é um tipo de falácia. O próprio Descartes teve certeza de que, com essa formulação, vencera de uma vez por todas a dúvida, sua arqui-inimiga.

Se os sábios hindus tivessem conhecido o *cogito* de Descartes, também teriam afirmado que o axioma do francês está errado. Em vez de supor que "alguém" estava pensando, ele devia ter-se contentado em concluir que o pensamento estava acontecendo. Na verdade, aqueles sábios provavelmente inverteriam o axioma e diriam *sum et cogitans*, "existo e o pensamento está acontecendo". Para os sábios hindus, "EU SOU" é uma certeza absoluta, o ponto de partida de toda investigação filosófica. O "eu", aí, não é o centro subjetivo (e, segundo eles, ilusório) da personalidade humana, mas o Sujeito transcendente, o Si Mesmo. Para eles, essa não é mera premissa intelectual a que chegam pelo raciocínio *ex post facto*, mas uma realização espiritual imediata e evidente por si mesma.

Quando, aos 14 anos, me esforcei para estudar Descartes e Kant, estava atormentado por um tipo de dúvida filosófica que já levara outras pessoas a não solução do suicídio. Também estava em busca da certeza absoluta, mas logo fui obrigado a admitir que o pouco conhecimento que eu possuía vinha de outras pessoas. Fiquei horrorizado ao descobrir que não tinha um único pensamento original em minha mente e que todas as minhas ideias tinham sido produzidas por giros intelectuais alheios. Os poucos casos de "originalidade" que consegui identificar eram, em sua imensa maioria, meras combinações de pensamentos gerados em outras mentes.

Naquele exato instante, eu devia ter seguido o exemplo de Ricardo Rolle e dos místicos orientais e entrado em meditação silenciosa para descobrir a origem da própria mente. Ao contrário, contentei-me em criar pouco a pouco uma frágil estrutura intelectual que, anos depois, ruiu sob o peso de realizações não intelectuais mais profundas. Hoje em dia, admito tranquilamente que toda filosofia ou visão de mundo, as minhas inclusive, são dispositivos provisórios. Essas construções intelectuais só revelam certas partes da realidade, ao mesmo tempo que ocultam outras; por isso, o melhor é usá-las com cuidado e sem esperar demais delas.

Descartes afirmava que a alma não espacial e não temporal (idêntica à mente) se relaciona com o corpo por meio de um pequeno órgão do cérebro: a glândula pineal (epífise), do tamanho de uma ervilha e com o formato de uma pinha, que ele considerava ser a sede da alma. O curioso é que esse diminuto órgão cinzento, localizado no centro do cérebro, produz os neurotransmissores serotonina e melatonina. Estes não só ajudam a regular os ritmos circadianos do corpo, mas também estão associados, por meio do sistema endócrino, à reprodução da espécie. A glândula pineal, uma das partes mais antigas do cérebro, é estimulada por sinais enviados pelo hipotálamo, que, por sua vez, processa os sinais recebidos pela retina, sensível à luz.

Há animais – o lagarto-das-pedras, a perereca arbórea da Califórnia e a lampreia marinha ou o peixe-vampiro – cuja glândula pineal funciona como um terceiro olho, um receptor de luz. No lagarto, ela se localiza sob o crânio e tem córnea, cristalino e retina. Na perereca, é minúscula, mas se projeta acima do crânio. A lampreia marinha, semelhante a uma enguia e descoberta no Lago Ontário em 1835, é uma forma antiquíssima de vida aquática e sobrevive como parasita. Sua epífise se localiza acima do cérebro e funciona plenamente como fotorreceptora, como nos outros dois casos.

Os anatomistas pensam que a pineal era, a princípio, um olho que, no decurso da evolução, migrou do exterior para o interior profundo do encéfalo humano. É a única parte do cérebro que recebe impulsos de fibras que se projetam para além dos neurônios do sistema nervoso simpático ("inervação simpática pós-ganglionar"). De qualquer modo, o processo todo começa com raios de luz chegando aos olhos. *Fiat lux* – faça-se a luz!

O curioso é que, atendendo ao instinto fototrópico, as tradições esotéricas orientais sempre se voltaram para o centro do cérebro em suas práticas de meditação e visualização. Os pesquisadores modernos não tiveram dificuldade para estabelecer a relação entre as descrições tradicionais da "roda do comando" (*ajna-cakra*) – também chamadas "terceiro olho" – e a glândula pineal. Qualquer um que tenha um pouco de prática em meditação percebe dentro de si uma luz que os yogues associam (e às vezes, erroneamente, identificam) com essa estrutura somática. A rigor, o *cakra* (palavra que às vezes se escreve *chakra* e significa "roda") não é um órgão físico, mas um centro psicossomático localizado no que se chama "corpo sutil", a matriz energética que envolve o corpo humano. Algumas autoridades ligaram o "terceiro olho" à glândula pituitária (hipófise), estrutura bilobada do tamanho de uma ervilha que regula todo o sistema hormonal. No entanto, essa glândula se localiza na base do cérebro e, portanto, não corresponde exatamente às descrições tradicionais do "terceiro olho". Por outro lado, todas as coisas, inclusive as estruturas do cérebro, são interligadas.

O modelo dualista cartesiano foi a solução dominante até época bem recente. O neurocirurgião Wilder Penfield, nascido nos Estados Unidos, que trabalhou no Canadá por quase trinta anos e era orgulhosamente apresentado (até sua morte, em 1976) como o "maior canadense vivo", abria os crânios de pacientes epilépticos para descobrir a causa física de sua doença. Nesse processo, descobriu que a estimulação elétrica de certas áreas do cérebro era capaz de induzir memórias vívidas de sons, movimentos e cores, o que parecia confirmar o modelo dualista. Suas investigações produziram, entre outras coisas, os conhecidos "mapas cerebrais" – os dois "homúnculos" – dos córtices sensório e motor. Os pacientes de Penfield, que permaneciam conscientes durante as cirurgias, se espantavam diante da recordação involuntária de antigas lembranças; não tinham controle sobre o que lhes acontecia.

Um dado importante: Penfield não encontrou no cérebro nenhum local que pudesse fazer uma pessoa acreditar em algo ou decidir algo, e concluiu assim que a vontade humana está além da bioquímica cerebral. O Nobel australiano Sir John Eccles, uma espécie de Lao Tsé da neurociência, demonstrou que o modo pelo qual o cérebro processa os sinais sensoriais também dá a entender que o "eu" que inicia toda atividade cerebral é uma realidade extrafísica. Assim, quando se pediu a uma cobaia humana, toda ligada a eletrodos, que flexionasse o dedo indicador direito, grandes áreas de *ambos* os hemisférios cerebrais registraram um crescimento de potencial elétrico negativo, cerca de 800 milissegundos antes de o dedo efetivamente se mover. O notável dessa descoberta foi que o movimento do indicador direito é associado a uma região muito específica do hemisfério cerebral esquerdo. Eccles e outros interpretaram a ativação de grandes áreas de ambos os hemisférios como sinal de que a entidade extrafísica estava tentando localizar a região correta do cérebro a ser estimulada. Cerca de 50 milissegundos antes do movimento do dedo, somente aquela região específica sofre ativação elétrica. A questão de saber se a mente é independente do cérebro se reduziu, assim, a um intervalo de 50 milissegundos. Eu, de minha parte, prefiro confiar nos dados obtidos pela introspecção a fim de resolver essa questão a meu contento.

Alguns pesquisadores invocam a teoria quântica para explicar a ligação entre a mente (consciência) e o cérebro. No livro *Shadows of the Mind* [*Sombras da Mente*], revisão meticulosa da obra anterior *The Emperor's New Mind* [*A Mente Nova do Imperador*], o físico matemático Roger Penrose diz que a consciência não é produto das interações entre os neurônios do cérebro. Ao contrário, observa, temos de buscar nas estruturas subneurais do sistema nervoso (especificamente nos microtúbulos) a explicação da consciência. Ele acredita que certos efeitos da mecânica quântica estão envolvidos na atividade cérebro-mental, mas esse modelo intrigante até agora se manteve imune à verificação experimental.

É verdade que mente e cérebro precisam se encontrar de algum modo para produzir o que chamamos de cultura humana. Se o dualismo não nos oferece solução convincente, tampouco o faz o monismo. Daniel Dennett, cientista da cognição e autor de *Consciousness Explained* [*A Consciência Explicada*], assume posição radicalmente materialista: a mente é mera atividade do cérebro. Esse ponto de vista não é novo. Já o filósofo inglês Thomas Hobbes, no século XVII, entendia a consciência como um epifenômeno da mente. Essa perspectiva filosófica, entretanto, é incapaz de explicar certas descobertas das neurociências, como as que mencionei acima.

Um dos partidários do monismo mental foi o empirista irlandês George Berkeley, formulador de um idealismo radical que vê o mundo, o corpo e o cérebro como meras coletâneas de ideias. Em 1717, viajando pela Europa, o bispo Berkeley observou uma erupção do Vesúvio e escreveu uma entusiasmada descrição dela para a Real Sociedade de Londres, da qual era membro antigo. Nem a lava quente da qual Berkeley se manteve convenientemente afastado pôde dissuadi-lo de crer que a matéria não passa de uma ideia na mente percipiente. Alguns sistemas antigos da filosofia indiana afirmavam a mesma coisa muito antes desse bispo anglicano do século XVIII. A maioria de nós concordaria com Samuel Johnson, contemporâneo de Berkeley, cuja resposta à filosofia do bispo foi a de dar vigoroso pontapé numa pedra, afirmando: "É assim que a refuto!".

A terceira posição monista foi pacientemente elaborada por Baruch Spinoza, fabricante de lentes holandês e um filósofo extraordinário. Afirmava ele que a matéria (o cérebro) e a consciência (a mente) são, ambas, modalidades de uma terceira "substância" – Deus, a única realidade. Também a metafísica dele tinha sido proclamada por alguns sábios da Índia pelo menos 3 mil anos antes. E, caso se substitua "Deus" por "Vazio", também parece ser esse o credo filosófico das principais escolas de budismo tibetano, caminho que se espalhou pelo mundo afora depois da invasão chinesa do Tibete, em 1949. A exata relação entre a mente e o cérebro, contudo, continua tão etérea e impalpável quanto sempre foi*.

O domínio do fogo

A prática tibetana do *tummo* diz respeito ao fogo interior, aspecto crucial de nossa natureza fototrópica. São necessários anos de meditação e visualização assíduas para controlá-lo plenamente. Isso parece pouco quando se considera quantos milênios nossa espécie levou para controlar o fogo exterior. Nossos antepassados remotos temiam, veneravam e, por fim, dominaram o fogo. Ainda temos medo do fogo descontrolado. De certo modo, o veneramos quando nos sentamos diante da fogueira do acampamento e contemplamos suas chamas, coisa que cada vez menos pessoas fazem. Em definitivo, adoramos dominá-lo e adquirimos a capacidade de fazê-lo a maior parte do tempo. Usamos várias espécies de combustível para alcançar o efeito desejado: madeira, gás, carvão, petróleo, gasolina. Todos esses recursos estão em rápido processo de desaparecimento, o que deixa aflitíssimos os governos das nações superconsumidoras. O país mais superconsumidor da Terra – os Estados Unidos –, ansioso para obter petróleo, chegou até a invadir nações soberanas localizadas a milhares de quilômetros de suas fronteiras.

Em casa, usamos o fogo para aquecer a sala, cozinhar, aquecer a água da calefação, queimar a grama cortada ou simplesmente para obter certa "atmosfera". No trabalho, usamos o fogo para soldar e derreter metais, fornear cerâmica, expulsar as abelhas de suas colmeias e, não menos importante, ativar o motor de combustão interna do nosso carro. Quando queremos nos divertir, usamos o fogo para fazer churrasco, acender um cigarro, encher um balão de ar quente ou estourar fogos de artifício. Para nos proteger do fogo, inventamos os extintores de incêndio, os hidrantes, os carros de bombeiros e inúmeros materiais à prova de fogo ou que retardam sua propagação. Mesmo assim, os piromaníacos conseguem incendiar casas, fazendas e edifícios de escritórios. Os fascistas continuam quei-

---

* Neste ponto, o autor faz um acréscimo intraduzível, que só tem sentido em inglês: "Uma piada famosa descreve bem essa situação: 'What is matter?' 'Never mind!' – 'And what is mind?' 'It doesn't matter!'." (N. do T.)

mando livros e os fanáticos religiosos continuam queimando os hereges, ou a si mesmos. São poucas as pessoas que fazem a experiência de acender o fogo interior, da qual falei na seção anterior deste capítulo.

O fogo é um fenômeno fascinante. Suas causas materiais são o combustível, oxigênio em abundância e uma faísca de ignição. Ele reduz a cinzas a celulose da madeira, mas os átomos envolvidos no seu desencadeamento continuam ali até o fim. O fogo destrói a forma das coisas, mas não aniquila a substância delas. É um poder transformador. Nos contextos religioso e alquímico, é visto como poderoso agente purificador. À medida que queima sua "vítima", o fogo libera dióxido de carbono. Esse problema seria insuperável não fosse pela vida vegetal do planeta, que converte o dióxido de carbono em oxigênio. Se, contudo, o desmatamento continuar no ritmo em que está, a produção de oxigênio fatalmente diminuirá e a quantidade de dióxido de carbono aumentará: as formas de vida que respiram oxigênio – você e eu – sufocarão.

Macacos em cativeiro podem aprender a usar o fogo. (Lá se vai outro atributo supostamente exclusivo dos seres humanos!) Mas nós, humanos, aprendemos a *controlar* o fogo – mais ou menos. O domínio completo ainda nos escapa por duas razões importantíssimas. A primeira é que, quando explode uma bomba nuclear (o artefato incendiário mais poderoso que existe), não conseguimos controlar seu devastador poder ígneo. É verdade que exercemos modesto controle sobre as reações atômicas num reator nuclear, mas depois não sabemos o que fazer com os resíduos radioativos. Enterramo-los ou jogamo-los no mar, legando friamente às gerações posteriores a tarefa de limpar nossa sujeira.

A segunda razão pela qual estamos longe de dominar o fogo (no sentido amplo da palavra) é que, até agora, fracassamos inapelavelmente na tarefa de controlar as emissões de dióxido de carbono e outros "gases do efeito estufa" produzidos pela indústria e pela agricultura. O aquecimento global e suas consequências desastrosas se tornaram prementes realidades. Comportamo-nos como um ingênuo missionário que se ocupa de atiçar o fogo debaixo do caldeirão cheio d'água no qual foi lançado pelos canibais.

Hoje, a verdadeira pergunta é: haverá acaso uma nova geração capaz de redimir os erros atuais da humanidade? Ou nossa loucura causará o caos ambiental e nos privará de todos os avanços tecnológicos que nossa espécie fez nos últimos 100 mil anos? O fogo da nossa imaginação arde descontrolado e superou há muito nossa capacidade de dominar suas criações. Deveríamos ter aprendido a lição da famosa história de Aladim, do Oriente Médio: uma vez esfregada a lâmpada e aparecido o gênio, esse nunca mais vai querer ser preso de novo.

Um tremendo faiscar da imaginação – o uso deliberado do fogo – permitiu ao *Homo erectus* deslocar-se da África rumo aos climas mais frios da Europa. Existem indícios de que essa espécie de hominídeo usava o fogo já há 1,5 milhão de anos. Os incêndios causados por raios deviam ser bastante comuns nas savanas da África, mas o *Homo erectus* teve de superar seu compreensível medo antes que pudesse pegar alguns galhos caídos e usá-los para se aquecer na fria noite africana. Provavelmente, foi um inovador ousado que descobriu um jeito de manter as chamas acesas, proporcionando ao grupo uma fonte permanente de "raios".

Segundo o pesquisador Desmond Clark, o *Homo erectus* talvez guardasse suas brasas na forma de tocos de árvores queimados, como fazem os agricultores da Índia até o dia de hoje. Com efeito, esses tocos foram encontrados ao lado de fósseis de hominídeos desde a época de Lucy, a fêmea de *Australopithecus afarensis* que viveu na Etiópia há pouco mais de 3 milhões de anos e foi batizada com o nome da personagem da música *Lucy in the Sky with Diamonds*, dos Beatles. (Os descobridores desse esqueleto quase completo comemoraram com abundância de álcool, naquela noite, sua extraordinária descoberta.)

As primeiras provas críveis de que o *Homo erectus* manipulava conscientemente o fogo datam de não mais que 300 mil anos atrás. Vestígios de fogueiras foram encontrados no sítio de Choukoutien, na China, e também – em época mais recente – na Inglaterra. Esse último sítio entusiasmou os arqueólogos, que nele descobriram 44 machadinhas de mão feitas de sílex, de valor inestimável. O primeiro, entretanto, revelou fogueiras cujas camadas de carvão alcançavam uma profundidade de sete metros, indicando que o local foi usado para esse fim durante longo período. Parece que o *Homo erectus* não usava as fogueiras somente para se aquecer nas noites gélidas da Era Glacial, mas também para afastar a escuridão, que lhe metia medo, e tornar mais comestível e digerível a carne dos animais que caçava.

Os homens de Neandertal, versões arcaicas do *Homo sapiens*, faziam o mesmo. Se uma espécie constrói instrumentos musicais e tem ritos funerários, é natural que a consideremos dotada da capacidade de dominar o fogo. É certo que eles usavam o fogo para se aquecer, cozinhar e fabricar pontas endurecidas para suas lanças de madeira.

Se o *Homo erectus* comia carne regularmente – o que, entre outras coisas, permitia-lhe caminhar grandes distâncias –, os homens de Neandertal eram entusiasticamente carnívoros e, pelo menos às vezes, canibais. Muito já se comentou sobre a natureza agressiva dos homens de Neandertal, e é sensato supor que os ossos humanos estilhaçados encontrados em vários sítios arqueológicos pertenciam a inimigos e não a amigos. O incrível é que o sacrifício humano e o canibalismo ritual parecem ter sido aspectos proeminentes das culturas pré-históricas e permaneceram vivos em muitas sociedades dos primórdios da era histórica. As tribos da Nova Guiné e das Ilhas Fiji só deixaram de ser canibais em meados do século XIX. O dr. Hannibal Lecter, protagonista do romance *O Silêncio dos Inocentes*, de Thomas Harris, se não está em boa companhia, pelo menos veio se integrar a uma longa linhagem de praticantes desse horripilante costume.

Caso haja alguma dúvida sobre esse sangrento hábito de nossos ancestrais, em 2003, um grupo de pesquisadores comandados por Simon Mead, do University College, em Londres, descobriu que temos um gene (rotulado M129V) criado para nos proteger de doenças cerebrais mortíferas (como o kuru e a doença de Creutzfeldt-Jacob) que resultam diretamente do canibalismo.

A domesticação do fogo foi uma conquista tecnológica importante na evolução da humanidade. Os primeiros homens observaram o poder destrutivo desse elemento por incontáveis milênios até descobrir como dar bom uso a seu potencial construtivo e produtivo. Esse acontecimento deve ter sido percebido como uma grande vitória. Quem dera os artefatos existentes nos contassem uma história mais completa! Sem dúvida, encontraríamos já nos primeiros dias da aventura humana um rico simbolismo associado ao fogo – a menos que se prefira negar que a humanidade arcaica era dotada do fogo da imaginação.

O próprio ato de cozinhar o alimento produziu outras mudanças socioculturais significativas. O fogo também permitiu que os homens criassem calor e luz quando bem quisessem, afastando o frio terrível e a assustadora escuridão. Forneceu à humanidade primitiva não só proteção contra os predadores, mas também, talvez, a capacidade de caçar animais selvagens. Não há dúvida de que, sentados à roda das chamas ardentes, aquelas pessoas sentiam a mesma união que ainda tendemos a experimentar quando nos reunimos em torno de uma fogueira de acampamento. Algum gênio descobriu que uma ponta de lança colocada por certo tempo junto às brasas se torna mais dura e mais eficaz nas caçadas. Outro constatou que a fumaça ajuda a preservar a carne, e outro ainda que, jogando-se água nas pedras quentes, o vapor resultante pode ser usado para dobrar e moldar objetos de madeira. No conjunto, o domínio do fogo deu aos primeiros homens os meios de que precisavam para aventurar-se em climas mais frios. Pode-se afirmar também, a título de hipótese, que o fogo, sempre em busca de mais combustível para sustentar-se, pode ter fortalecido a solidariedade entre os membros do grupo e conduzido a uma forma rudimentar de divisão do trabalho.

Mais tarde, no período neolítico, quando a camada de gelo que cobria a terra derreteu, o fogo ajudou o *Homo sapiens* a abrir terreno para a agricultura, possibilitando que os grupos ocupassem territórios cada vez maiores. Ao mesmo tempo, o fogo tornou-se uma arma e um perigo. Quando as pessoas vivem muito próximas entre si, tornam-se mais vulneráveis a acidentes, especialmente caso suas construções sejam feitas de materiais combustíveis como a madeira e a palha. Essa proximidade também estimula a agressividade. Não poucos assentamentos neolíticos foram parcial ou completamente destruídos pelo fogo – quer por acidente, quer por intenção maliciosa: Çatal Hüyük, Jericó, Ur, Mehrgarh, Hacýlar, Tepe Gawra e por aí afora. Os tijolos de adobe secos ao sol são à prova de fogo; os telhados de madeira e palha não.

As cidades logo foram rodeadas de muralhas mais ou menos maciças de pedra ou adobe para proteger-se contra ataques dos assentamentos vizinhos. Mas as lanças e flechas conseguiam transportar chamas devastadoras a grandes distâncias e sobre altas muralhas. Acrescentou-se um fosso ao redor da muralha para impor novo obstáculo ao inimigo. Com a invenção da roda, o fogo pôde ser transportado com rapidez maior ainda para criar o caos entre os adversários. A coexistência pacífica não era a marca do neolítico.

A domesticação do fogo também abriu caminho para novas tecnologias, especialmente a cerâmica queimada em forno e a metalurgia. Alimentos líquidos e sólidos podiam agora ser estocados em urnas por longos períodos; e, extraindo-se o cobre de seu minério e trabalhando-se o metal, os vários implementos usados em casa, no campo e na guerra se tornaram mais eficientes e duráveis. Além disso, a fundição do minério de cobre e a hábil capacidade de moldá-lo deram forte impulso às artes. Quando se constatou que o estanho, um metal prateado e altamente maleável, tinha a virtude de endurecer o cobre, a construção de artefatos ainda melhores tornou-se possível. Com a descoberta do zinco, o cobre e o estanho receberam força adicional para formarem recipientes, ferramentas e armas de bronze.

Mesmo assim, quando o estanho tornou-se menos acessível, o metal que passou a predominar foi o ferro. Isso teria sido impossível sem vigorosas chamas que queimassem à temperatura de mais ou menos 1.100°C; impossível teria sido também a subsequente técnica de fundição de ferro com carbono para criar o duríssimo aço. Os primeiros objetos de aço foram produzidos por volta de 300 a.C. no sul da Índia, região que tem antiga tradição de metalurgia e alquimia. Muitos séculos depois, os europeus redescobriram o aço e deram a essa liga a importância que ela tem hoje. Em meados do século XIX, a produção industrial de aço tornou-se uma realidade – graças ao conversor Bessemer, que leva o nome de seu inventor inglês.

Hoje em dia, a produção mundial de aço bruto é de mais de um bilhão de toneladas por ano, sendo a China o maior produtor. O aço é usado para construir inúmeros tipos de objetos – desde transatlânticos, chassis de automóveis e arranha-céus até utilidades domésticas, cofres, móveis para escritório e armas de uso militar. Tudo isso foi possibilitado por diversos métodos de controle do fogo. Como demonstrou com evidência o estudioso holandês Johan Goudsblom em seu livro *Fire and Civilization* [*Fogo e Civilização*], o fogo teve efeito civilizador. Entretanto, ao mesmo tempo que nossa espécie se tornou mais "civilizada", também se tornou mais incendiária e potencialmente assassina.

Por exemplo: em 6 de agosto de 1945, os Estados Unidos despejaram "Little Boy" – uma bomba nuclear com capacidade explosiva equivalente à de 13 quilotoneladas de TNT – sobre a cidade de Hiroshima. A explosão iluminou o céu e destruiu a cidade num instante, matando mais de 80 mil de seus habitantes e condenando outros 60 mil a sofrer os efeitos tóxicos da exposição à radiação. Como se isso não fosse suficiente para castigar os japoneses, que já haviam se rendido, três dias depois, outro bombardeiro americano lançou a bomba "Fat Man" – um dispositivo de 20 quilotoneladas – e arrasou Nagasaki. Os Estados Unidos sozinhos armazenam milhares de artefatos nucleares, inclusive um estoque de infames bombas de hidrogênio, mil vezes mais poderosas que as bombas atômicas convencionais. Existem no mundo bombas de hidrogênio em quantidade suficiente para fechar de vez a cortina sobre o palco da humanidade.

Além disso, depois da invenção da bomba atômica, os países que a dominam detonaram nos ares ou nas águas mais de 2 mil artefatos nucleares com potência explosiva total de quase 500 megatons. Em longo prazo, é impossível que os efeitos da precipitação radioativa sobre a saúde da humanidade sejam benéficos. Pense em quantos becqueréis ou curies nós estamos falando! Demonstrou-se que a precipitação causada pelos testes de artefatos nucleares efetuados nas décadas de 1950 e 1960 no deserto de Nevada fez aumentar significativamente a incidência de câncer na população do estado de Utah, que infelizmente estava a sotavento. Alertamos nossos filhos sobre o poder destrutivo de um palito de fósforo. Parece que alguns cientistas e políticos não cresceram e continuam indiferentes ao sofrimento que seus experimentos causam a outras pessoas.

Muito tempo se passou desde a época em que nossos primeiros ancestrais tomaram uma brasa da fogueira do acampamento e atiraram-na na direção de um animal selvagem ou um inimigo humano. Agora somos capazes de destruir toda uma cidade apertando um botão a milhares de quilômetros de distância. Com efeito, o poder de fogo coletivo da humanidade assumiu proporções tão descabidas que poderíamos, se quiséssemos, destruir toda a biosfera do nosso planeta em poucos minutos. Em 1945, ano em que terminou a Segunda Guerra Mundial, mas que também assinala a destruição de Hiroshima e Nagasaki, os cientistas envolvidos no agourento Projeto Manhattan criaram o periódico *Bulletin of the Atomic Scientists*, que hoje tem seu próprio site na web.

Desde 1947, esse grupo, responsável pela criação da primeira bomba atômica, opera um dispositivo chamado "Relógio do Apocalipse" para dar à humanidade um lembrete visual do perigo iminente de um holocausto atômico. O ponteiro dos minutos desse relógio já se moveu dezessete vezes, indicando aumento ou diminuição do nível de ameaça. Em 27 de fevereiro de 2002, no rastro da crise de 11 de Setembro, o Conselho Diretor da instituição decidiu deslocar o ponteiro: se antes marcava nove minutos para meia-noite, agora marca sete para meia-noite, mesmo horário que marcava há 55 anos. Em outras palavras, nós, seres humanos, estamos brincando com fogo. Será que nosso tempo está se esgotando?

A linguagem do fogo

Considerando a imensa importância do fogo na evolução da civilização humana, não surpreende que nossa espécie tenha encontrado inúmeras maneiras de conceituar e simbolizar o elemento ígneo. Assim, uma das mais de 2 mil divindades conhecidas pelos antigos egípcios era Benu (ou Bennu), o pássaro de fogo com corpo dourado e plumagem vermelha. O mítico Benu, semelhante a uma garça, foi o protótipo da Fênix grega, criatura mais conhecida, que, como vou demonstrar, ainda bate suas asas na forma do Garuda indiano. O pássaro de fogo foi mencionado pela primeira vez nos antigos Textos das Pirâmides, onde foi relatado com o aspecto de Atum, divindade solar e deus criador; depois passou a ser associado a Rá e a Osíris. Como seu nome sugere, Benu significa "o que ascende brilhante" – referência ao Sol nascente simbolizado por Rá.

Benu era intensamente adorado em Heliópolis, a Cidade do Sol. Essa cidade foi desmontada pelos fatímidas, que usaram os blocos de pedra de seus templos e palácios para construir o Cairo (al-Qahira) na segunda metade do século X d.C. Antes disso, o imperador Otaviano, fundador do Império Romano, levou dois belos obeliscos de Heliópolis a Roma, onde ainda podem ser admirados na Piazza del Popolo e na Piazza de Montecitorio. Aliás, Roma se orgulha de ter não menos que treze obeliscos egípcios erigidos em diversos momentos históricos. Será isso motivo de orgulho?

Enquanto morava em Londres, passei várias vezes pelo obelisco de Tutmósis III, apelidado "Agulha de Cleópatra" e reerguido no Victoria Embankment. O obelisco foi adquirido em Alexandria por Sir Ralph Abercromby e quase se perdeu no mar da Baía de Biscaia, ao norte da Espanha, quando um vento repentino separou a barcaça que transportava o monumento do navio que a rebocava. Será que a maldição dos faraós de novo se vingava dos saqueadores? A maioria das pessoas não sabe que a Agulha de Cleópatra não tem absolutamente nada a ver com a infame rainha Cleópatra VII, que viveu quase 1.500 anos depois do napoleônico faraó Tutmósis III. Provavelmente também não sabe que esse obelisco, como todos os outros, representa o eixo do mundo e é encimado por um símbolo solar.

A pedra sagrada que encima os obeliscos e as pirâmides, chamada *benben*, representa o divino pássaro de fogo, o Sol nascente. Assim, ambas essas estruturas arquitetônicas são pedestais do Sol glorioso. No princípio da criação, quebrando o silêncio primordial, Benu soltou forte grito – um mantra de poder – e assim desencadeou o processo criativo. Esse som inaugural é ecoado pela enigmática abertura do Evangelho de São João, composto no século II: "No princípio, era o Verbo (*logos*), e o Verbo estava com Deus, e o Verbo era Deus".

Os textos hieroglíficos dizem que Benu gerou a si mesmo e reiteradamente morria e ressuscitava. Por isso, pareceu natural aos egípcios também associar o pássaro de fogo a Osíris depois de sua ressurreição. Os gregos eram fascinados por Benu e o adotaram na forma da Fênix. Segundo Heródoto, a Fênix renasce a cada quinhentos anos de suas próprias cinzas e, sentada num ninho feito de gravetos e especiarias aromáticas, imola-se novamente ao final de cada ciclo de vida. Essa figura mitológica introduziu-se naturalmente no cristianismo primitivo, cuja crença central era a ressurreição de Cristo. Nesse contexto, a Fênix era um símbolo eloquente de renovação e imortalidade. Os historiadores da religião demonstraram que o Cristo ressuscitado recapitula de perto as características de Osíris – um tema mitológico completamente diferente.

O símbolo do pássaro de fogo é encontrado em muitas outras culturas além das do Egito e da Grécia. Na Índia, ele é chamado Garuda, cujo brilho ao nascer o fez ser confundido com Agni, o deus do fogo. Garuda, semelhante a uma águia, já é mencionado no arcaico *Rig-Veda* e é retratado na literatura hindu posterior como arqui-inimigo da raça das serpentes, que roubou dos deuses o néctar da imortalidade. As serpentes conseguiram beber algumas gotas do néctar celestial antes de Garuda o tomar de volta. O simples gosto do néctar bastou para torná-las imortais, mas elas não conseguiram arrebatar aos deuses o poder supremo. A poção da imortalidade queimou a língua das malignas serpentes e tornou-a bifurcada.

Garuda, símbolo solar, tem como Benu o corpo dourado e as asas vermelhas. Comumente representado com corpo de águia e cabeça humana, esse ente mitológico é dotado de um simbolismo profundo que associa os conceitos de Céu, fogo, imortalidade, renovação, força vital e respiração. É por meio de sua associação simbólica com a respiração que Garuda se encadeia na anterior discussão sobre *tummo*, o fogo interior. Isso porque o fogo interior é ateado e inflamado pela antiga prática de controle da respiração combinada com uma visualização intensa. Assim, Benu, a Fênix e o Garuda são memes que, entre outras coisas, nos recordam nossa capacidade inata de dominar o calor psicossomático – ou seja, de transcender a condição humana, deixando-nos levar pelas asas do impulso fototrópico.

Caso você esteja se perguntando o que aconteceu com o Garuda: em fevereiro de 2000, três empresas da Indonésia, da Tailândia e das Filipinas puseram em órbita um satélite de telecomunicações chamado *Garuda 1*, que agora transmite os sinais de telefone celular de usuários asiáticos. O satélite foi projetado e construído pela Lockheed Martin Missile & Space Company, de Sunnyvale, California. Não é por coincidência que tanto a Tailândia quanto a Indonésia têm como símbolo nacional o Garuda, que figura, por exemplo, nos logotipos de suas respectivas empresas aéreas. Em junho de 2005, a NASA começou a preparar sua missão de 2007 ao planeta Marte a um custo estimado em 386 milhões de dólares; o foguete não tripulado levará um módulo de pouso estacionário chamado *Fênix*, que, segundo se espera, resolverá de uma vez por todas a questão de saber se o planeta vermelho já teve, ou não, matéria orgânica. A Fênix continua ressuscitando.

O fogo é um símbolo de contínua autotransformação – morte e renascimento. Na mesma época em que a humanidade pré-histórica descobria cada vez mais aplicações exteriores do fogo domesticado, ela deve ter começado a refletir sobre suas dimensões simbólicas. É certo que no período neolítico tardio, cerca de 5 mil anos atrás, os indianos védicos tinham uma filosofia e uma cultura ritual complexas que giravam em torno de Agni, o deus do fogo. Agni ("fogo", *ignis* em latim), a quem são dedicados uns duzentos hinos em sânscrito no *Rig-Veda*, é o filho do Céu e da Terra (representados fisicamente pelos dois pauzinhos que, friccionados, eram usados pelos antigos para produzir as faíscas que acendiam o fogo dos sacrifícios).

Renascido diariamente nas lareiras e nos corações dos seres humanos, Agni é um mensageiro entre o homem e as divindades, sendo adorado como o fogo na Terra, como o raio na atmosfera e como o Sol no "céu supremo". Tem duas cabeças (uma sugere a criação, outra, a destruição), sete braços (ou seja, sete chamas) e dez irmãs ou criadas (os dez dedos do sacerdote do fogo). Purifica as oferendas lançadas na fogueira sacrifical e conduz a essência delas às divindades para propiciá-las.

A literatura ritual védica é incrivelmente rica em matéria de simbolismo ígneo, e livros e mais livros já foram escritos sobre esse assunto. Um dos aspectos simbólicos mais notáveis é um tipo de altar do fogo construído com tijolos na forma abstrata de um falcão de asas abertas. Como demonstrou o estudioso indo-americano Subhash Kak, esse desenho incorpora dados astronômicos. Seu livro *The Astronomical Code of the Rigveda* [*O Código Astronômico do Rig-Veda*] dá brilhante contribuição ao entendimento mais pleno não só da cosmovisão indiana antiga, mas também da cosmologia e dos rituais arcaicos em geral. Como todas as demais civilizações antigas, a cultura (védica) do Indo-Sarasvati era grande apreciadora da astronomia. Os acontecimentos que se desenrolavam no dossel celestial eram considerados presságios significativos para a vida humana.

O altar do fogo em forma de falcão é construído com 396 tijolos especiais e 10.800 tijolos comuns de diversas formas e vários tamanhos, dispostos em cinco camadas. Kak demonstrou que esses tijolos e seus arranjos têm relação com certos fenômenos astronômicos e do calendário e incorporam um entendimento avançado de matemática. Além disso, seus estudos revelaram que a construção do altar do fogo védico reflete a curiosa organização dos hinos do *Rig-Veda* e que esse conhecimento está por trás de posteriores tradições gnósticas acerca do paralelismo oculto entre o corpo humano (o microcosmo) e o mundo (o macrocosmo). Tudo o que existe dentro do corpo-mente existe também fora de nós, nas estruturas e funções do Universo enquanto tal. É um axioma fundamental de todas as artes arcanas. Ainda era conhecido pelos alquimistas da Idade Média e da Renascença, mas, com a ascensão do materialismo científico, acabou sendo jogado no aterro sanitário da superstição e da "mitologia" – o que foi, a meu ver, uma grande perda para nós.

Nós, modernos, já não compreendemos as linguagens do mundo natural; entre elas, a linguagem do fogo. No que se refere à Vida maior onde existe nosso ser, somos surdos e mudos. Apesar disso, cada vez mais pensadores estão reconhecendo a pobreza da nossa civilização e buscando o caminho de uma nova sensibilidade. Vejam, por exemplo, o famoso livro *The Reenchantment of the World* [*O Reencantamento do Mundo*, 1981], de Morris Berman; os fascinantes *Stories of an Ancient Way of Knowing* [*Contos de um Jeito Antigo do Conhecer*, 2001], de Robert Wolff e Thom Harmann; e o mais específico *The Lost Language of Plants* [*A Linguagem Perdida das Plantas*, 2002], de Stephen Harrod Buhner.

Um dos memes que tem relação com a linguagem do fogo é a clássica história grega de Prometeu. Esse astucioso titã, irmão de Atlas (que leva nas costas a abóbada celeste), roubou o fogo das divindades e deu-o à humanidade. Não tinha muito respeito pelos habitantes do mundo celestial; entre eles, Zeus. O deus supremo mandara que Prometeu (*Prometheas*, "visão do futuro") e seu irmão Epimeteu ("visão do passado") fizessem criaturas para habitar a Terra. Epimeteu criou rapidamente inúmeros animais dotados de características úteis; enquanto isso, e com toda a calma, Prometeu moldou dois seres com forma semelhante à das divindades – um homem e uma mulher. Pelo fato de seu irmão ter usado todas as qualidades que Zeus disponibilizara, Prometeu não conseguiu tornar suas criaturas imunes ao frio. Com pena do casal, decidiu roubar o fogo para lhes dar. Depois, instruiu-os sobre como adorar os deuses por meio de oferendas sacrificais depositadas na pira. Quando a fumaça do sacrifício chegou aos céus, os deuses perceberam o que havia acontecido.

Zeus, profundamente aborrecido, criou outra mulher chamada Pandora, que ofereceu a Prometeu uma caixa cheia de surpresas desagradáveis. O astuto Prometeu, contudo, não abriu a caixa. Infelizmente, Epimeteu não foi tão inteligente e acabou se casando com aquela anunciadora da morte e da destruição. Foi então que Zeus ficou ainda mais furioso e acorrentou Prometeu a um rochedo, condenando-o a ter seu fígado devorado diariamente por uma águia. À noite, o órgão se reconstituía, somente para ser devorado de novo no dia seguinte. Essa tortura deveria durar 30 mil anos, mas o misericordioso Hércules – filho de Zeus – matou a águia depois de trinta anos. Surpreendentemente, o monarca celeste perdoou Prometeu e o recebeu de volta nas hostes celestiais, insistindo, porém, para que o transviado titã arrastasse para sempre atrás de si o rochedo a que fora acorrentado. Ele só foi libertado no começo do século XIX, quando o poeta romântico inglês Percy Bysshe Shelley escreveu seu drama lírico *Prometeu Libertado*. Shelley, marido de Mary Shelley (que criou o Dr. Frankenstein), morreu afogado no meio de uma borrasca ao largo do litoral da Itália. Terá sido sua morte uma vingança de Zeus com a ajuda de Poseidon, chamado Netuno pelos romanos? Sempre que o aterrador senhor do mar brandia seu tridente, provocava maremotos, terremotos, tempestades e naufrágios.

Prometeu, o previdente doador do fogo, não criou os seres humanos à imagem das divindades, mas à sua própria imagem, sendo ele um titã. A natureza humana é essencialmente prometeica: antevemos o futuro e fazemos planos, mas também nos preocupamos com as coisas desagradáveis que podem vir a acontecer. Acima de tudo, abrimos novos caminhos com uma criatividade desenfreada, semelhante à dos próprios deuses. Lembre-se de Fausto. Sentimos dentro de nós o impulso de escalar a mais elevada montanha, desenvolver a mais alta velocidade e conquistar o vácuo interestelar.

Nosso Prometeu interior nos move a inventar novos aparelhos continuamente. A sede irrefreável de novidades tecnológicas, que nos deu a roda, o arado, o alfabeto, a pólvora, o automóvel, o avião, o computador, o Skylab e um sem-número de outros dispositivos, nos faz imaginar que somos semelhantes às divindades.

O mesmo espírito indomável de Prometeu ou de Fausto se evidencia nas diversas tradições da psicotecnologia – um treinamento da mente que nos leva a transcender a condição humana. O yoga, o tantra, o zen, o taoismo e assim por diante foram feitos para nos conduzir para além da situação convencional da humanidade. Visam inclusive a nos alçar para além do mundo dos deuses e dos semideuses, conduzindo-nos à identidade com a Singularidade incondicional, o Espírito, Deus, Atman, a Natureza Búdica.

Aquele espírito tempestuoso se evidencia nestas palavras de Karl Marx: "Preferia estar acorrentado a um rochedo a ser o escravo dócil de Zeus, o Pai!". Na obra iconoclasta *A Gaia Ciência*, publicada em 1882, Friedrich Nietzsche mediu ainda menos as palavras quando declarou a seus abismados contemporâneos: "Deus está morto". Desse modo, ele afirmava a profunda redundância do meme da divindade paterna. Até agora, a história da cultura provou que sua afirmação estava errada ou foi, pelo menos, prematura. Do ponto de vista filosófico, por outro lado, seu diagnóstico é perspicaz.

A catástrofe do fim dos tempos

O nomadismo que discuti no Capítulo 2 é um aspecto importante do nosso impulso prometeico. Parece que, assim que recebemos o dom do fogo, começamos a nos transviar das mais diversas maneiras. A dádiva benévola de Prometeu também foi uma espécie de caixa de Pandora, como mostra a história das guerras. Desde muito cedo, como eu já disse, a humanidade aproveitou o poder destrutivo do fogo. Com as conquistas tecnológicas da época histórica, o uso militar do fogo se intensificou sobremaneira.

Em 675 d.C., os bizantinos aniquilaram um exército muçulmano invasor, matando cerca de 30 mil soldados. Sua vitória foi devida unicamente a um inventor sírio que fugira de Damasco depois da conquista do país pelos muçulmanos. Esse homem, chamado Kallinikos em grego, levou aos bizantinos assediados a fórmula secreta de um produto à base de petróleo que pegava fogo mesmo em contato com a água. É assim que foi construído o primeiro lança-chamas e que os bizantinos assinaram um tratado com o derrotado Império Omíada, garantindo uma trégua de trinta anos. Alguns diriam que nesse caso a aplicação destrutiva do fogo teve, no fim das contas, um efeito positivo, mas essa tese ignora todo o contexto histórico. Teria sido muitíssimo melhor que os muçulmanos jamais houvessem atacado Bizâncio. O mesmo se pode dizer de todas as demais guerras islâmicas, inclusive as travadas em solo indiano entre os séculos VIII e XVI. Contudo, no fim das contas, nenhum país ou grupo étnico tem o direito de atacar outro.

O poder de fogo militar ascendeu a outro nível com a invenção da pólvora e do canhão pelos chineses na era pré-cristã, a invenção da arma de fogo portátil na Europa quatrocentista e a invenção de armas cada vez mais sofisticadas depois disso, culminando, no século XX, com a criação de metralhadoras, morteiros, lança-granadas, mísseis balísticos, bombas de napalm, armas a *laser* e, por último, mas não menos importantes, mísseis nucleares.

Os sete países que dominam a bomba atômica possuem, entre si, cerca de 20 mil ogivas ativas; outras 40 mil foram parcialmente desmontadas, mas não destruídas. Suspeita-se que Israel e Coreia do Norte possuam armamentos nucleares e o Irã parece ocupado em construí-los. Uns dezesseis países têm um programa de criação de armamentos nucleares. Uma das notáveis exceções a essa liga da morte é a África do Sul, que tinha armas nucleares, mas supostamente – e provavelmente – destruiu seu arsenal letal em 1993. Os Estados Unidos, que hoje são a única superpotência, lideram alegremente o cortejo com suas 10 mil bombas nucleares ativas. O interessante é que os Estados Unidos também gastam mais ou menos 1 bilhão de dólares por ano protegendo as cerca de 8 mil ogivas armazenadas pela Rússia.

Uma vez que não se conhece o destino de toneladas de resíduos radioativos, inclusive de plutônio, a probabilidade de terrorismo nuclear no futuro é alta. O terrorismo bioquímico já existe, como demonstrou de modo horripilante, em 1995, a seita apocalíptica de Shoko Asahara, chamada Aum Shinrikyo. As bombas detonadas por membros dessa seita, contendo um gás neurotóxico chamado sarin, ceifaram as vidas de doze usuários do metrô de Tóquio e feriram milhares de outros. Se a seita japonesa tivesse conseguido obter um artefato nuclear, os danos teriam sido imensamente maiores.

Em 2001, os Estados Unidos ficaram nervosos com uma onda de ataques de antraz. Cartas que continham essa bactéria mortífera foram enviadas a escritórios de meios de comunicação e a dois senadores, matando cinco pessoas e causando danos permanentes em muitas outras. A CIA e certos laboratórios secretos do Estado foram acusados de envolvimento com os atentados, acusações estas que foram lançadas inclusive por gente do governo. Só o tempo nos dirá a verdade – ou, talvez, não.

Caso se enfiem resíduos radioativos num artefato incendiário convencional, o que se obterá é uma "bomba suja". Não é preciso ser um Einstein para construir e fazer explodir um artefato desse tipo. Além disso, bastam algumas centenas de milhares de dólares e talvez um mestrado em engenharia nuclear para construir uma bomba atômica operante. Confirmando essa grave ameaça, os cientistas de Los Alamos inventaram dezenas de métodos para a construção de um artefato nuclear isolado, sem linha de produção – uma perspectiva assustadora para o público. E, como se tudo isso não bastasse, depois do colapso da União Soviética, a liderança comunista da Ucrânia admitiu perante a comunidade mundial que duzentas ogivas nucleares suas haviam simplesmente desaparecido. Será um erro contábil, como tantas vezes se alegou a respeito de resíduos radioativos perdidos? Ou será que essas ogivas estão escondidas em algum lugar, à espera de que um cérebro maníaco determine o momento "correto" para detoná-las? Será que o Relógio do Apocalipse está marcando apenas alguns segundos para a meia-noite?

O filósofo católico francês Pierre Teilhard de Chardin entendia o sistema nervoso central como um modo de manifestação da eletricidade. Desenvolvendo essa ideia, o crítico da comunicação Marshall McLuhan pensou, a princípio, que nossa civilização eletrificada e eletrônica pudesse nos conduzir ao próprio âmago da espiritualidade autêntica. Depois mudou de ideia, afirmando que o universo eletrônico era, ao contrário, um "impostor ímpio". Parafraseando McLuhan, a descoberta da eletricidade não promoveu a paz nem disseminou a beleza, mas nos sobrecarregou com uma multidão de problemas. O fogo é um elemento complicado, e é possível que nosso suposto domínio do fogo não passe de uma ilusão que impingimos a nós mesmos.

Fogo no começo, fogo no fim. Quando a humanidade descobriu o fogo – ou, na versão mitológica, quando o recebeu como dádiva –, será que não herdou também a caixa de Pandora? Muitas mitologias mencionam um grande incêndio final. Segundo a tradição dos índios hopis, o mundo já foi destruído quatro vezes pelo Criador, que estava insatisfeito com suas criaturas humanas. Estaríamos agora no quinto ciclo do mundo e, segundo as antigas profecias hopis, este ciclo terminará em fogo. Os índios que hoje interpretam essas profecias dizem que os antigos profetas anteviram um holocausto nuclear; e, pelas suas contas, esse evento terrível está próximo.

Em 10 de dezembro de 1992, Thomas Banyacya – um ancião hopi – discursou perante a Assembleia Geral das Nações Unidas. Em 1948, ele fora escolhido a dedo pelos líderes espirituais da nação hopi como um dos quatro mensageiros que comunicariam as antigas profecias ao mundo quando chegasse a hora. Dirigindo-se com veemência aos poucos delegados que se dignaram a comparecer, falou sobre a destruição dos quatro ciclos anteriores do mundo e de como nosso quinto ciclo estava destinado a acabar em fogo. Instou-os a trilhar a senda da sabedoria para impedir que acontecesse o pior. Depois de trabalhar incansavelmente por cinquenta anos em prol de um mundo mais são, Banyacya faleceu em 1999 aos 89 anos de idade. Na reunião dos sábios hopis em 1948, realizada três anos depois dos ataques nucleares em Hiroshima e Nagasaki, ele ouviu os anciões explicar que as duas bombas eram "a cabaça de cinzas que caiu duas vezes sobre a Terra", mencionada nas antigas profecias. Essas profecias também falavam da "Grande Casa de Mica (vidro)", que Banyacya e outros anciões associaram ao edifício da ONU em Nova York.

Não sei se, ao morrer, Banyacya sentiu que sua vida havia feito alguma diferença na batalha por um mundo pacífico e equilibrado. O fato é que a memória pública é curta e, pior ainda, a controversa ONU enfrenta graves problemas de corrupção interna, ineficiência, conflito e ausência de poder.

A Carta da ONU, assinada em San Francisco em 1945, declara:

> Nós, os povos das Nações Unidas, decididos a preservar as gerações vindouras do flagelo da guerra, que por duas vezes, no espaço da nossa vida, trouxe sofrimentos indizíveis à humanidade, e a reafirmar a fé nos direitos fundamentais do homem, na dignidade e no valor do ser humano (...) e para tais fins, praticar a tolerância e viver em paz, uns com os outros, como bons

vizinhos, e unir as nossas forças para manter a paz e a segurança internacionais, e a garantir, pela aceitação de princípios e a instituição dos métodos, que a força armada não será usada a não ser no interesse comum, a empregar um mecanismo internacional para promover o progresso econômico e social de todos os povos, resolvemos conjugar nossos esforços para a consecução desses objetivos (...)

Até agora, a ONU – um fóssil institucional com orçamento anual de 10 bilhões de dólares e pelo menos 60 mil funcionários – fracassou espetacularmente na consecução de seus nobres objetivos. A falta de vigor na imposição de seus estatutos e de suas normas se evidenciou no recente jogo de poder com os Estados Unidos. Embora a ONU tivesse alertado várias vezes os Estados Unidos contra a intervenção no Iraque, ameaçando impor-lhes "as mais severas consequências", o governo norte-americano levou descaradamente a cabo seu programa de destruição alegando "legítima defesa preventiva", e, como todo o mundo sabe, não foi punido de forma alguma. O Conselho de Segurança da ONU, que tem o direito exclusivo de determinar quando qualquer um dos 191 Estados-membros pode ir à guerra, não tem poder para cumprir sua ameaça e castigar o membro transgressor.

Enquanto isso, os Estados Unidos se ocupam de reconstruir o país que devastaram, amealhando imensos lucros com esse programa aparentemente humanitário. As outras nações assistem perplexas e frustradas a esse drama, e entre os povos dos chamados países do Terceiro Mundo cresce o ódio antiamericano – ódio que, podemos afirmar com certeza, serve apenas para alimentar o terrorismo.

Apesar dos engolidores de fogo e dos faquires que andam sobre brasas, nós, seres humanos, tendemos a nos queimar quando encostamos a mão no fogo. Se brincarmos com fogo em grande escala, como fazem nossos políticos, certamente sofreremos o fogo infernal do terrorismo nuclear associado ao catastrófico aquecimento global. As profecias hopis devem ser avaliadas em conjunto com outras profecias dos índios americanos e dos líderes espirituais de outras culturas, e devem-se levar em conta os alertas urgentes de cientistas responsáveis do mundo inteiro. Muitas cosmologias tradicionais nos falam de um gigantesco incêndio que consumirá todas as coisas no fim dos tempos.

Segundo a mitologia nórdica, por exemplo, este mundo acabará no evento apocalíptico do Ragnarök ("Destino dos Deuses"). As divindades enfrentarão em guerra franca o exército dos demônios comandado por Loki. Quase todos – os guerreiros do bem e os do mal – perecerão na conflagração final. Somente algumas divindades e dois seres humanos sobreviverão a esse Armagedom. Depois, das cinzas desse universo despedaçado renascerá um mundo novo e idílico, em que não haverá guerra e todos os seres gozarão eternamente da paz. É fácil acreditar na primeira parte dessa antiga profecia; quanto ao advento de um mundo ideal, é preciso ter uma fé profunda na bondade absoluta da existência para ser capaz de acreditar nele.

A profecia hopi, tal como é interpretada por Thomas Banyacya e outros anciões, diz entre outras coisas que um "irmão branco" poderoso e veraz, vestido de vermelho, com um chapéu vermelho e tendo sua própria religião, chegaria à América com a missão de transformar o mundo num paraíso. Banyacya associou essa figura aos lamas tibetanos que desde a década de 1960 têm vindo ao Ocidente em número cada vez maior para partilhar conosco seus ensinamentos espirituais. Também os tibetanos acreditam numa batalha final entre as forças do bem e as do mal. Essa crença é associada ao misterioso reino de Shambhala, que é mais um estado de espírito que uma região geográfica, embora alguns lamas jurem que ele existe de fato (num plano sutil).

Seja como for, Sua Santidade o Dalai Lama – que ganhou o Prêmio Nobel da Paz em 1989 – tomou a iniciativa de disseminar aos quatro ventos, sob a forma da prática de Kalacakra, os ensinamentos sobre Shambhala. De 1954 para cá, ele deu 28 iniciações públicas de Kalacakra a um total de mais de um milhão de pessoas, inclusive não budistas. Trata-se de algo inédito na tradição tibetana, em que há séculos os ritos de Kalacakra são considerados uma das práticas mais secretas, reservadas somente a uns poucos monges.

O Dalai Lama, representante mais eminente do movimento não sectário (*rimé*) no budismo tibetano, acredita que os ritos de Kalacakra ajudam a trazer a paz ao mundo. Na verdade, todo aquele que foi iniciado nessa prática é tradicionalmente encarado como um "guerreiro" de Shambhala, que faz o juramento de lutar do lado do bem quando o inimigo do Espírito for finalmente confrontado, no ano 2327 d.C. Como diz a narrativa e poucos compreendem, mesmo entre os iniciados, essa batalha final será travada com armas terríveis de todo tipo. E mais: o texto sagrado em que se baseia essa tradição tibetana, datado do século X, diz que os inimigos serão os muçulmanos. Vale a pena lembrar que essa obra em sânscrito, intitulada *Kalacakra-Tantra*, foi composta durante as primeiras invasões do subcontinente indiano pelos exércitos do islã.

Talvez não seja por coincidência que o atual movimento terrorista internacional seja promovido, sobretudo, por muçulmanos, na forma de um *jihad* ou uma guerra santa contra os infiéis do mundo. Pagando na mesma moeda, George W. Bush, 43º presidente dos Estados Unidos, identificou um "eixo do mal" no Oriente Médio e pregou uma "cruzada" contra os países terroristas. Talvez seja mais fácil entender essa linguagem incendiária se nos lembrarmos de que o presidente Bush é um cristão renascido e que existe uma longa história de derramamento de sangue entre cristãos e muçulmanos.

Voltando à mitologia nórdica, Odin será o comandante das divindades na batalha final do Ragnarök. Será auxiliado pelas valquírias – ferozes guerreiras que montam lobos selvagens e encontram as almas dos caídos em batalha para conduzi-las a Valhalla, o salão paradisíaco de Odin onde se banqueteiam os guerreiros fortes e valorosos. Uma dessas valquírias – Brynhildr (ou Brünnehilde, ou Brunilda), que agora dá nome a um asteroide – conseguiu ofender Odin (ou Wotan) ao proteger o herói Sigmund contra a ira do deus. Odin mandou Loki criar um círculo de fogo ao redor de Brynhildr para mantê-la aprisionada. Ao ver, porém, sua filha predileta assim confinada, sem esperança de fuga, ele se compadeceu e fê-la adormecer profundamente. Somente um herói capaz de se pôr em pé sem medo diante de Odin poderia passar pelo anel de fogo e despertar a donzela adormecida.

Esse episódio dramático foi traduzido em música por Richard Wagner, com a necessária intensidade de sentimento, na inesquecível cena do *Fogo Mágico* em *As Valquírias*, parte de uma série de óperas que somam ao todo quinze horas, *Der Ring des Nibelungen* [*O Anel dos Nibelungos*].

Segundo a *Saga dos Volsungos*, era Sigurd (ou Siegfried) que estava destinado a despertar com um beijo a bela adormecida, agora transformada em ser humano. Tendemos a pensar que tudo está bem quando acaba bem. Mas Sigurd, filho póstumo do ousado Sigmund, é morto à traição na cama. Na versão wagneriana do *Götterdämmerung* [*O Crepúsculo dos Deuses*], Brynhildr aparece no último segundo para arrancar o anel mágico do dedo de Sigmund. O anel fora forjado pelo anão Alberich com ouro roubado e causou inúmeras mortes e confusões. Brynhildr se imola na pira funerária do herói e assim o anel maldito volta para suas legítimas proprietárias, as donzelas do Reno. O autossacrifício de Brynhildr põe fim à tirania dos deuses e abre caminho para a predominância do amor humano.

A menos que nosso coração esteja totalmente corrompido pelo cinismo, ainda podemos ouvir o apelo do amor bem fundo dentro de nós. Em meio ao caos atual de confusão, raiva e incerteza, temos mais do que nunca o dever de atender a esse apelo. Não me lembro de nenhuma expressão mais adequada da necessidade de amar verdadeiramente que os versos devocionais de Santa Teresinha de Lisieux:

> Viver de Amor, banir todo temor
> E lembranças das faltas do passado.
> Não vejo marca alguma em mim do meu pecado:
> Tudo, tudo queimou o Amor num só segundo.
> Chama divina, ó doce fornalha,
> Quero, no teu calor, fixar minha morada
> E, em teu fogo é que canto o refrão mais profundo:
> "Vivo de Amor!"*

---

* Tradução retirada de Santa Teresa do Menino Jesus e da Sagrada Face, *Obras Completas* (*Textos e Últimas Palavras*), São Paulo, Edições Loyola, 1997. (N. do T.)

4 A LINGUAGEM E A ARTE COMO ESPELHOS DA REALIDADE

Uma laringe hábil, um cérebro inteligente

Há alguns anos, assisti a uma versão em vídeo do canhestro filme *O Despertar do Mundo*, de 1942. Nele aparecem dinossauros que há muito deveriam estar extintos e um previsível romance se desenrola entre Victor Mature e uma beldade neandertal da tribo vizinha. Na refilmagem dessa película, feita em 1966 e intitulada *Um Milhão de Anos Antes de Cristo*, Raquel Welch estrela envergando um biquíni de pele. Não surpreende que essa versão tenha feito mais sucesso, mas ela também reiterou descaradamente os erros da versão original, com destaque para a presença de dinossauros ao lado de seres humanos. Quando o primeiro dinossauro aparece na tela, o que os espectadores realmente veem é o maravilhoso *close-up* de um iguana de verdade. Se na versão anterior Mature e seus coadjuvantes falavam um inglês fluente, Raquel Welch (no papel de Loana) e seus colegas das cavernas se limitam a grunhir e gesticular, acrescentando um toque de humor à fita. Em 1986, Hollywood, que evidentemente descobrira a viabilidade desse clichê de romantismo *sexy* e primitivismo inane, escalou Daryl Hanna no papel de Ayla, a musculosa troglodita de *A Tribo da Caverna dos Ursos*. O diretor do filme se sentiu obrigado a inventar uma "língua" minimalista para os homens de Neandertal que era traduzida em legendas e conseguiu afugentar todos os possíveis espectadores, excetuados os fãs incuráveis de tudo que se projeta sobre uma tela.

Por que será que, apesar do imenso volume craniano dos homens de Neandertal e de eles possuírem as estruturas anatômicas necessárias para a fala, tanto os diretores de cinema quanto os paleontólogos têm relutado em admitir a inteligência dessa espécie e sua capacidade para a linguagem oral? Já se demonstrou que até um passarinho tão pequeno quanto o chapim-de-cabeça-preta é capaz de pensar e se comunicar, embora seu cérebro não tenha a Área de Broca. O chapim muda seu modo de cantar conforme o predador, animal ou humano, que entra em seu campo de visão. Certa vez, vi uma gralha deixar cair uma castanha de uma altura cada vez maior até conseguir quebrar a casca exterior dessa oleaginosa. Pensando nesse comportamento inteligente, descobri que certos ornitólogos consideram as gralhas as mais inteligentes de todas as aves.

Há também o estupendo Alex, o gênio dos papagaios. Desde 1977, Irene Pepperberg vem ensinando Alex a falar e até a ler as letras do alfabeto. Esse papagaio-cinzento africano agora é capaz de contar até seis (sabendo o que está fazendo) e, surpreendentemente, sem nenhum tipo de instrução inventou a designação "nada" (uma versão do zero); também é capaz de identificar cinquenta objetos diferentes, cinco formas, quatro tamanhos e sete cores, e reconhece materiais como a lã, o plástico e a madeira. Adquiriu um vocabulário de cerca de cem palavras e consegue sustentar conversas razoavelmente complexas (e, às vezes, engraçadas) com sua treinadora e algumas outras pessoas. Também tem sua própria personalidade e não se importa de afirmá-la.

Segundo o *Livro Guinness dos Recordes*, o papagaio-cinzento Prudle, da Inglaterra, era ainda mais erudito. Diz-se que tinha um vocabulário de mais ou menos oitocentas palavras, algumas das quais aplicava de modo intencional e significativo. Se até um cérebro de passarinho consegue demonstrar tal nível de comportamento inteligente, não devemos supor que os homens de Neandertal e outras espécies primitivas do gênero *Homo* tinham capacidade pelo menos igual? A ausência de provas não é prova de ausência. Todo criminologista sabe disso; e, se for bom no que faz, vai continuar procurando pistas ou pelo menos manterá a mente aberta.

Além de tudo isso, indícios cada vez mais numerosos dão a entender que os macacos antropoides (gorila, chimpanzé, orangotango) não só são capazes de aprender uma linguagem como também efetivamente usam uma língua de sinais para se comunicar entre si. Um bebê de chimpanzé chamado Loulis aprendeu cinquenta sinais com sua madrasta Washoe e outra macaca, sem nenhum auxílio humano. E, como demonstrou a famosa gorila Koko, os antropoides conseguem até usar a linguagem de modo criativo. Ela conhece cerca de mil sinais da língua americana de sinais, mas criou vários neologismos, entre eles, os nomes "bebê elefante" para um boneco de Pinóquio e "garrafa de fósforo" para um isqueiro. Vamos parar de desdenhar dos neandertais.

A fala depende da mente e da anatomia. Quem não formula pensamentos complexos também não precisa da laringe (pomo de Adão), dos palatos duro e mole, das cavidades faríngea, oral e nasal, da língua, do osso hioide, do canal do hipoglosso etc. Os neandertais, como nos mostram seus artefatos, eram pensadores. Apesar da ausência dos tecidos moles, a ciência moderna tende a admitir que eles possuíam o equipamento anatômico necessário para vocalizar seus pensamentos. O tipo de som que eles emitiam é outra questão. Segundo alguns pesquisadores, falavam em tom de baixo profundo (como um He-Man estereotipado); segundo outros, eram sopranos (coisa difícil de imaginar). Alguns lhes negam a capacidade de produzir fonemas como *a*, *i* e *u* e afirmam que sua pronúncia era indistinta. Outros lhes atribuem capacidades vocálicas semelhantes às nossas. A discussão prossegue, mas uma coisa é fato: eles pensavam e falavam.

Quer os homens de Neandertal fossem mentalmente lerdos e falassem arrastado quer não, eles se comunicavam verbalmente entre si, nem que fosse somente para caçar juntos e enterrar seus mortos. Assim, foram capazes de criar uma imagem comum do mundo que habitavam, uma cosmologia rudimentar. Entretanto ainda estamos longe de compreender como eles simbolizavam esse mundo. O que sabemos é que o pensamento mágico e os ritos desempenhavam importantes papéis nesse processo.

É nesse ponto que considero úteis as obras do suíço Jean Gebser, um historiador da cultura, bem como os trabalhos de Ken Wilber baseados nos de Gebser. Formulei algumas opiniões próprias em *Structures of Consciousness* [*Estruturas da Consciência*], publicado em 1987, embora de lá para cá as tenha modificado um pouco. Admito que meus juízos – como os de qualquer outra pessoa – sobre a mentalidade dos neandertais e do primitivo *Homo sapiens* são puramente conjecturais e se baseiam sobretudo em inferências tiradas dos artefatos descobertos e dos estudos etnográficos sobre os chamados povos "primitivos". Por isso, devem ser encarados com bastante reserva.

Temos uma noção mais clara da cosmovisão dos ancestrais da nossa espécie que viveram no fim do Pleistoceno. Eles nos legaram artefatos tecnológicos e artísticos que refletem uma compreensão mais elaborada da vida, a qual se tornou cada vez mais complexa em razão das novas condições e dos desafios do princípio da glaciação, no período mesolítico e no começo do neolítico.

A complexificação do universo simbolizado é, na verdade, um dos traços distintivos da evolução do *Homo sapiens sapiens*. É essa complexificação que, entre outras coisas, nos permite especular sobre nossos primos, os neandertais, que foram descobertos somente em 1856 – é ela que nos permite formular juízos errôneos a respeito deles e depois corrigi-los mediante o progresso da investigação e do pensamento. É possível que a maior agilidade mental tenha sido responsável pela nossa sobrevivência, ao passo que os neandertais se extinguiram há mais ou menos 25 mil anos. Vejamos se nossa inteligência coletiva basta para resolver os grandes problemas da nossa própria época.

Ocultar e revelar a realidade

Foi pouco depois de fazer 17 anos que encontrei pela primeira vez um texto sânscrito transliterado. Era o *Yoga-Sutra* (Aforismos do Yoga) de Patanjali, obra pioneira da tradição do yoga, composta no século II. Essa descoberta me entusiasmou profundamente e me fez decidir o que fazer com o restante da minha vida. Antes disso eu sabia que queria ser escritor; agora sabia sobre o que escrever. Algum tempo depois, comecei a aprender sozinho (com a ajuda de algumas gramáticas do sânscrito) os rudimentos dessa antiga língua sacerdotal. Estava ansioso para ler na língua original os textos do yoga. Meu entusiasmo não tinha limites; memorizei num só dia as cinquenta letras do alfabeto *deva-nagari*, com que se escreve o sânscrito. Depois, saí em busca de outros textos com suas traduções, para entender a sintaxe dessa língua difícil.

A primeira tradução que fiz do sânscrito para o alemão foi de uma breve obra didática atribuída a Shankara, um dos mestres mais respeitados do hinduísmo medieval. Eu tinha 19 anos na época, e dois anos depois preparei uma versão impressa e encadernada dessa tradução com minhas anotações para dar de presente a meu pai em seu 75º aniversário. Ao longo dos anos, traduzi vários textos sagrados do sânscrito e ainda gosto de fazer isso de vez em quando, embora esteja longe de me considerar um sanscritista.

Na mesma época em que comecei a aprender sânscrito também memorizei, por curiosidade, as tabelas de declinações e conjugações do latim, que me ajudaram um pouco em minhas investigações teológicas. Durante um período mais prolongado que passei no sul da Itália, me familiarizei com o italiano; e anos depois, preparando-me para um trabalho de campo em antropologia no Oriente Médio, também fiz um estudo intensivo do árabe e aprendi inclusive o floreado alfabeto dessa língua.

Com a exceção do sânscrito, essa miscelânea de habilidades em línguas estrangeiras desapareceu por completo no poço aparentemente sem fundo do esquecimento. Porém, o contato com diversas línguas rendeu pelo menos um fruto: deu-me uma compreensão melhor das culturas que criaram essas línguas.

Creio firmemente que a pessoa que só conhece uma língua na verdade não conhece nenhuma. Precisamos ter pelo menos mais uma língua como espelho para aumentar nossa compreensão da língua materna. A outra língua lança uma luz crítica sobre o vocabulário, a gramática e a sintaxe da língua em cujo seio nascemos, língua essa que filtra para nós a realidade, ao mesmo tempo revelando e ocultando diferentes aspectos da existência. Sempre é interessante descobrir quais palavras e conceitos não existem em determinada língua. Assim, acho muito curioso que o francês não tenha palavra equivalente ao inglês *home* ("lar"); a palavra *maison* significa tanto a "casa" quanto o "lar". Do mesmo modo, para expressar a ideia de "barato" em francês, é preciso usar a locução *bom marché*, que significa uma "boa compra", ou se contentar com *économique*, "econômico".

Exemplo bastante citado de língua que tem excesso de palavras para uma única coisa – "neve" – é o inuktitut, língua do povo inuit (os "esquimós") do Alasca. Porém, trata-se aí de uma espécie de "lenda urbana" baseada num profundo desentendimento da gramática do inuktitut. Melhor exemplo comparativo seria a linguagem da geologia, em que uma rocha não é simplesmente uma rocha, mas um sem-número de agregados possíveis – setecentos tipos de rochas ígneas, sedimentares (clástica, biogênica, precipitada) e metamórficas (ardósias, xistos, gnaisses, mármores, hornfels).

A linguagem da geologia revela muitos aspectos da realidade das rochas. Por outro lado, pode-se dizer que ela também oculta, pois praticamente só os geólogos sabem do que estão falando quando abrem a boca. É uma característica de todos os jargões especializados. A linguagem em geral tem o efeito de ocultar, pois, quando dividimos a realidade em um número específico de segmentos conceituais, nós a distorcemos. Esse fato é amplamente ilustrado pelas palavras dotadas de grande carga emotiva.

Assim, quando rotulamos uma criança de "burra", desconsideramos seu potencial de se comportar de maneira significativa, boa e até excepcional. Veja o caso de Alessandro Volta, mencionado no Capítulo 1. Veja o que acontece quando se chama um negro adulto de "boy" nos Estados Unidos*. Quando o presidente Bush Jr. chamou o ditador norte-coreano Kim Jong-il de "pigmeu", não obteve nenhuma vantagem política e ainda conseguiu insultar os pigmeus africanos. Nos Estados Unidos, poucos alemães gostam de ser chamados de "Krauts", poucos chineses de "Chinks", poucos índios de "Chiefs".

Do mesmo modo, quando rotulamos de má uma nação inteira, não somente desconsideramos todas as pessoas decentes que existem nesse país, mas também justificamos uma guerra total contra ele. Um copo pode estar meio cheio ou meio vazio. Quantitativamente, as duas afirmações significam a mesma coisa, mas qualitativamente há uma importantíssima diferença. Quando as palavras se tornam armas, é sinal de que mutilamos a realidade.

Na infância, aprendemos automaticamente nossa língua materna. Ainda flutuando no líquido amniótico do útero da mãe, captamos seus sons e ritmos. Ouvimos a mãe falando com os que a rodeiam e nos acostumamos com os sons da família em que nasceremos. Começamos a balbuciar aos 6 meses de idade. Seis meses depois, geralmente já somos capazes de falar algumas palavras num contexto significativo e de entender algumas frases. No segundo ano de vida, o aprendizado da linguagem se intensifica, e a maioria das crianças de 2 anos já tem um vocabulário de umas cinquenta palavras. Isso não parece muito, mas a criança também dispõe da mão para apontar e da capacidade de gritar e derramar lágrimas para se fazer entender. A criança de 4 anos se sai muito melhor e é capaz de se comunicar por meio de frases curtas de quatro ou cinco palavras.

É claro que, se você for um menino-prodígio como Michael Kearney, filho de mãe japonesa e pai branco, alcançará esse nível de desempenho aos meros 3 meses. Quando Michael, nascido em 1984, tinha 6 meses, disse

---

* O tratamento "boy", originalmente dispensado aos escravos, é considerado altamente ofensivo pelos negros norte-americanos. (N. do T.)

sem hesitar ao pediatra que estava com uma infecção no ouvido. Aos 10 anos, formou-se em antropologia pela University of South Alabama. Quatro anos depois, obteve o mestrado em bioquímica pela Middle Tennessee State University. Na última vez em que verifiquei, ele dava aulas de ciência da computação, aparentemente com muito bom humor e boa vontade.

Entretanto, muitas crianças prodígio têm imensa dificuldade de fazer a transição para a idade adulta. Frequentemente, desenvolvem problemas psicológicos, pelo fato de terem sido privadas de uma infância normal e, às vezes, pressionadas por pais e professores zelosos. Como revelou um estudo de longo prazo de 1.500 prodígios feito por Lewis Madison Terman, o QI alto não garante nem o sucesso nem a felicidade na vida. O fato é que nenhum dos "termites" ("cupins" em inglês, o nome com que se chamavam as cobaias de Terman) deu a engenhosa contribuição à humanidade que ele esperava.

Em matéria de aquisição da linguagem, a maioria de nós é gênio. Aprendemos a falar nossa primeira língua, com todos os seus detalhes gramáticos, em apenas seis ou sete anos. Parece que nossos genes nos ajudam nessa tarefa. Segundo o modelo de Noam Chomsky, largamente aceito, nosso próprio organismo é predisposto à aquisição da linguagem. Quando publicou suas teses pela primeira vez, Chomsky bateu de frente com a teoria então dominante, de que em matéria de aquisição da linguagem a criação é mais importante que a natureza.

Até uma criança surda pode aprender uma língua. Temos o exemplo famoso de crianças surdas da Nicarágua que, desprezadas pela sociedade, aprenderam sozinhas e ensinavam umas às outras uma língua de sinais para poderem pelo menos conversar entre si. Chomsky afirma que existe uma gramática universal por trás das gramáticas de todas as línguas. De um só golpe, ele derrubou as anteriores teorias "estruturalistas" da linguagem e substituiu-as por sua teoria generativa e transformacional. Nesse processo, também desacreditou o modelo behaviorista de Skinner, que explicava a linguagem e outros comportamentos mentais como manifestações de um condicionamento operante. Antes disso, o behaviorismo reinara supremo nos Estados Unidos por vinte anos.

O surpreendente é que Chomsky – professor emérito de linguística –, ao que parece, "só" é fluente em inglês e hebraico. Em comparação, seu colega do MIT, o falecido linguista Kenneth L. Hale, provavelmente era detentor de algum recorde, pois falava cinquenta línguas. Por outro lado, é verdade que o médico não precisa ter sofrido de todas as doenças para ser capaz de diagnosticá-las. Outra curiosidade a respeito de Chomsky – que sempre foi declaradamente antimilitarista – é que suas primeiras pesquisas no MIT foram realizadas com a ajuda de uma polpuda bolsa oferecida pelas forças armadas norte-americanas. A arte de entrar em acordo com o inimigo também é um tipo de linguagem.

Os linguistas estimam que haja quase 7 mil línguas vivas no planeta. Ou seja, 7 mil maneiras de moldar a realidade; 7 mil maneiras de revelar e ocultar a realidade; 7 mil maneiras de gerar paz e felicidade ou guerra e sofrimento. Em razão da crescente globalização, entretanto, que parece caminhar de mãos dadas com a homogeneização cultural, essas línguas se extinguem em ritmo acelerado. A esta altura, cerca de 350 línguas são faladas por menos de cinquenta pessoas; 46 delas têm somente um falante nativo.

Será que a diminuição do número de línguas significa que existem menos maneiras de distorcer a realidade? Na verdade, não, pois a linguagem não tem somente o efeito de obscurecer, mascarar ou disfarçar: ela também torna a vida inteligível, lúcida e transparente. Assim, um menor número de línguas implica que o número de pontos de vista também diminui. A homogeneização cultural, insensível aos contextos, tende a criar um estilo de vida híbrido e insípido, a ser contraposto a um cosmopolitismo saudável e aberto que celebra multiculturalmente o patrimônio comum da humanidade.

O curioso é que, das mil línguas estudadas por um grupo de linguistas, setecentas usam a palavra *papa* para denotar "pai". Compreende-se assim que os pesquisadores tenham concluído que possa existir uma língua ancestral comum da qual as outras são derivadas. Essa conclusão, entretanto, deve ser considerada prematura. É mais provável que essa palavra, assim como a correlata *mama* ("mãe"), derive do balbuciar dos bebês, que em regra exercitam seu aparelho fonador antes de conseguir falar de modo inteligível. Mais uma vez, o que se vê aí é um forte indício de que, desde tempos imemoriais, *tanto a natureza quanto a criação* moldaram a linguagem humana e, logo, o pensamento humano.

Por trás das propensões genéticas e dos processos socioculturais jaz um território imenso e, em sua maior parte, oculto: a mente humana. É a mente que se manifesta na linguagem, na tecnologia, na arte, na música, na religião e na filosofia. O que distinguia os neandertais de nossos ancestrais imediatos na Idade do Gelo é que a mente dos últimos era dotada de articulações culturais mais refinadas. Eles eram imaginativos, inventivos, criativos e muito versáteis e engenhosos. A camada de gelo que cobria o Hemisfério Norte não foi uma barreira para eles, assim como não foram obstáculos os dias chuvosos do fim da Era Glacial ou o clima seco de certas regiões no fim do neolítico.

A maioria dos neurofisiologistas insiste em afirmar que a capacidade linguística humana tem íntima relação com a Área de Broca; essa área leva o nome do médico francês Paul Pierre Broca, que a descreveu em 1861. Essa pequena região do cérebro humano é quase tão misteriosa quanto a Área 51, aqueles 1.500 quilômetros quadrados do deserto de Nevada em que, segundo dizem os boatos, os OVNIs pousaram. Os OVNIs da Área de Broca são nossos pensamentos expressos por meio da linguagem.

Essa região cerebral – também chamada Áreas 44 e 45 de Brodman – se localiza no lobo frontal esquerdo. Quando sofre lesão ocasionada por um derrame ou uma pancada na cabeça, por exemplo, o resultado é um tipo particular de afasia: a pessoa perde a capacidade de compreender e formular frases gramaticalmente complexas e produz, em vez disso, séries incoerentes de palavras. Os vários tipos de afasia não são os únicos meios pelos quais o cérebro pode prejudicar a linguagem. Muitos danos podem ocorrer com essa "caixa-preta" que chamamos de cérebro, que, pelo menos enquanto estamos neste corpo, afeta o modo como nossa mente funciona.

Ao mesmo tempo, o aprendizado – uma atividade mental – afeta o cérebro, constituindo novas sinapses e alterando estruturalmente o córtex. Nosso cérebro não é um monólito que já vem pronto, mas um processo orgânico dinâmico. E nossa mente é a mesma coisa. Determina ativamente quais lembranças são armazenadas no cérebro e pode até fabricar lembranças de coisas que nunca aconteceram. Em outras palavras, o cérebro, a mente e a linguagem têm íntima relação entre si.

A questão é: quem manda nesse trio? Em definitivo, concordo com aqueles que atribuem a primazia à mente. Já em 1898, William James, na conferência "A Imortalidade Humana: Duas Supostas Objeções à Doutrina", afirmava que o cérebro só poderia ter um papel de "transmissor", jamais de "produtor". Ou seja, o cérebro não pode ser mais que um filtro pelo qual passa a mente não localizada. Como sempre, James, um dos patriarcas da psicologia, acertou bem no alvo.

O eminente psicólogo americano Charles Tart, conhecido acima de tudo por suas pesquisas sobre estados alterados de consciência, completaria a teoria jamesiana do filtro dizendo que o cérebro não somente filtra, mas também molda de modo significativo nossas experiências conscientes.

Eis uma demonstração muito concreta de como a mente é superior ao cérebro: em 1970, Swami Rama – um mestre yogue do Himalaia – aceitou um convite da Menninger Foundation, em Topeka, no Kansas, para servir de cobaia em uma série de experimentos. Em um destes, ele produziu diferentes ondas cerebrais pelo poder da vontade, inclusive as ondas delta, que caracterizam o sono profundo. Porém, ele não estava dormindo, pois conseguiu se lembrar perfeitamente das conversas ocorridas no laboratório enquanto se encontrava supostamente adormecido. Os próprios pesquisadores, que em tese estavam perfeitamente despertos, não se lembravam de todos os detalhes, mas concordaram com o resumo que Rama fez da situação. O mesmo yogue demonstrou, entre outras coisas, a incrível capacidade de criar tumores cancerosos nos braços e nas nádegas dele e depois fazê-los desaparecer. A mente vence a matéria.

O problema desse tipo de pesquisa é que a maioria dos cientistas, ainda adeptos de uma explicação puramente materialista da mente, automaticamente a recusa como se fossem impossíveis suas descobertas revolucionárias. Insistem em afirmar que o Swami Rama não pode ter produzido esses efeitos extraordinários. Ou a metodologia de pesquisa tinha problemas graves ou os pesquisadores simplesmente mentiram. É natural ao ser humano fechar a mente para uma verdade incômoda. E os cientistas, ao contrário do que sugere o estereótipo de seres objetivistas e inteligentíssimos, são tão humanos quanto todos nós. Basta acompanhar as notícias sobre cientistas tolos que, em busca de dinheiro ou prestígio, fraudam sistematicamente seus dados.

O periódico científico *Nature* de 9 de junho de 2005 (nº 435) relatou que, respondendo a uma pesquisa, três em cada dez cientistas americanos da área de saúde admitiram ter distorcido seus dados. Muitos confessaram ter pelo menos mudado a metodologia de pesquisa para fornecer o resultado esperado pela instituição que os patrocinava. Dos mais de 3 mil cientistas que responderam à pesquisa, não poucos afirmaram que, pelo menos uma vez na vida, haviam fechado os olhos para os dados evidentemente errôneos ou a metodologia falha de um colega. Esse é o retrato da objetividade científica.

Um dos maiores escândalos científicos dos últimos anos teve por protagonista o antropólogo alemão Reiner Protsch von Zieten, que foi professor da Universidade de Frankfurt por trinta anos até ser suspenso, em ignomínia, no ano de 2004. Ao que parece, ele tinha aplicado sua inteligência à falsificação sistemática de fósseis do paleolítico, recuando sua verdadeira data em dezenas de milhares de anos. Seus "neandertais" fraudulentos distorceram a cronologia paleontológica, mas garantiram-lhe, pelo menos por certo tempo, muita estima. Agora, os paleontólogos lutam para endireitar sua linha do tempo. O aspecto mais revelador desse episódio é que, segundo parece, os outros membros da equipe suspeitavam do professor fazia tempo, mas relutavam em denunciá-lo.

As fraudes de Protsch von Zieten vieram se juntar ao Homem de Piltdown, do começo do século XX, uma montagem de ossos de macacos e seres humanos que enganou os antropólogos por quarenta anos e provavelmente foi criada pelo paleontólogo amador inglês Charles Dawson, que tinha uma habilidade especial para "encontrar" artefatos de todo tipo cuja autenticidade depois era posta em questão; ao *archaeoraptor* [arqueoraptor], um suposto híbrido de dinossauro e ave fabricado pelo cientista chinês Xu Xing, ao qual a revista *National Geographic* dedicou todo um artigo em 1999, mas que depois passou a ser conhecido como o "frango de Piltdown"; aos artefatos de pedra das ruínas de Kamitakamori, no Japão, que o professor Shinichi Fujimura datou de 700 mil anos atrás depois de enterrá-las ele mesmo no ano 2000; da inscrição rupestre de Bat Creek Stone, encontrada em 1889 no leste do Tennessee, que teria sido escrita em hebraico há 2 mil anos, mas acabou sendo desmascarada como uma fraude.

Essa lista de fraudes ficaria incompleta se não mencionássemos o fictício feiticeiro "Don Juan" de Carlos Castañeda. Para vergonha da University of California em Los Angeles, que ofereceu a Castañeda o título de doutor em antropologia, o bruxo inventado também rendeu a seu inventor uma fortuna considerável advinda da venda de 8 milhões de exemplares de seus catorze livros, traduzidos em dezessete línguas. A língua revela; a língua oculta.

A magia dos nomes

No pós-guerra, quando nasci e fui criado, o Terceiro Reich era uma espécie de assunto tabu na Alemanha. O país se afogava num oceano de sentimentos de culpa e vergonha. Ninguém queria falar sobre o passado recente, e é claro que os ex-nazistas tinham todos os motivos do mundo para ficar quietos. A estranha reticência dos adultos ao meu redor, de professores inclusive, fez nascer em mim e em outros da minha geração um forte sentimento de inquietude. Será que os filhos realmente herdam os pecados dos pais? Assim que comecei a pensar por mim mesmo, no início da adolescência, passei a formular distintamente essa apreensão diante da minha terra natal. Saí da Alemanha no mesmo instante em que fui declarado maior, dois anos antes da maioridade legal aos 21 anos.

Foi só depois de mudar para a Inglaterra, em 1966, e em parte por influência do bairro judeu onde morava em Londres, que me interessei por pesquisar os horríveis acontecimentos do Terceiro Reich e pôr em ordem meus rudimentares sentimentos sobre a época que antecedeu meu nascimento. O fato de ter de mergulhar na língua inglesa me ajudou imensamente a pôr de lado os hábitos teutônicos de pensamento; pode-se dizer que meu pensamento se tornou menos gutural. Infelizmente, naquela época, minha musculatura facial já havia atingido sua configuração adulta e continuou produzindo ecos de sons alemães.

O caso do Terceiro Reich demonstra de modo evidente o poder estupendo dos nomes "certo" e "errado". No mundo invertido da Alemanha nazista, o nome certo era "ariano" e o errado, "judeu". Os arianos eram considerados "superiores" por definição, ao passo que os judeus eram taxados de "inferiores". A "Solução Final da Questão Judaica" proposta pelos nazistas produziu o massacre impiedoso de mais de 5 milhões de judeus e 6 milhões de outras pessoas.

Na Índia, o nome certo também era (e em certa medida ainda é) "ariano" e o nome errado é "dravídico" ou, pior ainda, "tribal". Essa parcialidade foi recentemente resolvida, pelo menos no que se refere à ciência histórica, pois provou-se que o modelo da invasão ariana, inventado por orientalistas do século XIX como Max Müller, é completamente errôneo. Não houve invasão ariana da Índia entre 2.000 e 1.500 a.C. ou antes, e parece que os povos que falavam sânscrito viviam em pacífica simbiose com os de língua dravídica.

Em 2004, na região de Darfur, no oeste do Sudão, as milícias árabes apoiadas pelo governo expulsaram mais de 1 milhão de africanos negros de suas casas e mataram milhares deles enquanto as outras nações, impotentes ou indiferentes, assistiam de camarote ao sangrento espetáculo. Estima-se que mais de 300 mil pessoas tenham morrido de pura e simples fome em decorrência das expulsões e dos ataques sistemáticos. Simplificando: o nome correto era "árabe", e o errado, "não árabe".

Também em época recente, em 1994, no país centro-africano chamado Ruanda, o nome correto era "hutu", e o errado, "tutsi". A maioria hutu chacinou sistematicamente a minoria tutsi num genocídio que durou cem dias, deixando mais de 1 milhão de mortos e devastando a vida de muitas pessoas mais.

Desde 1949, quando a China comunista invadiu brutalmente o Tibete, o nome correto é "chinês", e o errado, "tibetano". Nos últimos cinquenta anos, quase 1 milhão de tibetanos foram assassinados pelos invasores. Além desse genocídio atroz, os chineses devem ser responsabilizados pela destruição de boa parte do patrimônio cultural exclusivo do Tibete (tendo arrasado mais 6 mil mosteiros) e pela devastação da ecologia dessa grande região do Himalaia. Onde estão as Nações Unidas?

Agora, outro exemplo revelador, embora menos importante, tirado da minha própria vida. Em 1978, fui convidado a participar de uma conferência internacional sobre o místico alemão Meister Eckhart (o correto é Eckehart, do latim Eccehardus), do século XIII. O simpósio foi realizado em sua cidade natal, Erfurt, que então ainda fazia parte do bloco soviético. Viajei de Londres a Berlim de avião e ali atravessei a Cortina de Ferro e penetrei no que então ainda era a Alemanha Oriental. Na fronteira, a autoridade de imigração, num inglês com forte sotaque alemão, me perguntou aonde eu ia. Cansado da viagem, respondi também em inglês: "Erfurt, Alemanha Oriental". Ele sorriu com escárnio e sussurrou: "Esta é a República Democrática Alemã". Eu havia usado o rótulo errado. Ele examinou desconfiado meu passaporte alemão, emitido em San Francisco. Ao devolvê-lo, reiterou: "Deutsche Demokratische Republik".

Como eu queria ir à conferência, fiquei quieto. Onze anos depois, com o colapso da Cortina de Ferro, as duas metades da Alemanha se reuniram, fato que nem eu nem a autoridade de imigração poderíamos ter previsto. Àquela altura, uma coisa pelo menos era certa: a República Democrática Alemã tinha pouco a ver com democracia e muito com comunismo.

Os exemplos acima mostram que o nome não é mero fonema, mero som. É também um símbolo, e alguns nomes têm mais carga simbólica que outros. Hoje em dia, ser chamado de nazista não é sinal de glória nem de privilégio; muito pelo contrário, esse rótulo é usado como termo desabonador.

Durante o macartismo, os que falavam contra a Guerra da Coreia eram silenciados, apondo-se-lhes o rótulo de "comunistas". Sabe-se que o ator Ronald Reagan, que depois chegou à presidência dos Estados Unidos, delatou outros atores por serem supostos comunistas. Depois da tragédia de 11 de Setembro, quando o presidente George Bush se tornou o virtual ditador do país, ele anunciou que os que não o apoiavam estavam automaticamente contra ele e sua política marcial. Os críticos da invasão americana do Afeganistão e do Iraque eram vistos como inimigos do Estado e como potenciais traidores e apoiadores do terrorismo. Felizmente, o fracasso da invasão do Iraque pelo governo Bush e da subsequente ocupação desse território, hoje arruinado, está se evidenciando mesmo aos olhos dos verdadeiros crentes, e tanto o governo quanto os meios de comunicação tiveram de pôr freio ao frenesi de apor rótulos e apontar o dedo.

Parece que todas as nações ou os grupos étnicos têm uma gíria – às vezes, simpática, mas na maioria das vezes, não – para designar outras nações ou os grupos com que interagem regularmente. No mínimo, cada grupo tem um termo para os "de fora", que frequentemente assume tom pejorativo. Quando os romanos chamavam alguém de "bárbaro", essa palavra tinha um sentido linguístico, pois *barbarus* (do grego *barbaros*) significa simplesmente "estrangeiro". É claro que essa palavra simples também adquiriu sobretons odiosos, passando a significar "estranho" e "ignorante". As palavras podem valer tanto quanto uma boa surra!

Certas pessoas são especialmente suscetíveis a esse estereótipo arcaico que separa os "de dentro" dos "de fora" e aplicam-no automaticamente a qualquer coisa ou pessoa que lhes pareça desconhecida e ameaçadora. Assim fazendo, fecham a porta para o conhecimento, para a realidade e para uma relação positiva com o mundo. Em outras palavras, preferem permanecer ignorantes. Como eu já disse, todas as línguas têm uma parcialidade intrínseca, arraigada na experiência e nos conhecimentos dos que a falam e na cultura maior de que fazem parte, bem como nas preferências pessoais. A língua revela; a língua oculta.

Isso se evidencia do modo mais claro possível quando se estudam as antigas tradições orientais de autotransformação, alguns de cujos conceitos não têm equivalente ocidental ou moderno. O conceito da libertação espiritual, por exemplo, tão fundamental para o hinduísmo e o budismo tradicionais, não tem homólogo na cultura ocidental contemporânea. Os únicos tipos de libertação que conhecemos, e em regra os únicos que nos importam, são a liberdade pessoal (em geral, de fazer o que bem entendermos) ou a liberdade política.

O mesmo problema se aplica ao conceito tradicional de iluminação, que tem íntima relação com a libertação espiritual e às vezes se identifica com ela. Para nós, a busca oriental de iluminação espiritual não passa de um devaneio; o caminho de introspecção que faz parte desse esforço não passa de *omphaloskepsis*, o ato sem sentido de olhar para o próprio umbigo.

Quando usamos o termo "iluminação" ou o correlato "esclarecimento", geralmente o interpretamos como uma forma de racionalismo e o relacionamos com o iluminismo, que inaugurou a Idade Contemporânea. Na verdade, foi durante o iluminismo dos séculos XVII e XVIII que os grandes "iluminadores" – homens como Jean le Rond d'Alambert, Denis Diderot, François-Marie Arouet Voltaire, Jean-Jacques Rousseau, John Locke, Immanuel Kant e Isaac Newton – fecharam a cortina de uma era mais sensível do ponto de vista espiritual: a Idade Média, apelidada por eles de "Idade das Trevas".

Entretanto, a Idade das Trevas europeia não foi tão escura assim – apesar do feudalismo, das invasões, das cruzadas, das perseguições, das guerras, dos papas criminosos, dos clérigos loucos por dinheiro, das fomes e epidemias. O milênio que passou desde a queda de Roma (*c*. 450 d.C.) até a Renascença (*c*. 1450 d.C.) também testemunhou a iluminação espiritual de muitos adeptos, como São Bento de Núrsia, Boécio, o papa Gregório Magno, Anselmo de Cantuária, Hildegarda de Bingen, Matilde de Magdeburgo, Mestre Eckhart, São Francisco de Assis (1181), Ricardo Rolle, Juliana de Norwich e São Gregório Palamas. Houve também aqueles eruditos, como o Venerável Beda, Pedro Abelardo, Hugo de São Vítor, Alberto Magno, Dante Alighieri e Francisco Petrarca, que mantiveram acesa a tênue chama do conhecimento; e aqueles artistas, anônimos em sua maioria, que usaram a cor e a luz para preservar a linguagem da arte em madeira ou pergaminho ou que entalharam suas ideias em madeira ou pedra.

Foi essa também a era da arquitetura gótica, da escola de música polifônica de Notre Dame e dos trovadores; de *Beowulf*, do *Nibelungenlied*, do *Edda* em poesia e dos *Contos de Cantuária*; de invenções como a charrua (um novo tipo de arado), o sabão, o poço artesiano, o moinho de vento, os óculos, o papel e a bússola; de Marco Polo, cujo instinto nômade o fez percorrer toda a Rota da Seda até a China, onde foi recebido como um *gwai lo*, um demônio estrangeiro.

A linguagem é a matriz simbólica que a mente cria e emprega para recriar ou espelhar a realidade. Sob alguns aspectos, que procurei evidenciar, ela é pouco mais que uma cortina de fumaça. Mas é também um mal necessário, que nos permite a intercomunicação. Em sua melhor forma, a linguagem é uma teia de filamentos luminosos que nos permite intuir suficientemente a realidade para despertar em nós a vontade de romper o véu da própria linguagem e conhecer as coisas como elas são – uma vontade rara e uma realização mais rara ainda!

Ao âmbito da linguagem como cortina de fumaça pertencem os jargões, a retórica, a propaganda, os *slogans*, os lemas, os jingles, as gírias, as palavras da moda e os trechos editados de entrevistas – todos os quais comprimem a realidade e a reduzem a um tamanho passível de consumo. É inevitável que esses torneios linguísticos produzam distorções e, se não tomarmos cuidado, nos induzam a graves erros. Como todos sabem, mas poucos admitem a sério, os políticos são mestres da camuflagem linguística, da ambiguidade e do eufemismo.

Seguindo o exemplo dos militares, na linguagem dos políticos, "baixas" significam mortes, "danos colaterais" são os civis chacinados, "neutralizar" entra no lugar do bom e velho "destruir", o "ministério da defesa" é o ministério da guerra, a "guerra preventiva" é uma invasão ilegal, o "terrorista" é um criminoso violento, o "ataque cirúrgico" é um bombardeio aéreo arrasador, a "ação executiva" é um assassinato encomendado e "apoiar as tropas" é não criticar o programa militarista do governo. Tudo o que nos pedem em troca desse palavrório é que sejamos "politicamente corretos", ou seja, que não questionemos as autoridades e façamos o que elas nos mandam.

Quando se combina isso com a linguagem dos meios de comunicação de massa, que visam divertir, são inofensivos e usam um vocabulário minimalista, o que se tem é o pesadelo que George Orwell anteviu para o ano de 1984. Ele anteviu tudo com demasiada clareza. Alguém disse que a linguagem da política é a política da linguagem. Enquanto não soubermos quem somos e não tivermos consciência do poder da linguagem, nossas palavras serão inevitavelmente portadoras de significados inconscientes e levarão a marca de nossa visão de mundo pessoal. O discurso político é permeado de ideologia política, quer queira quer não queira. Se a política trata da distribuição do poder, a linguagem política trata de sobrepujar pelo poder.

Orwell entendeu bem esse fato. Num ensaio de 1946 intitulado "Politics and the English Language" (A Política e a Língua Inglesa), ele escreveu: "A grande inimiga da linguagem clara é a insinceridade. Quando existe um hiato entre nossos objetivos verdadeiros e aqueles que declaramos, passamos quase instintivamente a empregar palavras compridas e expressões desgastadas, como uma siba regurgitando tinta". Para não deixar dúvida na mente de seus leitores, Orwell continua: "Todas as questões são políticas, e a política é uma massa de mentiras, saídas pela tangente, loucuras, ódio e esquizofrenia".

Sendo a linguagem uma criação da mente, ela é intrinsecamente elástica e maleável, a menos que a enrijeçamos propositalmente. Sua plasticidade se põe em primeiro plano quando usamos metáforas, comparações, alegorias, parábolas e paradoxos – os instrumentos prediletos dos sábios e místicos de todas as épocas. Quando mantemos a flexibilidade da linguagem, ela se torna como um pano de tule que nos permite vislumbrar intuitivamente a realidade. Para ver a realidade nua, porém, precisamos – como recomendava Ludwig Wittgenstein – contemplá-la em silêncio.

A linguagem da arte, a arte da linguagem

Os seres humanos são instintivamente expressivos, comunicativos – *Homo communicans*. Não somente interpretamos a realidade para nós mesmos como também temos o impulso de partilhar com os outros essas interpretações. À medida que nos expressamos de comum acordo com os que nos rodeiam, continuamos a obra de interpretar a realidade. Em outras palavras, novos sentidos surgem quando falamos uns com os outros. Como já assinalei, existem vários tipos de linguagem: as da lógica, da matemática, da física, da química, da biologia, da astronomia, da economia e da programação de computadores, bem como as dos ritos, da música e da política. Existem também as linguagens altamente simbólicas da psicologia, da filosofia e da metafísica, com destaque para a curiosa linguagem "crepuscular" do tantra.

Mas existem também linguagens de sinais e linguagens não verbais, como a linguagem corporal, a linguagem dos ritos, as linguagens dos animais e, por fim, a linguagem da arte, para a qual volto agora minha atenção. Admito francamente que o faço não como um historiador da arte ou um especialista em arte, mas como um sincero buscador da verdade.

A arte em si tem muitas sublinguagens. Neste caso, estou particularmente interessado nas artes visuais e especificamente na pintura, que existe desde o fim do paleolítico e, depois das linguagens falada e escrita, é a meu ver a linguagem mais poderosa de que o ser humano dispõe. Para começar minhas ruminações, devo afirmar o óbvio, que nem por isso não precisa ser reiterado: as definições da arte são quase tão numerosas quanto aqueles que ousaram defini-la. Houve uma época em que a arte podia ser explicada como a criação da beleza, então intimamente associada ao bem e à verdade; mas isso já não é possível.

Surpreendentemente, Leão Tolstói foi um dos primeiros a descartar a noção de que a arte tem algo a ver com a beleza, a bondade e a verdade. Ele via a arte como uma forma de comunicação pela qual uma pessoa partilha seus *sentimentos* com as demais. Esses sentimentos não são necessariamente sublimes ou positivos. Assim, a arte não deixa de ser arte quando comunica o medo, a melancolia, a confusão e o desespero do artista – desde que o espectador ou o leitor sejam "infectados" por esses sentimentos, na expressão de Tolstói. Ele rejeitava explicitamente o conceito convencional burguês de arte, o qual, afirmava, se baseia numa simples seleção do que pode e do que não pode ser expresso pela arte. Por outro lado, sua própria insistência nos sentimentos é um caso particular de tal abordagem seletiva.

Além disso, Tolstói contrapunha a arte "boa" à arte "ruim". A arte é boa quando consegue gerar naquele que a aprecia sentimentos semelhantes aos que o artista teve ao criá-la. Para Tolstói, tratava-se de uma união quase mística entre o artista e o apreciador. Ele também insistia em que as atividades de criar e apreciar a arte fossem baseadas na sinceridade; e dizia que, sem essa virtude, toda arte é falsificação.

Pelo critério de Tolstói, a representação de uma caixa de Brillo ou de uma lata de sopa de tomate Campbell's por Andy Warhol não é arte, pois a maior parte dos apreciadores não seria sequer capaz de identificar os sentimentos do artista, que dirá reproduzi-los. E o que alguém sente olhando para uma caixa de sabão em pó? A caricatura da *Mona Lisa* de da Vinci com bigode e cavanhaque, de autoria de Marcel Duchamp, tampouco se qualificaria como arte do ponto de vista de Tolstói. Na verdade, boa parte da arte moderna – visual, literária ou musical – não atenderia aos padrões do escritor russo. E com toda razão, digo eu. Mas minha sensibilidade é antiquada, e isso nem sempre é politicamente correto.

Entenda, por favor, que não me oponho à arte abstrata, nem mesmo ao surrealismo. O que meu purismo exige é que o significado da arte vá além do mundo particular de seu criador, de seus insignificantes automatismos de pensamento. Sempre sinto uma dissonância cognitiva quando um artista se dedica a esvaziar deliberadamente sua arte de todo significado.

Além disso, discordo completamente da observação de Salvador Dalí, de que devemos espalhar a confusão e não eliminá-la. Dalí, que de vez em quando gostava de se apresentar como anarquista político, estava interessado, sobretudo, em escandalizar e provocar, tanto por meio de suas pinturas quanto de seus escritos. A verdade é que suas melhores pinturas são tudo menos aleatórias; o maravilhamento que algumas delas causam no espectador não é anarquista nem meramente destrutivo, mas um estímulo à busca do significado.

Ao mesmo tempo, me desagrada a definição de arte de Tolstói, que em minha opinião dá demasiada importância ao sentimento e pouca à cognição. A obra de arte não se reduz ao que o artista sente ao criá-la ou ao que o espectador sente ao contemplá-la. Afirmo que, além do apelo estético que a obra pode ter, o significado cognitivo também é elemento importante da arte. Também admito que, mesmo que a obra de arte tenha a intenção exclusiva de comunicar a beleza, seu apelo estético será, não obstante, infundido de uma intenção significativa. A beleza não comunica somente a si mesma; comunica também algo mais. Pode, por exemplo, evocar em nós um sentimento de reverência ou apreciação pela natureza, ou, se tivermos inclinações teístas, um sentimento de gratidão pela criação de Deus.

Afirmo que, na criação da arte, o artista inevitavelmente reveste sua criação de significado, mesmo quando este consiste na negação deliberada de qualquer significação: uma declaração de niilismo. Nesse caso, o espectador pode ou ler corretamente essa "não significação" ou infundir seu próprio significado na obra de arte. No instante em que uma obra de arte se torna pública, ela atua como um ponto focal onde o significado do artista e o do espectador convergem como curvas assintóticas (que, por definição, nunca se encontram). É evidente que os dois significados não precisam ser idênticos para que a obra de arte tenha valor comunicativo. Não obstante, creio que, quanto mais os dois significados se entremesclam, mais "bem-sucedida" se pode considerar a criação artística.

Além de ser ou se tornar significativa (para o espectador) e de ter apelo estético, também acho que, para que a criação possa ser considerada uma obra de arte, ela deve demonstrar certo talento e habilidade dentro do contexto cultural do artista. Assim, o desenho ou a pintura feito por uma criança não pode ser automaticamente considerado arte, a menos que estejamos usando esse termo num sentido muito vago.

Do mesmo modo, nem todas as pinturas rupestres de nossos antepassados da Idade da Pedra se qualificam como arte; só o fazem aquelas que são significativas e têm apelo estético, além de terem sido elaboradas com talento e habilidade *dentro* do contexto cultural do final do período paleolítico. Se, por outro lado, uma obra criativa tiver apelo estético, mas for privada das qualidades de habilidade e talento, devemos ainda assim chamá-la de "arte"? Se for feita com talento e habilidade e tiver a intenção de comunicar significado – ou for significativa para o espectador –, mas não tiver apelo estético (como a maioria das charges e caricaturas), acaso merecerá o nome de "arte"? Se for significativa, mas não tiver apelo estético nem tiver sido feita com talento e habilidade (como certas obras de "arte política" que já vi), devemos concebê-la como arte?

Sei que, com essas perguntas, nós já fomos longe demais. Lembremo-nos aqui de que o conceito de arte é relativamente recente; é uma das invenções da Renascença europeia. Esse termo abrangente abarcava a pintura, a escultura e a arquitetura; a elas vieram somar-se depois a poesia e a música. Essas cinco belas-artes eram distinguidas das chamadas artes decorativas ou aplicadas e dos ofícios artesanais.

Antes da Renascença, todas essas atividades criativas, todas elas baseadas em certos padrões e regras, eram chamadas coletivamente de artes (*ars* em latim, *techne* em grego). Durante a Renascença surgiu a noção de "belas-artes", acalentada nas academias de artistas. Esses codificaram a "gramática" da linguagem da arte, que foi então posta em cheque pelo movimento modernista do século XIX, encabeçado por Édouard Manet. O inovador estilo impressionista desse pintor ofendia seus contemporâneos, do mesmo modo que o estilo Amarna do faraó Akhenaton perturbara a elite sacerdotal de sua época.

Os artistas de vanguarda do século XX, liderados por Marcel Duchamp, desconstruíram completamente os padrões artísticos tradicionais. Na verdade, hoje em dia, nem os artistas, críticos de arte, curadores e donos de galeria têm a pretensão de saber o que é a arte; limitam-se respectivamente a criá-la, analisá-la, exibi-la e vendê-la. É preciso ser tolo, como eu sou, para tentar formular uma definição provisória. Para resumir minha rabugenta opinião, portanto: quando uma obra de arte tem algo a nos dizer (ou seja, comunica ou evoca um significado no espectador), tem bom apelo estético e é executada com habilidade, ela é candidata a ser considerada "boa" ou mesmo "excelente" como arte. Os muitos leitores que se sentirem desagradados com esta explicação idiossincrática da natureza da arte têm toda a liberdade para defini-la simplesmente como aquilo que os artistas criam e a que dão esse nome.

Até aqui, examinei a linguagem das artes visuais. Resta-me dizer algo acerca da arte da linguagem: poesias, romances, peças de teatro, letras de música, peças retóricas (no sentido clássico) e traduções criativas de uma língua para outra. Aqui, temos de distinguir a arte da linguagem do que chamo de *ofício* da linguagem, ou seja, a cuidadosa elaboração de *slogans* de propaganda, *jingles*, discursos políticos, argumentos jurídicos, apresentações de produtos comerciais e assim por diante. Hoje em dia, esses produtos da linguagem são repletos de exageros, meias verdades e falsas representações que mal merecem o nome de "ofício".

Alguns programadores de computador se consideram artistas talentosos e encaram seus códigos como formas de arte, mas afirmo que eles se enquadram nos ofícios linguísticos. As linguagens de computador se baseiam unicamente em sinais, não em símbolos, embora os especialistas em ciências da computação, como os matemáticos, tenham usurpado o termo "símbolo" para designar suas linguagens.

Enxergo aí um paralelo com a distinção entre a retórica, entendida como uma das artes da linguagem, e os discursos políticos, entendidos como um ofício. Na Antiguidade, quando a palavra falada ainda era considerada superior à escrita, a retórica era uma das artes mais importantes.

Quer na Grécia quer em Roma quer na Índia, a retórica seguia regras estabelecidas, entre as quais reinava suprema a conformidade com a verdade. O objetivo da retórica era, de fato, persuadir o público por meio da argumentação razoável, mas não à custa da veracidade.

Os discursos políticos de hoje em dia dificilmente podem ser considerados racionais ou verazes. São antes um exemplo do uso dos fins para justificar os meios. A oratória, a arte do falar eloquente e persuasivo, que era outrora um aspecto da retórica, foi altamente valorizada e formalmente ensinada até a Renascença. Depois degenerou pouco a pouco e atingiu seu ponto mais baixo nas discussões vulgares que vemos hoje em dia na arena política.

Winston Churchill, primeiro-ministro do Reino Unido durante os anos críticos da Segunda Guerra Mundial, foi aclamado como o maior orador do século XX. Fazia discursos cultos, ricos em alegorias e alusões literárias, vazando-os em seu estilo particular. Mas será que, se não fossem as terríveis circunstâncias de sua época, eles atenderiam aos antigos critérios de persuasividade?

Hitler atendia a esse critério, mas seus discursos histriônicos mal merecem o rótulo de oratória. Ele manipulava impiedosamente seus ouvintes, falando o que eles queriam ouvir e distorcendo o que não queriam ouvir até torná-lo plausível. Sabe-se que Hitler era mentiroso também na vida particular, e seu pretenso império levou a marca desse traço de caráter pouco invejável.

Churchill, ao contrário, era reputado como um homem veraz, embora não fosse totalmente imune à dissimulação no contexto da grande crise política da Segunda Guerra Mundial. Ecoando o apotegma de Ésquilo segundo o qual "a verdade é a primeira vítima da guerra", diz-se que Churchill comentou: "Na época da guerra, em que a verdade é tão preciosa, ela deve tomar a mentira como seu guarda-costas". Outro governante de antigamente – Krishna, rei e Deus encarnado, que deve ter vivido por volta de 1.500 a.C. – ensinava a mesma coisa. Também ele buscava promover a verdade e a moral, mas seu papel na famosa guerra dos Bharatas deixa claro que ele não se furtava a enganar os inimigos.

Numa conferência de imprensa em 2001, o ministro da Defesa dos Estados Unidos Donald Rumsfeld citou o famoso comentário de Churchill para justificar a campanha de desinformação do Pentágono acerca da guerra no Iraque. Entretanto uma coisa é mentir para o inimigo; outra é enganar os cidadãos do próprio país. É esse tipo de estofo, contudo, que recheia a política moderna.

Falando em Rumsfeld, quero abordar a poesia como verdadeira arte da linguagem. Menciono aqui a revista *on-line Slate* (2 de abril de 2003), que, num exercício revelador, organizou na forma de "poemas" algumas declarações improvisadas do ministro da Defesa para os repórteres que cobrem o Pentágono. As afirmações sempre iguais de Rumsfeld, frequentemente lugares-comuns proferidos pela metade, têm uma qualidade quase hipnótica que faz lembrar o dadaísmo. Também demonstram claramente que suas palavras têm pouca ou nenhuma substância. Nesse caso, a língua oculta, mas não revela.

As palavras de Rumsfeld são uma apoteose da antipoesia. A verdadeira poesia, ao contrário, é essencialmente reveladora, sejam quais forem as alturas simbólicas a que pretenda subir. Em sua melhor forma, ela desperta em nós o maravilhamento, a alegria, um sorriso de reconhecimento ou uma lágrima de tristeza pelo que foi perdido – tudo isso nascido de um momento em que a verdade foi compartilhada.

Os romances, as peças de teatro, as letras de música – os outros ramos da arte da linguagem – também dependem da cuidadosa organização de palavras *e* pensamentos em padrões significativos que, pelo menos para o ouvinte ou leitor instruído, tenham apelo estético. Embora as letras de música partilhem algumas restrições estruturais da poesia, as peças de teatro e especialmente os romances são narrativas mais flexíveis. Não obstante, também nessas formas de arte – como nas das artes visuais, já discutidas – os critérios são, ou devem ser, a significação, a habilidade e o apelo estético. Se o entretenimento for o único objetivo, a grandeza jamais será alcançada.

Rudyard Kipling, Maurice Maeterlinck, Rabindranath Tagore, Romain Rolland, Thomas Mann, Hermann Hesse, T. S. Eliot, Boris Pasternak, Pablo Neruda e Octavio Paz – para mencionar apenas alguns ganhadores do Prêmio Nobel de Literatura – demonstraram inequivocamente que todas as grandes obras literárias são carregadas de significado. Em vez de deixar que o sonho consensual prossiga imperturbável em seu caminho, eles injetam raios de luz nele de modo a torná-lo transparente. A meu ver, as palavras deles revelam mais do que ocultam. Raros são os gênios como Shakespeare, que, ao mesmo tempo que nos entretêm, na hora certa, nos lançam no rosto a verdade.

O mamífero simbolizador

É claro que há íntima relação entre a arte como linguagem e a linguagem como arte. Ambas são formas de comunicação. Ambas envolvem símbolos. Os símbolos, com efeito, são os elos que interligam todos os tipos de linguagem conceitual. São os ganchos em que penduramos a expressão de nossos pensamentos. Sem os símbolos não há cultura humana. Como observou o filósofo neokantiano alemão Ernst Cassirer em *Ensaio sobre o Homem* (1944):

> Pode-se dizer que o homem descobriu um novo método para adaptar-se a seu ambiente. Entre o sistema receptor e o sistema atuante, que se encontram em todas as espécies animais, encontramos no homem um terceiro elo que podemos chamar de *sistema simbólico*. Essa nova aquisição transforma toda a vida humana. Em comparação com os outros animais, o homem vive não somente numa realidade mais ampla; vive, por assim dizer, numa nova *dimensão* da realidade. (...) A realidade física parece recuar à medida que a atividade simbólica do homem avança. Em vez de lidar com as coisas em si, o homem, em certo sentido, conversa constantemente consigo mesmo. Envolveu-se a tal ponto em formas linguísticas, em imagens artísticas, em símbolos míticos ou ritos religiosos, que não é capaz de ver ou conhecer coisa alguma sem a interposição desse veículo artificial. Sua situação é idêntica nas esferas teórica e prática. Mesmo nesta o homem não vive num mundo de fatos concretos, nem vive de acordo com suas necessidades e seus desejos imediatos. Vive, antes, em meio a emoções imaginárias, esperanças e temores, ilusões e desilusões, sonhos e fantasias. "O que perturba e assusta o homem", segundo Epicteto, "não são as coisas, mas suas opiniões e imaginações a respeito das coisas."

Inevitavelmente, o *Homo communicans* é também um *Homo symbolicus*. A palavra "símbolo" deriva do grego *symballein*, "lançar duas coisas uma de encontro à outra". As duas coisas "lançadas uma de encontro à outra" no símbolo são a mente (o significado) e a realidade material (o sinal). Relata-se uma tradição da Grécia antiga: quando dois amigos tinham de se separar por certo período, quebravam na metade uma prancheta de argila em que se escrevia algo. Cada metade da prancheta era chamada *symbolon*. Quando os amigos se reencontravam, eles juntavam as duas metades da prancheta e, assim, reconstituíam a inscrição – um ato chamado *symballein*. Na linguagem cotidiana, "sinal" e "símbolo" são frequentemente tratados como sinônimos.

Os filósofos, por sua vez, muitas vezes traçam uma distinção entre esses dois termos. Afirmam que o sinal sempre tem uma relação específica e unívoca com seu significado, ao passo que o símbolo tem relação mais flexível e evocativa com aquilo que simboliza. Nas palavras do teólogo protestante Paul Tillich, o símbolo "participa da realidade por ele representada". Assim, o sinal do dólar ($) é um *sinal* quando se refere à determinada moeda, mas um *símbolo* quando significa o capitalismo. Dessa perspectiva, os chamados símbolos matemáticos (como +, –, <, > etc.) deveriam ser chamados de "sinais". E, por outro lado, uma imagem onírica não é, a rigor, um "sinal" de alguma coisa, mas, sim, um símbolo mais ou menos prenhe de significados.

Eis alguns exemplos de verdadeiros símbolos que podem ter expressão gráfica ou não: no budismo, a *roda* de oito raios simboliza o ensinamento libertador do Buda; no hinduísmo, a palavra *om* simboliza o Absoluto; no cristianismo, a *cruz* simboliza o sacrifício e o sofrimento do Cristo; no judaísmo, a *estrela de Davi* simboliza a involução e a evolução; na religião dos faraós, a *ankh* (cruz ansata) simboliza a vida. Na política, a *suástica* simboliza o nacional-socialismo ao passo que *a foice e o martelo* simbolizam o comunismo. Na medicina, o *caduceu* simboliza a cura ao passo que *a caveira e os ossos* simbolizam o veneno. Nos esportes, *cinco círculos interseccionados* simbolizam as Olimpíadas. A cor *branca* simboliza a pureza; o *preto* simboliza a morte, a infelicidade, o anarquismo; o *vermelho* simboliza o sangue, a vida, a agressividade, o socialismo; o *dourado* simboliza a preciosidade, a divindade, o Si Mesmo, a realeza, a integração, o Sol. O próprio *Sol* simboliza o Eu Superior, a realidade essencial; a *pomba* simboliza a paz; a *águia* simboliza a liberdade, a vitória, o poder, o patriotismo. E assim por diante.

Qualquer coisa pode se tornar um símbolo. Tanto nas artes visuais quanto nas literárias, às vezes, é difícil saber o que se pretende que seja símbolo e o que não. A obra de Franz Kafka é um exemplo clássico. Ela se presta especialmente bem à interpretação simbólica (ou, na opinião de alguns, à superinterpretação ou interpretação excessiva). O interessante é que foi Hermann Hesse, um gigante da literatura, que repreendeu um de seus correspondentes por lhe perguntar sobre o simbolismo na obra de Kafka. Hesse pôs de escanteio toda a questão, considerando-a mera tagarelice acadêmica.

O próprio Kafka sentiu a necessidade de dizer a Martin Buber (que publicara dois de seus ensaios) que não encarasse suas obras como parábolas. É possível que Kafka não tenha querido dizer outra coisa senão aquilo que efetivamente escreveu, mas seus escritos podem ser, e foram, interpretados simbolicamente. Por outro lado, como se diz que Freud comentou, às vezes, um charuto é somente um charuto.

De todo modo, os símbolos devem ser compreendidos em seu contexto correto. Assim, no cristianismo, a *serpente* tipicamente simboliza a duplicidade, uma força do mal; mas no kundalini-yoga do hinduísmo ela simboliza a atividade da gnose, a sabedoria libertadora. Do mesmo modo, a *suástica* (do termo sânscrito *svastika*) era em sua origem – já desde o fim da Idade da Pedra – um símbolo solar que se destacou na civilização indiana como sinal auspicioso.

Na Alemanha nazista, o ideograma desse símbolo venerável foi girado em torno de seu eixo e seu sentido simbólico subjacente foi, do mesmo modo, pervertido. Passou a representar então, como disse Hitler em *Mein Kampf*, a luta vitoriosa dos arianos e a derrota dos povos semitas.

Cassirer, como outros acadêmicos judeus, saiu da Alemanha nazista antes que fosse despedido do cargo de professor universitário, preso e talvez executado. Sentiu na pele o poder devastador dos símbolos negativos. Com grandes símbolos, a cultura prospera; com símbolos deficientes, decai. Quais são os grandes símbolos que temos hoje? Que grandes verdades eles nos contam?

5 LABIRINTOS E MOSAICOS

Um mosaico de fogo

Em meados da década de 1960, depois de fazer 18 anos, passei vários meses de férias na *Isola d'Ischia* – a ilha mediterrânea de Ísquia, a pouco mais de oito quilômetros do continente na Baía de Nápoles. O que me levou a esse local foi a busca pelo autoconhecimento e pelo crescimento interior. Isso foi antes de essa bela ilha virar um "paraíso" turístico pontilhado de hotéis que atendem principalmente ingleses e alemães em busca de prazer.

Morei numa casa modesta de paredes brancas e grandes telhas de cerâmica vermelha no meio de um exuberante vinhedo, uma hora e meia a pé ao sul da cidade de Forio. Nas manhãs de sol, eu abria as venezianas, estendia a mão e colhia da videira um cacho de uvas pequenas e doces. Durante o dia, eu contemplava meu umbigo, estudava ou ajudava um amigo a construir um muro com pedras encontradas na ilha e levadas pacientemente em lombo de burro até o alto de um penhasco de calcário; só de vez em quando o animal se recusava terminantemente a dar mais um passo que fosse.

Certa tarde, eu e um amigo persa entalhamos duas imagens nas paredes de calcário de uma caverna aberta durante a Segunda Guerra Mundial. Trinta anos depois, descobri num colorido cartão postal que nossos dois toscos entalhes tinham origem desconhecida, mas antiga. Parece que a indústria do turismo tem seus próprios critérios arqueológicos e sua própria usina de mitos.

Naquela época, eu não sabia que Ísquia tinha uma longa história de envolvimento com o elemento fogo em seu estado selvagem e com um histórico elemento terra. Ambos se manifestavam de vez em quando na forma de catástrofes vulcânicas e sísmicas. O vulcão de Ísquia, que entrou em erupção pela última vez em 1302, é considerado extinto, mas talvez o melhor seja encará-lo como uma bomba-relógio; um vulcão inativo é tão indigno de confiança quanto um tigre adormecido. As ocasionais faixas de areia de praia que alcançam 100°C de temperatura, os inesperados bolsões quentes na água do mar e a onipresença das *terme* ou fontes de águas quentes sulfurosas são sinais inequívocos da formidável energia subterrânea que se esconde sob uma fina e frágil crosta de terra. Ao longo de todo o ano, essas *terme*, geralmente localizadas dentro de hotéis grandes e caríssimos, são procuradas por visitantes ansiosos por aliviar suas dores artríticas e reumáticas ou afastar o estresse.

Em 1883, mais de 2 mil pessoas morreram em Casamicciola Terme em razão de uma série de terremotos, e parece que esse povoado se apoia sobre uma bolha de magma que continua levantando, abalando e até fazendo ruir o terreno localizado acima dela. Os turistas estão por demais ocupados com *la dolce vita* da superfície para pensar no fogo abrasador que se esconde nas profundezas. Quando se traz o Céu à Terra, o Inferno tende a sumir de vista – minha versão do ditado "o que os olhos não veem o coração não sente". Quase nunca pensamos no que está por baixo do chão que nos apoia. Na verdade, só prestamos atenção à realidade subterrânea quando o chão treme ou desaparece de sob nossos pés, seja de forma literal ou metafórica.

Depois de morar mais de vinte anos na Califórnia, não sou mais leigo em matéria de terremotos. Na verdade, perdi por muito pouco o devastador sismo de 7,1 graus que sacudiu San Francisco às 5h04 da tarde de 17 de outubro de 1989. Naquela época, eu morava uma hora ao norte da Bay Area.* Naquele dia malfadado, tinha me programado para trabalhar em uma das bibliotecas de Oakland e depois, no fim da tarde, encontrar alguns amigos no centro de San Francisco. Um dia antes, comecei a ter maus pressentimentos a respeito de minha viagem e cancelei-a imediatamente. Pouco depois do almoço do dia 17 de outubro, as matilhas de coiotes que moravam no desfiladeiro perto de casa começaram a uivar sem parar. Sua inexplicável cacofonia durou, talvez, uma hora; depois, a natureza ficou anormalmente silenciosa. Senti que algo incomum estava para acontecer.

---

* Designação comum da região metropolitana que rodeia a Baía de San Francisco, na Califórnia. (N. do T.)

De repente, o chão debaixo de casa começou a se deslocar primeiro num sentido e depois no outro. Rapidamente liguei a televisão e vi o apresentador, sediado em Sacramento, se escondendo em pânico debaixo da mesa, enquanto o lustre do estúdio balançava como um pêndulo pendurado do teto. Descontados alguns livros que caíram das estantes, minha propriedade não sofreu nenhum dano.

A história foi completamente diferente para os habitantes de San Francisco. Sessenta e sete pessoas morreram, mais de 3 mil foram feridas e cerca de 100 mil edifícios ruíram ou foram danificados. Quando vi pela TV as imagens dos viadutos caídos na Cypress Freeway, onde pessoas e automóveis tinham sido esmagados, senti gratidão por ter sido poupado dessa experiência. Era muito possível que eu estivesse passando por aquela rodovia exatamente naquele momento. Depois daquilo, durante anos, fui capaz de "sentir" terremotos locais e até mais afastados alguns dias antes de acontecerem. Os coiotes nunca mais uivaram com tanta insistência nem durante a tarde, mas muitos meses se passaram antes que eu tivesse coragem de visitar de novo a região da Baía de San Francisco.

Durante esse período em que me sintonizei com os terremotos, tive a impressão de que a atividade sísmica e vulcânica pelo mundo afora segue um padrão bem definido. Comecei a pensar que todos os terremotos e as erupções vulcânicas são como se fossem ligados uns aos outros por um vasto labirinto de canais subterrâneos. Nunca encontrei uma publicação científica que corroborasse essa impressão subjetiva.

Do ponto de vista lógico, porém, minha explicação improvisada ainda faz sentido para mim. Afinal de contas, a crosta terrestre ou litosfera, com seus setenta quilômetros de espessura, é como uma pele móvel. O modelo geológico atual, formulado por Alfred Wegener em 1929, postula a existência de placas tectônicas que se movem em cima do manto que, por sua vez, envolve o núcleo terrestre. As placas se deslocam poucos centímetros por ano num processo responsável pelos terremotos e pelas erupções vulcânicas. A elevação da crosta se evidencia de modo patente em Kong Karls Land (Spitsbergen), onde, num período de 10 mil anos, as praias se elevaram a uma altura de 128 metros acima do leito oceânico.

A Terra, como um organismo vivo, inspira e expira lenta e constantemente, às vezes, dilatando sua pele, às vezes, contraindo-a. Pelo menos é assim que a entendo. Alguns cientistas postulam a expansão do globo, outros, a sua contração. Por que não supor um sistema dinâmico? Nada no universo permanece sempre igual e todas as formas de vida terrestre existem sobre uma fina camada de massa mais ou menos estável que separa o animado do inanimado. É aí que nós, seres humanos, criamos os frágeis mosaicos da nossa existência individual e coletiva.

Os turistas que vão à Itália geralmente esquecem – ou sequer conhecem – a longa história de erupções vulcânicas e mortíferos terremotos que assolaram o país. Em 1693, uma série de sismos matou 93 mil napolitanos e 60 mil sicilianos. Noventa anos depois, quando a terra na extremidade sul do país balançou violentamente seis vezes em dois meses, 40 mil pessoas perderam a vida. Em 1905, a mesma região sofreu um terremoto que resultou em 5 mil mortes. Meros três anos depois, a terra tremeu com uma magnitude de 7,5 graus Richter no Estreito de Messina, que separa a Sicília da Itália continental, causando estimados 200 mil óbitos.

Sete anos depois disso, a cidade de Avezzano foi varrida do mapa e 30 mil de seus habitantes morreram. Ao fim de um hiato de 61 anos, um terremoto de 6,1 graus ceifou a vida de 976 pessoas na cidade de Friuli e deixou 70 mil desabrigados. Em 1980, um abalo de 6,9 graus atingiu a cidade de Eboli, ao sul de Nápoles, matando 3 mil pessoas e ferindo outras 7.500. Em 1997, treze pessoas morreram numa série de sismos que abalaram a cidade de Assis; outras 40 mil tiveram mais sorte, pois só perderam suas casas. Como a pele humana, a crosta terrestre está viva e se movimenta – mais em alguns lugares do que em outros. A Itália, com sua forma de bota, é um daqueles em que ela se movimenta mais.

As mortes, os ferimentos e danos materiais causados pelos quatro vulcões ativos da Itália são um capítulo à parte. Todo turista já ouviu falar da famosa erupção do Monte Vesúvio em 24 de agosto de 79 d.C., que destruiu as cidades de Pompeia, Herculano e Estábias e enterrou-as sob uma montanha de lama e cinzas. Os restos de Pompeia foram descobertos em 1748, e as escavações periódicas aí realizadas trouxeram à luz inúmeros tesouros da arte romana. O Vesúvio manifestou sua ira piroclástica muitas outras vezes depois daquela erupção fatal na Antiguidade.

Na verdade, a Itália tem nada menos que dezenove vulcões sobre o chão ou sob as ondas do mar. Desses, consideram-se ainda ativos o Monte Etna, na ilha da Sicília; o Vesúvio, ao sul de Nápoles; Strômboli, no arquipélago das Ilhas Eólias, um dos vulcões mais ativos do mundo; e Vulcano, no extremo sul das Eólias. Nenhum desses gigantes que cospem fogo, porém, parece intimidar os turistas ou os construtores de hotéis. Lá, como em qualquer outro lugar do mundo, sempre que uma catástrofe natural interrompe o fluxo comum da existência, os seres humanos rapidamente se recuperam do choque e das perdas, reparam os danos e retomam sua vida e sua atitude comuns.

Nossa espécie é absurdamente incapaz de prever o futuro. O hábito inveterado é para a mente o que a gravidade é para os planetas. As pessoas sempre pensam que o raio não cai duas vezes no mesmo lugar ou que não cairá jamais perto delas. No recentíssimo setembro de 2005, o furacão Katrina devastou a cidade litorânea de Nova Orleans. Todo ano, como um relógio, os furacões assolam os estados do sul dos Estados Unidos – mas ninguém cogitou de reconstruir a cidade em outro local, e isso apesar do prognóstico de elevação do nível do mar e de furacões ainda mais violentos. A reconstrução começou de imediato e espera-se que consuma cerca de 200 bilhões de dólares.

As pessoas tendem a ver o que querem ver e ficam cegas para todo o mais. Um dos sintomas de perturbação da sociedade pós-moderna é o quanto somos afeitos aos fenômenos superficiais e o quanto, ao mesmo tempo, não enxergamos os aspectos mais profundos e ocultos da vida. Em outras palavras, nós só prestamos atenção aos vulcões quando eles entram em erupção e nos ameaçam.

A tragédia do Titanic é um exemplo adequado. O inafundável transatlântico Titanic naufragou em sua primeira viagem, em 1912, depois de bater a todo vapor na parte invisível de um *iceberg*. Em menos de três horas, o navio já estava no fundo do oceano, a 3.800 metros de profundidade, condenando 1.500 de seus passageiros à morte por afogamento. O orgulhoso capitão havia sido avisado dos *icebergs* na região, mas se recusou a reduzir a velocidade. O projetista do navio propusera cinquenta botes salva-vidas, mas a empresa de navegação, ignorando a possibilidade de falha humana e desejosa de diminuir os custos, aceitara somente 24. É o pior tipo de miopia do ser humano.

A maioria das pessoas parece se contentar em ver a superfície da realidade, desde que se divirtam. Passam pela vida como turistas, ignorando as realidades desagradáveis e fixando a atenção nas atrações que "têm de" ser vistas. De que outro modo se poderia explicar, por exemplo, a persistência da pobreza, da fome, das violações de direitos humanos e da descontrolada crise ambiental?

Em *Green Psychology* [*Psicologia Verde*], Ralph Metzner examina as possíveis causas psicopatológicas da crise ambiental atual. Identifica nela sintomas de dissociação, de um complexo de superioridade do ser humano (à moda de Arne Naess), de autismo (à moda de Thomas Berry), de fixação no desenvolvimento (à moda de Paul Shepard), de dependência (à moda de Dolores LaChapelle), de narcisismo (à moda de Allen Kanner e Mary Gomes), de amnésia (à moda de Paul Devereux) e de repressão do inconsciente ecológico (à moda de Theodore Roszak). Parece-me que todas as causas propostas são pertinentes e que, juntas, talvez ajudem a explicar por que nosso ambiente natural está à beira da ruína e por que mesmo os que sabem disso não fazem nada ou quase nada.

Enquanto nossa vida for superficial e regida pela falta de sabedoria, continuaremos esquiando nas encostas de vulcões ativos, reconstruindo nossas casas nas linhas de passagem dos furacões e fixando residência em leitos de rios e litorais inundáveis.

As profundezas dos labirintos

Volto-me agora para os labirintos, que nos obrigam a prestar atenção no invisível e no oculto. Podemos ver neles um convite à concentração e à coragem necessária para explorar territórios desconhecidos. Ao mesmo tempo, eles ativam nosso instinto nômade de maneira altamente construtiva, pois nos conduzem literalmente ao centro da espiral e metaforicamente ao centro do nosso próprio ser. Embora os labirintos tenham se tornado pontos turísticos muito visitados, seu simbolismo reflete uma mentalidade oposta ao turismo. Quando bem compreendidos, eles concentram a atenção e conduzem-na para dentro em vez de dispersar nossas energias mentais no mundo exterior.

Na primeira vez em que fui à Itália, em meados da década de 1960, estava preocupado com meu mundo interior e não me deixei desviar por leituras acerca do substrato geológico do país, nem muito menos pela visita a atrações turísticas. Consegui, entretanto, me perder no labirinto das vielas de Nápoles, todas calçadas de seixos, e cheguei também a visitar alguns pontos turísticos obrigatórios no norte. Muitos anos depois, compensei as oportunidades perdidas quando fui convidado a dar aulas na região de Perúgia. Se a Itália é infestada por traiçoeiros vulcões, também é abençoada pela presença de um sem-número de antiguidades e tesouros artísticos, que arrecadam anualmente 30 bilhões de euros, desembolsados, sobretudo, por cidadãos dos países vizinhos ao norte.

Como em outros países invadidos pelos turistas, os danos causados pelo turismo na Itália são discretos, mas onipresentes. Uma estátua possessivamente tocada por milhões de mãos é desgastada e perde seus traços distintivos. O lixo despejado em rios e lagos não só os priva de sua beleza natural como também polui as águas, levando à extinção de espécies. A fumaça de um milhão de carros empesteia o ar e destrói as fachadas dos edifícios; e por aí vai.

Talvez seja este o momento adequado para ressaltar que até o ecoturismo faz mal ao ambiente e que a melhor forma de praticar ecoturismo é ficar em casa.

Veneza, construída sobre 118 ilhas, é hoje mais assediada pelos turistas do que jamais foi pelos numerosos exércitos que a invadiram em sua longa e tumultuada história. Com cerca de 100 mil turistas abarrotando a cidade a cada verão, confesso que até hoje me mantive afastado da cidade de Marco Polo, Ticiano, Vivaldi e Casanova.

Uma vez que já não viajo de avião nem faço turismo, me arrependo um pouco de não ter conseguido ver com próprios olhos os mosaicos dourados da catedral veneziana de São Marcos. Por outro lado, minhas memórias de Ravena, que além de atrair menos turistas não ostenta o fedor que sobe dos canais estagnados daquela cidade, compensam essa omissão. O patrimônio arquitetônico e artístico de Ravena é uma mesa posta para um banquete suntuoso que satisfaz a quem quer que aprecie labirintos e mosaicos – o meu caso. A cidade é conhecida como "capital mundial dos mosaicos", mas só vou falar disso depois de discutir os labirintos, que são ricos em simbolismo e repletos de relações com aqueles aspectos da vida que fascinam todos os argonautas do espírito.

Alguns dos que visitam a bela Basílica de São Vital, em Ravena, não percebem que o piso de mosaico em frente ao altar forma, na verdade, o desenho de um labirinto. O espaço arrebatador, repleto de luz, atrai nosso olhar para cima, para os coloridos afrescos da cúpula e os mosaicos da abside. O labirinto que adorna o piso octogonal é composto de vários triângulos dispostos em espiral e se parece com um *yantra* hindu. Tem sete circuitos, a configuração clássica do labirinto.

Devemos fazer aqui uma importante distinção entre dois tipos de labirinto. Existem, por um lado, os labirintos "unicursais", cujo caminho único se dirige diretamente ao centro e não têm becos sem saída. Os labirintos "multicursais", por outro lado, são quebra-cabeças geométricos que, com seus becos sem saída, são feitos para desorientar. Os labirintos unicursais são mitos em forma material; os multicursais são a encarnação da racionalidade. A seguir, uma tabela que traça distinções binárias análogas a fim de pôr em evidência a distinção entre os labirintos unicursais e os multicursais.

LABIRINTO UNICURSAL	LABIRINTO MULTICURSAL
Centrípeto	Centrífugo
Corpo	Mente
Ouvido	Olho
Caverna	Casa
Herói	Guerreiro
Intuição	Razão
Si Mesmo	Ego
Natural	Artificial
Vocação	Trabalho
Mãe	Pai
Reverência	Medo
Mito	Narrativa

O casamento de mosaicos e labirintos unicursais que se encontra na Itália e em outras partes é abençoado, embora os labirintos sejam coisa muito mais antiga. Como nos rostos enrugados de pessoas muito velhas, há nos labirintos algo de uterino, algo de misterioso e arquetípico, que não se oculta da nossa visão mesmo quando passamos a conhecer melhor seu antigo simbolismo.

Meu primeiro encontro com a maravilhosa ideia do labirinto se deu quando tomei ciência do mais famoso de todos os labirintos, o de

Cnossos. Na infância, eu gostava muito de ler as lendas gregas e romanas entregues na porta de casa por cortesia da Bertelsmann Verlag, que atualmente é o maior consórcio editorial do mundo e emprega mais de 80 mil pessoas em 55 países. Um dos meus heróis favoritos era o rei Teseu, destinado a matar o monstruoso Minotauro preso num imenso labirinto – multicursal – na ilha de Creta. Uma vez que a leitura dos clássicos saiu de moda com o advento quase simultâneo das histórias em quadrinhos e da televisão, vale a pena recapitular em poucas palavras esse mito encantador.

Minos, soberano da nação insular de Creta, pediu a ajuda de Poseidon para confirmar que era ele, e não seu irmão, o legítimo herdeiro do trono. Como sinal para Minos, Poseidon, deus dos oceanos e de todos os corpos d'água, criou um estupendo touro branco que o rei deveria oferecer-lhe em sacrifício. Minos, que parece ter sido um dos reis menos afeitos à ética, substituiu o esplêndido touro de Poseidon por outro, na vã esperança de que seu logro não fosse detectado.

Naturalmente, o deus Poseidon percebeu a fraude do rei e, irado, destinou a Minos um castigo incomum: fez com que a rainha Pasífae, esposa de Minos, se apaixonasse perdidamente pelo touro branco. A palavra mais importante aí é "perdidamente", pois Pasífae pediu ao inventor Dédalo que construísse em madeira a imagem oca de uma vaca, coberta de pele, na qual ela pudesse se enfiar para que o touro a inseminasse.

O legendário Minotauro ("Touro de Minos") foi o produto dessa união antinatural. Essa criatura feroz, de corpo humano e cabeça e cauda de touro, mostrou-se uma ameaça para todo o país, de modo que Minos o prendeu num labirinto multicursal construído debaixo de seu palácio por Dédalo, o gênio da tecnologia mencionado no Capítulo 2. O Palácio de Cnossos, que cobre uma área de mais de 37 mil metros quadrados, foi descoberto e desenterrado em 1878. Já o labirinto – multicursal, como já disse – conseguiu escapar, até agora, ao olhar curioso dos arqueólogos. Algumas autoridades aventaram a plausível hipótese de que o próprio palácio, com seus 1.200 cômodos, tenha dado origem à lenda de uma teia de corredores subterrâneos onde o monstruoso Minotauro teria sido lacrado.

Uma moeda encontrada em Cnossos mostra o Minotauro de um lado e o labirinto criado pelo inventivo Dédalo de outro. Alguns afirmam que a palavra grega *labyrinthos* tem relação com o termo lídio *labrys* (que denota o machado duplo, símbolo da realeza e, por isso, intimamente ligado a Creta) e com a palavra minoica *inthos*, que significa "lugar". Com isso, *labirinto* teria o sentido original de "lugar do machado duplo" – talvez uma referência ao próprio Palácio de Cnossos.

Naquela época, Creta era a potência suprema do Mediterrâneo. O rei Minos impusera a Atenas um tributo: as vidas de catorze jovens, sete rapazes e sete moças, seriam sacrificadas ao Minotauro uma vez por ano. Quando chegou mais uma vez a época desse sacrifício anual, Teseu, herdeiro do trono de Atenas, se ofereceu como voluntário para integrar o grupo das infelizes vítimas enviadas a Creta.

Quando o rei Minos estuprou uma das virgens atenienses, Teseu recriminou amargamente esse ato vergonhoso e, sem querer, revelou que era filho de Poseidon. O maligno soberano de Creta não acreditou nele e pediu-lhe que provasse sua afirmação. Atirou um anel de ouro no oceano e mandou que Teseu o encontrasse e o trouxesse de volta. Com a ajuda de Poseidon, o príncipe de Atenas conseguiu cumprir a tarefa. Sua coragem e seu heroísmo chamaram atenção de Ariadne, filha de Minos; e, embora ela fosse noiva do deus Dionísio, apaixonou-se loucamente por Teseu, que prometeu se casar com ela.

Quando chegou a hora de Teseu confrontar o Minotauro, Ariadne lhe deu uma espada mágica e um novelo de linha. À medida que o corajoso príncipe avançava pelo labirinto subterrâneo, desenrolava o fio para marcar o caminho. A mitologia nos conta que Teseu conseguiu matar o homem-touro e encontrar a saída dos escuros corredores onde o monstro habitava, com seus inumeráveis becos sem saída. Fugiu de Creta e levou Ariadne consigo, mas, a mando da astuta deusa Atena, descumpriu a promessa de casamento e abandonou a jovem, adormecida, numa ilha a caminho de Atenas. Pouco tempo depois, Dionísio resgatou a princesa sofredora e casou-se com ela. O mito tem outras versões, mas em nenhuma delas a nobre filha de Minos chega a Atenas.

Antes de desembarcar na Grécia continental, Teseu causou outra tragédia. Esqueceu-se de trocar as velas pretas de seus barcos por velas brancas, que indicariam o sucesso em sua missão; e, quando seu pai avistou os navios de longe, supôs que o filho, juntamente com os outros jovens, tivesse sucumbido perante o Minotauro. Impetuosamente, se lançou de um penhasco e morreu. O destino também é um labirinto.

Embora os gregos ou, antes deles, os pelasgos tenham inventado a palavra *labirinto*, o fenômeno em si é muito mais antigo. Os mais antigos labirintos conhecidos datam de mais de 4 mil anos atrás e é possível que tenham sido inventados no começo do neolítico. Encontram-se labirintos espalhados pela maior parte do mundo – desde a Índia e a ilha de Sumatra até o Egito e outros países mediterrâneos, e desde a Escandinávia e a Islândia até o Brasil.

O primeiro símbolo labiríntico que conhecemos foi gravado no teto da chamada Gruta de Polifemo em Bonagia, Sicília, onde Odisseu e seus companheiros aportaram. Os mais antigos labirintos de sete circuitos têm aparência uterina e, do mesmo modo que as cavernas, são associados há muito tempo com a Deusa-Mãe. A Idade Média europeia, época de intensa devoção à Virgem Maria, redescobriu os labirintos onde os devotos podem caminhar, especialmente os de onze circuitos. Um dos mais belos labirintos desse tipo se encontra na catedral de Chartres, oitenta quilômetros a sudoeste de Paris. Em seu centro há uma rosácea de seis pétalas, símbolo tradicional de Maria, a "Mãe de Deus".

Construída na segunda metade do século XII, essa catedral esplêndida é considerada por muitos como o protótipo de toda a arquitetura gótica. Para os piedosos, o percurso do labirinto substituía a peregrinação a Jerusalém – prática que desfrutou de nova popularidade no século XX. Não são poucos os visitantes da catedral episcopal da Graça Divina, em San Francisco, que percorrem sua versão interna do labirinto de Chartres, tecida num tapete de lã, ou a versão externa do mesmo, quando o clima o permite.

Afirma-se que o percurso do labirinto compreende os três estágios da realização mística segundo a tradição ocidental. No estágio de purgação, o fiel se liberta do passado "pecaminoso"; no estágio de iluminação, se abre para a inspiração divina; e, no estágio de união, entra novamente no mundo com a mente iluminada e o coração elevado. Limpeza total do sistema, inserção de dados, obtenção do resultado. O labirinto como uma máquina espiritual. Os adeptos da Nova Era o adoram: não é necessário nenhum intermediário para entrar em comunhão com Deus!

O popular livro *Walking a Sacred Path* [*Trilhando um Caminho Sagrado*], da reverenda Lauren Artress, contribuiu muito para ressuscitar a antiga arte da peregrinação em miniatura. Artress é a cônega do ministério especial da Catedral da Graça Divina e fundadora da instituição Veriditas, "A Voz do Movimento Labiríntico". Cada vez mais igrejas, hospitais, prisões e instituições públicas estão criando labirintos para promover a regeneração interior de indivíduos e de comunidades inteiras.

Na aparência, essa prática renovada se assemelha às peregrinações labirínticas realizadas na catedral de Chartres e em outros lugares sagrados durante a Idade Média. Na realidade, porém, não se trata da mesma coisa, pois nossos antepassados medievais não sofriam da autofragmentação contemporânea nem sentiam o impulso de integração. Naquela época, até os pecadores que buscavam redimir-se percorrendo o labirinto gozavam de uma integridade que falta à mente pós-moderna e pela qual essa, portanto, anseia consciente ou inconscientemente.

Desde que perdeu seus fundamentos tradicionais por obra do iluminismo, prefigurado alguns séculos antes pela Renascença, a psique ocidental é acometida pela sensação de que não tem um lar. Na mente pós-moderna, característica da cultura do final do século XX e começo do XXI, essa sensação de desabrigo se manifesta como uma inquietação neurótica ("alienação") que põe em questão o próprio conceito de lar na medida em que cogita a aniquilação da própria Terra: um ambiente simulado parece mais realista e convidativo que a própria realidade material concreta. É esse, na essência, o tema de filmes como *13º Andar*, *Matrix* e *eXistenZ*, todos lançados em 1999 – o ano em que, por coincidência, se diz que a população do mundo ultrapassou os 6 bilhões de habitantes.

A expressão "pós-modernidade" não é nada providencial e ainda é controversa. Foi inventada para denotar todas as repercussões atuais dos diversos fenômenos "modernos" associados à Revolução Industrial e ao iluminismo. Segundo nos dizem, os atributos distintivos da pós-modernidade são o consumismo desenfreado, a produção em massa, a mercantilização do conhecimento e a globalização inexorável acelerada pela internet. A essa tétrade devemos, sem dúvida, acrescentar a extinção em massa de espécies vegetais e animais, bem como a ameaça sempre presente de aniquilação global por meio de uma guerra nuclear ou biológica. O símbolo do labirinto, sempre prenhe de significado, parece particularmente frutífero nesta época de fragmentação interior e desintegração exterior.

Labirintos enigmáticos e mosaicos surpreendentes

Como eu já disse, o Palácio de Cnossos não era um labirinto unicursal, mas, sim, multicursal. Tinha um homólogo no Egito antigo. Em 2004, os arqueólogos descobriram um labirinto multicursal subterrâneo em Saqqara, uns 25 quilômetros ao sul do Cairo. Da segunda metade do primeiro milênio a.C., esse emaranhado de corredores continha esquifes de madeira e pedra ocupados por centenas de múmias caprichosamente envolvidas em suas faixas.

No século V a.C., o historiador e etnógrafo grego Heródoto afirmou ter visto um labirinto multicursal ainda mais espetacular, o chamado Labirinto Egípcio, que seria mais grandioso que as próprias pirâmides e teria despertado nele uma "admiração infinita". Quatro séculos depois, o historiador e geógrafo grego Estrabão também afirmou ter visitado esse local fascinante. Situado em frente à cidade de Crocodilópolis, hoje chamada Medinet al-Fayoum, esse complexo gigantesco de mais de 3 mil cômodos provavelmente foi construído por Amenemet III. O sarcófago desse rei foi encontrado num labirinto construído dentro de uma pirâmide que fazia parte do Labirinto Egípcio.

Em 1888, os magros restos desse grande centro de culto da Antiguidade foram escavados pelo egiptólogo britânico Sir Flinders Petrie. Ele encontrou somente um campo de lascas de pedras de 1,80 metro de profundidade, pois os prosaicos romanos profanaram esse complexo magnífico para aproveitar as pedras em novas construções. A vida comum tende a não reconhecer os limites do sagrado, sendo esse também um problema da mentalidade moderna.

Os romanos, que tomaram posse do Egito em 30 a.C., eram fascinados por labirintos de todo tipo; e, pelo que diz Plínio, o Velho, em sua *História Natural*, os labirintos parecem ter sido populares no século I d.C., quando eram construídos nos campos para a diversão das crianças romanas. Os romanos transmitiram essa paixão para os arquitetos das igrejas medievais europeias, que, como era de se esperar, revestiram-na de valores e motivos religiosos. O mais antigo labirinto associado a uma igreja cristã, porém, se encontra no continente africano, na Basílica de Reparato, perto de Orleansville, na Argélia. Foi construído no século IV d.C. em estilo romano; é um labirinto em espiral em forma de quadrado dividido em quatro quadrantes. Dispõe-se no pavimento da igreja e tem 4,8 metros de largura.

A maioria dos labirintos de tipo romano associados a edifícios parecem ter sido mais decorativos que funcionais. Em épocas posteriores, os labirintos das igrejas eram construídos em tamanho grande o suficiente para poderem ser percorridos em miniperegrinações. Esse costume nunca fixou-se de modo significativo nas Ilhas Britânicas. Os labirintos seculares, por outro lado, alcançaram popularidade inigualada nesse país, especialmente na zona rural. Frequentemente feitos de turfa, eles parecem ter sido inspirados de início pelas lendas do Mediterrâneo, especialmente a da cidade de Troia, com suas sete muralhas.

Os labirintos de cercas vivas (chamados "labirintos de topiaria") atravessaram figurativamente o Canal da Mancha e passaram da Europa continental à Grã-Bretanha no século XVI, sendo ainda muito apreciados nessa nação insular. Um dos mais populares é o labirinto de cercas vivas do Palácio de Hampton Court, em Londres, uma das residências da família real, que Henrique VIII roubou de Thomas Wolsey, arcebispo de York. Esse labirinto multicursal trapezoidal é o mais antigo labirinto de cercas vivas ainda em uso. Porém, se você acha que se perder no labirinto é um jeito de escapar da balbúrdia do mundo, está redondamente enganado. Nosso mundo barulhento chegou até lá; em 2005, como se o ruído dos turistas não fosse suficiente, efeitos sonoros à moda da Disneylândia foram instalados em todos os corredores do labirinto.

A boa notícia é que os administradores do maior labirinto do mundo – o Labirinto de Pineapple Garden na fazenda-parque de Dole Plantation, em Oahu, Havaí – ainda não tiveram a mesma ideia. Contudo é claro que, com 1 milhão de visitantes por ano, a ausência de barulho jamais será problema. A enorme pegada ecológica desse parque de diversões é evidente por si, mas duvido que isso chegue a entrar na consciência de qualquer turista.

Se os labirintos unicursais são analogias bi e tridimensionais da meditação não verbal, cuja intenção sempre é a de conduzir ao centro, podemos entender os labirintos multicursais como analogias dos quebra-cabeças verbais. A própria palavra *puzzle*, que significa "quebra-cabeça" em inglês, é enigmática. Sua etimologia é desconhecida; ela pode ser um substantivo ou um verbo transitivo ou intransitivo. Como substantivo, conota tanto aquilo que nos deixa perplexos quanto o próprio estado de perplexidade. Resta-nos agora falar dos mosaicos.

Com a chamada queda do Império Romano, que a rigor não caiu, mas simplesmente deslocou seu centro de poder para Bizâncio, Ravena tornou-se a capital do reino de Odoacro, o chefe huno que em 476 d.C. depôs Rômulo Augústulo, o "último" imperador romano. A Ravena dos mosaicos remonta aos etruscos do segundo milênio a.C., foi anexada pela República Romana no século II a.C. e, a partir de 402 d.C., foi por breve período a capital do Império Romano do Ocidente.

Se o mosaico for grande o suficiente, a ausência de algumas peças não será notada nem será relevante. No mosaico da política, contudo, cada tessela humana tem sua importância. É impossível saber como a história romana teria se desenrolado sem Odoacro, Teodorico, o Grande, ou qualquer outro comandante das forças invasoras que, em seu conjunto, eliminaram o maior império da Terra antes do advento dos Estados Unidos da América.

Felizmente, Ravena sobreviveu a Teodorico, a seus demais governantes e aos altos e baixos da fortuna de seus habitantes ricos e poderosos. Durante a Idade Média, a cidade entrou em rápido declínio e só se recuperou por volta do ano 1400. Situada no norte da Itália, perto da desembocadura do rio Pó, Ravena ainda era cidade portuária no século XVI; hoje se situa no interior. É possível que, com a elevação do nível do mar, algum dia ela volte a ser porto marítimo. Por ora é uma agitada cidade turística, orgulhosa de seu grande patrimônio artístico e arquitetônico, no qual se destacam belos mosaicos bizantinos que parecem tão vívidos hoje quanto devem ter parecido há uns 1.500 anos.

Todos os mosaicos, quer na Basílica de São Vital, quer no mausoléu da imperatriz Gala Placídia, na igreja nova de São Apolinário construída por Teodorico ou nos batistérios dos cristãos arianos, ostentam ricas cores terrosas entremescladas com belos verdes, vermelhos discretos, azuis iridescentes, pretos acetinados e brancos de marfim. As faces de Jesus Cristo e dos santos, dos imperadores, das imperatrizes, dos clérigos e dignitários contemplando o infinito ou olhando de cima para o espectador parecem refletir o estado de espírito de cada indivíduo, como se os artistas tivessem feito parar o tempo numa fotografia. As luminosas tesselas vitrificadas usadas pelos mosaicistas bizantinos têm um brilho maior que o das melhores tintas usadas em pintura.

Essa arte tem uma longa história. Foi inventada, ao que parece, pelos babilônios, que pressionavam cones de argila de encontro ao gesso úmido para formar desenhos decorativos em seus templos. Os gregos continuaram a fazer mosaicos na época pré-homérica, usando seixos coloridos para produzir pisos e pavimentos. A arte do mosaico se refinou no período helenístico, quando pedaços de vidro passaram a ser usados como tesselas.

Durante o primeiro período cristão foram introduzidas tesselas vitrificadas e revestidas de ouro e prata, constituindo-se assim a prática bizantina de usar um fundo dourado nos mosaicos. Na alquimia medieval, o ouro – o mais precioso e o mais nobre dos metais, símbolo do Sol – significava a perfeição consumada. Antes disso, no Novo Reino do Egito antigo, o ouro simbolizava a carne dos deuses, cujo corpo brilhava. Ligando o macrocosmo e o microcosmo, o ouro também é associado ao sangue, que foi chamado de "ouro vermelho" porque, visto ao microscópio, apresenta brilhante cor dourada.

O mosaico não existe sem as muitas tesselas individuais que o compõem. A palavra latina *tessera* significa "quadrado" e indica que cada pecinha do mosaico tem forma quadrada. Isso nem sempre ocorre, mas essa descrição é suficientemente exata. Faz sentido que o mosaico seja associado ao quadrado, símbolo geométrico do elemento terra. Os mosaicos são feitos de materiais terrosos – pedra, vidro, cerâmica, cristal, madrepérola etc. – e, como a Terra, são extremamente duráveis.

O comentário irrefletido que Roger Ling faz no começo de seu livro *Ancient Mosaics* [*Mosaicos Antigos*], de que os mosaicos são "uma forma de arte bizarra", está completamente fora da realidade. Basta entrar no arrebatador batistério ariano de Ravena, perto da movimentada Via di Roma, e erguer o olhar para os mosaicos que adornam a cúpula para apreciar a beleza e o poder dessa arte. As imagens de São João batizando Jesus ou de São Pedro e São Paulo ao lado do trono do Cristo emitem a energia devocional de muitas gerações e contam uma história mais completa que qualquer texto escrito.

Não sabemos quem teve a ideia de compor pecinhas de pedra para criar um mosaico. Talvez o gênio criativo por trás dessa invenção tenha se inspirado pelos seixos de uma praia qualquer do Mediterrâneo. Quando temos os olhos e os ouvidos bem abertos, a Natureza é uma excelente professora. No geral, porém, perdemos a capacidade de ouvir o que ela tem a nos dizer. Nossa arrogância humanista raramente nos permite ver o que está bem à frente do nosso próprio nariz. Ela obstrui ou distorce nossa visão do mundo. Como Theo Grutter afirma, com eloquência, em *Dancing with Mosquitoes* [*Dançando com os Pernilongos*]:

> Como é fácil esquecer, por trás das promessas, a lei simples segundo a qual, quanto mais socializado é o homem, quanto mais ele desce daquele pico de montanha batido pelo vento onde ele é seu próprio rei, tanto mais ele perde a exuberante capacidade de ver e amar as florestas, os pássaros, o céu aberto e sua amante vestida de azul, o mar; tanto mais perde a capacidade de contemplar a misteriosa beleza dos paradoxos, as leis flexíveis, mas inexoráveis dos grandes espaços. (...) Não se pede acaso hoje a cada um de nós, como nunca antes, que dê um passo adiante e enfrente a vertigem, enfrente a ira dos que ainda não são capazes de venerar um Deus cujos cabelos são as ervas e as árvores?

O próprio Sigmund Freud já viu com clareza como a civilização distorce nossa mente. Como disse em *O Mal-Estar na Civilização*, ela nos dá segurança (relativa ou imaginária) em troca de uma parcela de nosso potencial de sermos felizes. Contudo, embora Freud contemplasse a possibilidade de que a própria civilização tivesse se tornado neurótica, enquanto psicólogo ele não quis se aprofundar nessa linha de investigação.

A partir da década de 1960, a Ecologia Profunda essencialmente reiterou essa mensagem de Freud, mas nos deu, além disso, a compreensão de como a mente constrói a civilização, expondo o sistema de reforço recíproco que existe entre a civilização e a mente humana. No geral, a Ecologia Profunda assinalou as propriedades neuróticas da mente e o fracasso terrível da civilização, postulando um vínculo próximo entre as duas coisas.

Refletindo sobre a ascensão da civilização urbana, o historiador da cultura Theodore Roszak comentou com inteligência:

> O sinal de Caim ainda está em nossa testa, mas nós o ostentamos como uma coroa chamada "civilização". A *civilização* – o mundo "civilizado", transformado em cidade, arrastado pela ordem urbana das coisas.

A "ordem urbana", entretanto, não só é inimiga da natureza humana como também, em seu conjunto, mostrou-se também hostil à Natureza, à Terra. Nas palavras de Roszak:

> A lenda [de Caim] nos lembra da violência com que a cidade rompeu os laços orgânicos que vinculam o irmão ao seu irmão, a pessoa à terra. No interior de suas muralhas, talentos ardilosos e prepotentes se uniram fora da esfera de influência do costume e dos laços de parentesco – o comerciante e o agiota, o senhor da guerra e o sacerdote: parasitas que se alimentavam da riqueza do campo circundante.

Hoje em dia, o fato trágico da Sexta Extinção em Massa é a prova visível do fracasso da civilização, do qual não podemos nos esquecer, se quisermos entender a vida contemporânea. Quer deslindando os labirintos multicursais quer percorrendo as espirais dos unicursais, devemos ter em mente o poder destrutivo que jaz no âmago da civilização e a aura curativa da Natureza.

Freud nos lembrou de que não devemos separar artificialmente a mente, ou psique, do ambiente social onde ela existe. Os protagonistas da Ecologia Profunda disseram a mesma coisa a respeito de nossa relação com o ambiente natural. A fim de encontrar a sabedoria necessária para restaurar o equilíbrio social e ecológico, temos de recuperar o equilíbrio interior. Assim, a transformação pessoal se torna um de nossos valores prioritários.

OMPHALOS: O UMBIGO DO UNIVERSO

O umbigo é a mensagem

É curioso que a juventude ocidental atual considere necessário e atraente perfurar, ornamentar e exibir em público algo que não passa, na essência, de uma cicatriz – o umbigo – causada pela remoção do cordão umbilical do recém-nascido. Embora leigo, arrisco uma explicação psicanalítica dessa voga: o moderno jovem rebelde exalta subconscientemente o umbigo porque este assinala o momento em que o filho se torna relativamente independente da mãe. A independência é uma motivação crucial para os jovens à medida que aprendem a se separar de seus pais e encontrar a si mesmos.

Num outro nível, a exposição e a evidenciação do umbigo têm óbvia conotação sexual. Como afirma Joan Jacobs Brumberg no livro ilustrado *The Body Project: An Intimate History of American Girls* [Projeto Corporal: Uma História Íntima das Meninas Americanas], o corpo se tornou um espalhafatoso "cartaz" para as meninas ocidentais de hoje, que não só menstruam mais cedo que em qualquer outra época como também têm suas primeiras experiências sexuais muito antes de alcançar a maturidade emocional.

O fenômeno do *piercing*, ou a afixação de penduricalhos em todas as partes do corpo, se tornou uma tendência social entre os jovens de ambos os sexos não só nos Estados Unidos, mas também em outros países ocidentais. Porém, embora clamem apaixonadamente pela independência e pela liberdade de expressão pessoal, nossos jovens não percebem que simplesmente trocaram um tipo de dependência por outro. Protestando contra a autoridade dos pais e a cultura dos adultos em geral, e distanciando-se delas, eles não fazem outra coisa senão marchar em sincronia com a cultura *pop*, impiedosamente manipulada por marqueteiros (adultos).

A grande lição que os jovens do mundo inteiro precisam aprender é que não existe liberdade sem responsabilidade. No momento em que se corta o cordão umbilical, o recém-nascido depende de si para respirar e viver. No entanto, não fosse o instinto da mãe de alimentar e proteger o bebê, a súbita independência em relação ao sangue materno certamente acarretaria a morte. O recém-nascido respira sozinho, mas ainda tem de aprender a cuidar de si. Apesar de seus gestos de independência, normalmente afirmados com a máxima arrogância e fingida autoconfiança, nossos jovens não possuem, em regra, a maturidade necessária – e, logo, o senso de responsabilidade – para florescer em sua pretensa autonomia.

O triste é que um número excessivo de jovens se volta para as drogas e o sexo sem compromisso a fim de se encaixar no grupo e abafar a ansiedade. Eles têm razão de culpar a geração anterior pelo mundo desorganizado em que são obrigados a viver. Entretanto, o protesto raivoso, especialmente quando se manifesta na forma de rejeição cega, anarquismo ou fatalismo, está longe de ser uma resposta adequada à crise atual. Em vez de se entregar à reação separatista, a juventude deveria destituir o Antigo Regime trabalhando ela mesma em prol de uma filosofia e um estilo de vida mais íntegros e salutares. Porém, para isso seria necessário um grau de sabedoria, autocrítica e paciência que raríssimos jovens têm.

Para começar, o que os jovens precisam entender é que sua conformidade com a cultura *pop* é uma versão da mesma fraqueza que aflige a maioria dos mais velhos, que também não querem pensar por si mesmos. Tanto os jovens quanto os adultos são igualmente escravizados pela moderna sociedade consumista. Esse conformismo irrefletido, aliado a uma atitude de *laissez-faire* ou vale-tudo, permite que os ares e os oceanos sejam poluídos, que as florestas sejam brutalmente arrasadas e que incontáveis espécies sejam sujeitas a cruel genocídio. Em seus padrões de consumo, adultos e jovens são igualmente responsáveis por essa catástrofe. Há muita coisa por trás da perfuração, da ornamentação e da exibição do umbigo.

No decorrer da história, o umbigo foi objeto de variados costumes sociais e tendências de moda. A ostentação desse "botão do nascimento" seria impensável na puritana época vitoriana, que chegava a cobrir as pernas de mesas e cadeiras para que elas não incitassem sentimentos lascivos. Considerava-se preferível reprimir o impulso sexual, mesmo que então ele viesse a se manifestar de maneira sórdida. Lembremo-nos de que a classe média da Inglaterra vitoriana ia à praia vestida da cabeça aos pés e se banhava dentro do ambiente protegido de uma "máquina de banho", arrastada mar adentro por cavalos. A classe trabalhadora era um pouco menos reprimida, e as praias ofereciam a seus membros um mínimo de exposição ao ar fresco e à luz solar. Não obstante, eles tinham de usar roupas de banho que cobriam o corpo inteiro e mais se pareciam com uniformes listrados de prisão.

A representação da nudez nas artes visuais era desencorajada, mas, como os artistas raramente se curvam perante a opinião consensual, alguns deles continuaram a pintar corpos masculinos e femininos ao natural. Surpreendentemente, a música e a dança (em especial a valsa e a polca) ainda eram muito populares naquela época recalcada e talvez, como as cada vez mais populares visitas à praia, garantissem alguma medida de equilíbrio e sanidade pública.

Os nus e os umbigos foram elementos convencionais das artes visuais desde a Renascença europeia, que apreciava a forma humana, até a era vitoriana, que acabou sendo apenas breve interlúdio no progressivo relaxamento das restrições morais. Nas décadas fascistas do começo do século XX, o fascínio pelo fisiculturismo, que às vezes chegava ao grau de um culto ao corpo, abriu as portas para a prática generalizada do nudismo, já promovido no século XVIII por Benjamin Franklin e um século depois por Henry David Thoreau. Ambos consideravam benéfico um "banho de ar" diário no corpo nu.

Em 1946, o biquíni estreou como elemento da moda de praia – ou melhor, reestreou, pois esse tipo de roupa, ao que parece, já era popular em 1.600 a.C. e depois na Grécia antiga. Não obstante, levou mais de uma geração para que o biquíni fosse aceito nos Estados Unidos, e ainda na década de 1960 a ostentação do umbigo em público não era considerada totalmente *kosher*. Os produtores do seriado *Jeannie é um Gênio*, por exemplo, pediram a Barbara Eden que escondesse o umbigo com uma echarpe no papel da simpática e ingênua Jeannie. Parece que a cantora Cher, essa fênix do entretenimento, se arriscou a expor o umbigo na televisão em 1975, aumentando enormemente a audiência de seu programa. O público estava disposto a ver muito mais do que os censores estavam dispostos a permitir.

Essa década também assistiu à invenção do "fio dental", que dá ainda menos trabalho à imaginação que o biquíni comum. No fim da década de 1960, as meias deram lugar às meias-calças e a bainha da moda diurna subiu para bem acima do joelho com a febre da minissaia, em 1967. Nos anos 1990, a subcultura *punk* acrescentou os *piercings* do umbigo e da língua, temas sadomasoquistas e roupas rasgadas ao repertório da moda. Até a anoréxica Barbie, a boneca mais popular do mundo (com receita anual de quase 2 bilhões de dólares), ganhou um umbigo em 2002, aos 43 anos de idade.

Quando consideramos tudo isso à luz da chamada revolução sexual do fim dos anos 1960, possibilitada entre outras coisas pela invenção da pílula anticoncepcional, fica claro que hoje em dia nossa sociedade é assediada pela permissividade sexual. Sete por cento dos jovens de hoje têm a primeira relação sexual com menos de 13 anos e 40% dos de 16 anos já se relacionaram sexualmente. Enquanto isso, 1 milhão de adolescentes americanas engravidam todo ano e a infecção por HIV é a sexta maior causa de morte entre os jovens americanos de 15 a 24 anos. Em outros países ocidentais, os números não são tão chocantes, mas a tendência existe em toda parte.

A mensagem do umbigo exposto é ambígua. É recomendável que as pessoas se sintam bem e à vontade com o próprio corpo. Mas a redução do corpo inteiro ou de parte dele a um mero quadro de anúncios sexuais é coisa completamente diferente. Essa ambivalência foi astutamente explorada pelos "treinadores" de ídolos jovens como Britney Spears, cujas roupas e maquiagem sugeriam uma menininha inocente com um umbigo bonitinho, mas cujas coreografias e letras de música ("Baby, one more time"*) comunicavam a precocidade de uma ninfeta. De lá para cá, essa estrela *pop* e ex-membro do Clube do Mickey entrou no mundo adulto e seu coquetismo deu lugar ao erotismo desbragado. Mesmo assim, tanto ela quanto outros ídolos *pop* continuam fascinando os pré-adolescentes. A idolatria do *sex appeal*, dos adolescentes ou de outros, é uma das muitas permissividades da nossa época que ferem a dignidade humana e malbaratam o inegável potencial da nossa espécie para o amor, a bondade, a empatia e intimidade.

Em busca do verdadeiro umbigo

Um famoso desenho de Leonardo da Vinci mostra um homem nu com os braços estendidos e as pernas abertas, de pé dentro de um círculo perfeito cujo centro é seu umbigo. Da Vinci, como seu contemporâneo Michelan-

---

* "De novo, gato." (N. do T.)

gelo, estudou anatomia a sério e, buscando esse conhecimento, rompeu até o tabu religioso medieval que proibia a dissecação de cadáveres humanos. Da Vinci sabia que o umbigo não era o centro geométrico real do corpo, mas que, pelo contrário, dividia-o em dois, segundo a proporção áurea. A inspiração para esse desenho chamado "Homo Vitruvianus" ou "Homem Vitruviano" veio da famosa obra *De Architectura* [*Tratado de Arquitetura*], de Vitrúvio, escrita entre 27 e 23 a.C. Da Vinci simplesmente deu expressão gráfica aos cânones simétricos que, segundo esse arquiteto e escritor romano, definiam o corpo humano ideal.

Quando examinamos de perto o desenho de da Vinci, constatamos que no círculo está inscrito um quadrado que liga a cabeça, as mãos e os pés da figura. Significativamente (como vou explicar daqui a pouco), o centro geométrico desse quadrado são os órgãos genitais, não o umbigo. A razão entre a distância dos pés ao umbigo e a distância do umbigo ao topo da cabeça é igual à "proporção áurea" ou número *phi* ou Ø (= 1,6180339887...). Por outro lado, o inverso do número *phi* – ou seja, a razão entre a distância do umbigo ao topo da cabeça e a distância dos pés ao umbigo – é 0,6180339887...! Essa é a estética da matemática.

O desenho do "Homem Vitruviano" expressa perfeitamente o problema hermético da quadratura do círculo, correspondente à "pedra filosofal" da filosofia clássica e ao "ouro" da alquimia. Sabemos hoje que a quadratura do círculo a que aspiravam os adeptos do hermetismo não pode ser realizada pela geometria euclidiana; para que essa transformação seja possível, temos de recorrer à geometria não euclidiana, que opera com curvas elípticas e hiperbólicas.

O conhecimento e a arte de da Vinci ancoravam-se firmemente nos cânones clássicos de harmonia e simetria legados à Europa pelos gregos que – é bom não esquecer – haviam sido ensinados pelos egípcios. No diálogo *Timeu*, Platão reconheceu que os sacerdotes egípcios consideravam os gregos como crianças, almas jovens, que não dispunham de longa tradição oral ou escrita a que recorrer. De certo modo, portanto, a redescoberta do legado grego durante a Renascença também foi uma redescoberta da antiga tradição egípcia. A influência egípcia é mais clara quando se estuda a tradição hermética, que conscientemente se vinculava a um grande adepto egípcio que os gregos chamaram de Hermes Trismegisto e os romanos, de Mercúrio Ter Máximo.

Foi essa corrente cultural que contribuiu significativamente para o nascimento da ciência moderna e que, no século XVIII, também produziu – postumamente, por assim dizer – a sociedade secreta chamada maçonaria, tão disseminada e poderosa. Esse movimento, diga-se de passagem, indubitavelmente influenciou a criação dos Estados Unidos, do mormonismo e da União Europeia. Como no caso de qualquer sociedade secreta, não faltam teorias da conspiração a seu respeito, todas difíceis de provar.

De qualquer modo, a Maçonaria ainda usa o antigo emblema do esquadro e do compasso, ferramentas básicas da geometria e da arquitetura. Mas são poucos os maçons capazes de construir uma casa, que dirá uma pirâmide ou uma catedral. Em menor número ainda, ouso dizer, são aqueles capazes de fornecer uma prova do teorema de Pitágoras, que pode ser provado de mais de quarenta jeitos diferentes.

Os gregos, como os egípcios que os antecederam e ensinaram, usavam na arte as proporções do corpo humano idealizado. Os egípcios construíram suas pirâmides baseadas nas mesmas proporções. Assim, o arquiteto/engenheiro da pirâmide de Khufu (Quéops) alinhou a entrada dessa pirâmide com o polo norte, o umbigo do céu. Os egípcios associavam o polo norte ao umbigo de Osíris e ao vento norte, que, segundo se pensava, revivificava o corpo desse deus. O cordão umbilical dos filhos de reis era cuidadosamente preservado; o de um filho homem, significativamente, era pendurado na porta da frente da casa.

O interesse metafísico que os egípcios tinham pelo umbigo chegou até nós por meio do moderno passatempo secular da dança do ventre. Quando Napoleão invadiu o Egito e ocupou o Cairo em 1798 – pela glória, como disse –, ele e seus oficiais foram entretidos por dançarinas do ventre. Foram os soldados franceses, aliás, que deram o nome de *danse du ventre* às ondulações sensuais do abdômen dessas mulheres. Na década de 1930, após um hiato de mais ou menos um século, a dança do ventre voltou a ser uma forma popular de diversão.

Em razão de sua frequente associação com a prostituição, o governo egípcio proibiu a dança do ventre na década de 1950, mas foi obrigado a voltar atrás pela pressão do público. Os tribunais insistiram, porém, que as dançarinas não mostrassem o umbigo, considerado um sinal sexual – daí a echarpe transparente ou as joias penduradas sobre o umbigo, ou a pedra semipreciosa inserida no próprio orifício umbilical.

Ao que parece, a dança do ventre chegou aos Estados Unidos em 1893, na Feira Mundial de Chicago. Nesse evento também se reuniu o Parlamento das Religiões, onde estavam presentes, entre outros, grandes contemplativos orientais – como Swami Vivekananda, da Índia; Anagarika Dharmapala, do Sri Lanka; e Shaka Soen, do Japão. As mensagens que eles transmitiram tinham relação com o "outro" umbigo – o *omphalos* simbólico –, nosso centro interior. Eles representavam a nobre e antiquíssima tradição daqueles que um crítico dos hesicastas (quietistas e contemplativos cristãos medievais) certa vez chamou, pejorativamente, de *omphalopsychoi*, ou "almas umbilicais", e *omphaloskopoi*, ou "observadores do umbigo". É de fato nas disciplinas contemplativas do Oriente e do Ocidente que encontramos a metafórica quadratura do círculo que leva à descoberta do nosso verdadeiro umbigo, chamado pelos gregos de *omphalos*.

No templo de Apolo, sede do Oráculo de Delfos no monte Parnaso, bem como em outros centros sagrados, os gregos tinham uma pedra entalhada a que davam o nome de *omphalos*, literalmente "umbigo", pois representava para eles o próprio centro da Terra. Popularmente, se diz que o umbigo pode ser côncavo ou protuberante, sendo que o côncavo é mais comum.

A pedra do *omphalos* é um umbigo protuberante. Lembra o *phallos* – ou falo –, o princípio criativo por excelência que, na arcaica língua sânscrita, é chamado *linga* ou "sinal [da vida]". Tanto o *omphalos* quanto o *phallos* são símbolos do fluxo da energia vital. Lembremo-nos também de que Delfos derivou seu nome de uma fissura na rocha da qual saía não só uma fumaça tóxica, mas também a voz de Apolo interpretada pela sacerdotisa Pítia. Essa fissura era chamada *delphy*, que significa "útero" – outro belo símbolo da vida. O *omphalos* e o *phallos* estão relacionados assim como o *linga* e o *yoni* (a versão sânscrita de *delphy*).

Segundo a mitologia, Zeus, divindade suprema do panteão grego, mandou duas águias localizarem o centro da Terra. Uma partiu do extremo leste, e a outra, do extremo oeste; e as duas se encontraram em Delfos. A pedra do *omphalos*, um cone ornamentado, é símbolo do eixo do mundo (*axis mundi*), que figura em todas as tradições antigas. É compreensível, por outro lado, que cada tradição tenha suas próprias explicações mitológicas e seus lugares sagrados.

Muitas vezes, um par de aves – de águias a pombas – é associado à pedra do *omphalos*. Essas aves podem ser idênticas aos dois pássaros empoleirados numa árvore (a árvore do mundo) mencionados não só em outras culturas indo-europeias como também no Egito antigo. São, claramente, símbolos da alma; mas, para falar mais sobre o assunto, seria preciso fazer generalizações que talvez não seja o caso de se fazer aqui. Sob esse aspecto, menos é mais.

No decorrer dos séculos, milhares de peregrinos piedosos foram a Delfos para ouvir do oráculo a previsão do futuro, até que um dos generais ambiciosos de Flávio Arcádio destruiu o templo de Apolo e outros edifícios em 398 d.C. Ele foi somente um elo numa longa cadeia de conquistadores e saqueadores, tanto antes dele quanto após. Meros 36 anos depois, outro imperador romano, Juliano, o Apóstata, tentou reviver Delfos, mas o oráculo comunicou-lhe inequivocamente que o fluxo da profecia estava, por fim, esgotado. O vínculo com Apolo e as outras divindades havia sido rompido e não seria jamais retomado.

Quando começaram as escavações em Delfos, em 1891, os arqueólogos encontraram somente a casca desse lugar umbilical, outrora grandioso. Delfos fora não somente o centro religioso da Grécia antiga, mas também o centro nervoso de sua cultura, cujos impulsos proféticos guiavam não somente a vida dos indivíduos como também os destinos das cidades-estado gregas.

A pedra original do *omphalos*, que outrora adornava o templo de Delfos, foi perdida. Até a pedra exposta no Museu Arqueológico local é de data posterior. Já não existe a sacerdotisa chamada Pítia para predizer o futuro, sentada sobre a fenda sulfurosa da rocha. Mas as ruínas desse santuário sagrado, onde crescem a grama e as árvores, comunicam seu próprio augúrio: o tempo destrói todas as coisas. Como escreveu Ovídio em suas *Metamorfoses*:

> Tempo, devorador das coisas! Velho zeloso, a tudo destróis! Roendo lentamente com teus dentes, por fim, consomes tudo em perpétua morte!

Regando a árvore da vida

Parece que cada cultura antiga tinha sua própria versão do *omphalos* grego, o umbigo da Terra, ao qual se amarra o invisível cordão umbilical que liga a humanidade ao mundo celeste povoado de deuses e semideuses. Esse cordão umbilical, representado na Grécia antiga pelo oráculo, garante que a civilização humana espelhe em certa medida a realidade e a sabedoria dos domínios superiores.

Certas culturas concebiam esse elo como o eixo do mundo (*axis mundi*) – noção que sobreviveu até a Renascença e só foi descartada com a ascensão da ciência materialista, que desprezou todo o conhecimento sagrado e atribuiu importância exclusiva à dimensão visível da existência ("ver para crer").

O eixo do mundo já foi figurado como pilar, obelisco, menir, dólmen, pirâmide, stupa, minarete, totem, mastro de maio, torre de igreja, cruz, montanha ou Árvore da Vida. No Egito dos faraós, a principal representação do *axis mundi* era sem dúvida a pirâmide, considerada réplica do monte que emergiu das águas primordiais no princípio dos tempos. Além disso, todo ano, no auge das cheias do Nilo, os egípcios erguiam ritualmente o pilar chamado *djed*, que era, sem dúvida, mais uma representação do eixo do mundo.

O pilar era originalmente associado ao deus criador Ptah, mas depois passou a fazer parte do culto de Osíris (em egípcio, Asar). Pensava-se que o pilar, com seus quatro anéis, representava a coluna vertebral e as vértebras dessa grande divindade da vida, da morte e da ressurreição. A ereção do pilar era tida como equivalente à ressurreição de Osíris depois de morto por seu irmão Set.

Como diziam, um dos mitos de que os egípcios mais gostavam, Osíris – um grande fundador da cultura – foi seguir seu instinto nômade e deixou em casa sua esposa Ísis. Set, seu irmão invejoso, desejava Ísis e tramou a morte de Osíris. Durante a ausência do grande deus, Set fabricou em segredo um sarcófago ricamente ornamentado e dimensionado segundo as medidas de seu irmão. Na volta de Osíris, Set ofereceu um banquete e anunciou que daria o sarcófago a quem tivesse o tamanho adequado.

Vários convidados tentaram a sorte; mas, quando chegou a vez de Osíris deitar-se no esquife, Set fechou a tampa e prendeu seu inocente irmão. Jogou então o sarcófago, com Osíris e tudo, no Nilo. Quando Ísis e sua irmã Néftis viram o caixão flutuante, abriram-no e resgataram Osíris.

Então Set foi obrigado a tomar medidas mais drásticas. Assim, picou Osíris em treze pedaços e espalhou-os pelo Nilo. Mas Ísis e sua irmã de novo encontraram os sangrentos restos mortais, com exceção do pênis do deus morto, que fora devorado por um peixe. Por meio de magia, Ísis ressuscitou Osíris e bondosamente forneceu-lhe um pênis artificial. Uma vez que seus ritos não tinham força suficiente para manter Osíris permanentemente vivo, ele era obrigado a voltar periodicamente (todo ano) para o Mundo Inferior a fim de renovar sua vitalidade.

O ritual de erguer o pilar *djed* celebra a ressurreição anual de Osíris. Ignorando por completo esse antigo rito e todo o simbolismo egípcio, alguns ufólogos interpretam fantasiosamente o pilar *djed* como parte de um dispositivo elétrico pelo qual os faraós iluminavam suas pirâmides. Deixo ao leitor a tarefa de decidir qual a interpretação correta.

O pilar, a montanha, a pirâmide etc. – todos podem ser entendidos como apoios que sustentam os céus, e aliás foram explicados desse modo desde a Antiguidade. Talvez essa relação pareça desigual. Mas o eixo do mundo, em suas muitas manifestações, não é somente um apoio para a abóbada celeste, mas também, como observei acima, um cordão umbilical. Da mesma forma que a intenção das orações do ser humano "alimenta" as divindades, assim também elas nutrem os seres humanos. Isso pode ser entendido por vários aspectos.

No nível religioso mais elementar, quando voltamos a atenção para a realidade suprema, nós nos abrimos para a graça. Assim, à medida que "alimentamos" os deuses com nossa positividade, nossa devoção e nosso amor, somos recompensados pelos gestos de atenção deles em relação a nós. No nível psicológico, podemos compreender esse processo de reciprocidade como um meio pelo qual nossa mente se eleva por sua própria força. Arquetipicamente, o eixo do mundo é um processo "ecológico" dinâmico que vincula o domínio material com a dimensão imaterial da existência.

Na era védica, como tentei demonstrar no Capítulo 3, o sacrifício do fogo era praticado com a intenção de alimentar os deuses, os antepassados e outros seres invisíveis. Pensava-se que a chama conduzia a oferenda aos domínios sutis e que, em troca, o sacerdote e aquele que patrocinava o sacrifício recebiam bênçãos do mundo invisível. Estamos tratando aqui de um tema simbólico universal profundamente entranhado na psique da maioria dos membros da nossa espécie, que busca a iluminação do alto. Mas, como vou explicar daqui a pouco, o eixo do mundo tem um análogo dentro do próprio corpo humano. Nós *somos* Osíris, o pilar *djed*, a Árvore da Vida.

Infelizmente, a noção de entrar em harmonia com uma ordem superior está desprestigiada em nossa época, e a ideia da Árvore da Vida parece estranha e até infantil para a imensa maioria das pessoas, exceto algumas que são desprezadas como loucas ou ingênuas e idealistas. Eu sou uma destas. Acredito que essa ideia, que era e é fundamental nas culturas tradicionais, ainda é útil hoje em dia, desde que seja corretamente utilizada. Rejeitar o símbolo arcaico da Árvore da Vida equivale a extirpar a vida em si, e o desmatamento desenfreado que se verifica em todo o globo pode ser entendido como um aspecto dessa compulsão suicida.

Se quisermos que nossa espécie sobreviva, temos de regar diligentemente a Árvore da Vida. É dessa árvore que derivamos nosso sustento e de onde nasce a vontade de escapar do beco sem saída da nossa atual civilização. Não me refiro aqui a um ritual externo qualquer, pois a Árvore da Vida se localiza no simbolismo do nosso microcosmo psicofísico – nosso corpo-mente.

Em nenhum lugar essa noção é encarada com tanta seriedade quanto nas tradições esotéricas da Índia, especialmente no yoga em sua modalidade tântrica. Seguindo o paralelismo entre macrocosmo e microcosmo afirmado por todo o esoterismo, os adeptos do tantra acreditam que o eixo do mundo se encontra na matriz psicoenergética do corpo físico, que corresponde à coluna vertebral e a seus sete plexos nervosos, entre os quais o cérebro – embora não se identifique com essas estruturas físicas.

As sete "rodas" psicoenergéticas ou *cakras* são concebidas como rodamoinhos de energia sutil, ou seja, articulações da força vital universal que envolvem e penetram o corpo físico. Essas sete estruturas ou esses "órgãos" são ligados por um eixo vertical – correspondente à coluna – por meio de três condutos bioenergéticos ou correntes de força vital. Duas dessas correntes estão ativas em todas as pessoas, mas a terceira corrente, a do meio, só flui livremente no adepto que aprendeu a abrir esse canal secreto. Ela é chamada "caminho da libertação", pois é quando esse terceiro arco de energia psicossomática se ativa que ele atrai magneticamente para o topo da cabeça a energia espiritual primordial do primeiro *cakra*. Essa coluna de luz é chamada *kundalini-shakti* ou poder serpentino. É o eixo do mundo que todos nós podemos conhecer diretamente, a Árvore da Vida.

Quando a energia espiritual primordial, concebida em regra como feminina, sobe até o *cakra* do topo da cabeça, o corpo-mente do adepto se conecta a uma espécie de circuito cósmico. A esplêndida iluminação resultante muda qualitativamente tanto seu corpo quanto sua mente. Acima de tudo, esse acontecimento radical demole a acalentada ilusão de que o ego é o eixo em torno do qual todo o universo gira. O verdadeiro fulcro está muito além do cosmo particular do indivíduo. Quando, pelo contrário, fixamos nossa energia psíquica no ego, somos dominados por esse narcisismo virulento que – falando como ocidental – caracteriza e macula nossa época.

Quando deixamos de preservar o vínculo simbólico entre o Céu e a Terra – nosso potencial superior e nossa realidade biológica –, nós nos atrofiamos espiritualmente. Nossa psique resseca, nossa mente se perde em rotinas sem sentido e, na ausência de um centro, nossa vida perde completamente o rumo. As rodas da nossa cultura estão desalinhadas; nossa civilização, como uma velha carroça, se arrasta por um caminho pedregoso rumo a um destino infeliz. Não é exatamente isso que está acontecendo hoje?

Círculos dentro de círculos dentro de círculos

Um dos meus professores de matemática sabia desenhar um círculo perfeito na lousa e a classe inteira se maravilhava com a habilidade dele. O que mais me intrigava era que ele marcava primeiro o centro do círculo, confiante em que a circunferência resultaria perfeita. Depois entendi que o centro é a característica mais importante de toda e qualquer coisa; é ele que gera e une todo o resto. Isso não é verdade apenas na geometria; também o é do ponto de vista simbólico.

Da perspectiva do geômetra, o círculo é uma curva fechada cujos pontos estão todos à mesma distância do centro. Simbolicamente, o círculo é um tema que se repete em torno de um ponto médio comum – de novo, um centro. Bom exemplo desse último ponto de vista é a antiga noção das eras cíclicas do mundo, que se desenrolam em séries e têm como centro o desenvolvimento mental-emocional-espiritual da humanidade. O ciclo ou círculo do tempo é constituído de quatro eras: a Era de Ouro, a Era de Prata, a Era de Bronze e a Era de Ferro. Nas culturas tradicionais da Mesoamérica, elas eram chamadas de "Quatro Sóis".

Outras culturas mencionam cinco, sete, dez, doze ou mais eras do mundo. O número não é especialmente significativo; o mais importante é que cada éon representa uma fase particular do processo pelo qual a humanidade se torna adulta. Em geral, esses eones se distribuem em ciclos distintos. O início de cada ciclo é a situação mais desejável e as eras subsequentes se tornam progressivamente piores.

Segundo a tradição, a era atual é uma era de escuridão e sofrimento, o que parece ser confirmado pelos fatos. Os hindus e budistas chamam-na *kali-yuga*, a era da deterioração moral e espiritual e da decadência mental e física. Dizem-nos ainda que esta era terrível irá perdurar por milhares de anos. Ao contrário do que muitos acreditam, a palavra *kali* não tem nada a ver com Kali, a Deusa Negra. Era usada no jogo de dados, uma das diversões prediletas da Índia antiga, em que *kali* representa a jogada menos favorável: em outras palavras, mau karma.

Só os aficionados da Nova Era, permanentemente otimistas, acham que estamos vivendo os primeiros anos de uma nova Idade do Ouro, embora alguns deles pelo menos admitam que nossa espécie talvez tenha de passar por uma fase de purgação antes que o Paraíso se estabeleça na Terra. Não partilho em absoluto desse otimismo, que me parece não só pouco realista como também perigoso. O perigo dessa atitude da Nova Era é que ela tende a ignorar a atual crise planetária, como se esta fosse se resolver por si mesma. Porém, fomos nós que criamos os graves problemas que hoje enfrentamos, e precisamos lidar com eles de modo consciente, responsável e urgente. O tempo não vai consertá-los de maneira que nos seja satisfatória.

Na verdade, se tudo o que nos coubesse fosse "esperar", a humanidade provavelmente deixaria de existir. O Tempo, esse grande destruidor, com efeito, curaria as profundas feridas que infligimos ao nosso mundo, mas para isso teria de livrar-se da espécie parasitária que causou essas feridas. Não vamos esperar pela chegada de um Messias poderoso e sobre-humano ou pela intervenção oportuna dos benignos habitantes das Plêiades, superiores a nós em inteligência. O tempo de esperar passou de vez. Do ponto de vista mitológico, as divindades planetárias dos antigos – encarnações da Natureza – começaram a reagir para restaurar o equilíbrio ecológico. Estão erguendo o grande pilar *djed* da Natureza, que nós estupidamente deixamos de cultivar.

Quando se atira uma pedra nas águas calmas de um lago, as ondas se propagam em círculos cada vez maiores. Não podemos atraí-las de novo para o centro nem impedir sua propagação. Mesmo que bloqueássemos essas ondas por meio de uma barreira colocada na água, elas simplesmente atingiriam a barreira e mudariam de curso. O movimento continua até que a energia da causa se esgote. Causa e efeito se unem num vínculo íntimo que, segundo se diz, só se rompe no nível quântico da realidade. Assim como foram numerosas as nossas causas na superfície da Terra, da mesma forma, também serão numerosas suas ramificações. Círculos dentro de círculos dentro de círculos – como lâminas afiadíssimas.

A lei da causalidade não se aplica somente no nível físico, mas também no nível dos memes culturais e até dos pensamentos imateriais que estão por trás deles. Quando um pensamento vem à existência, ele se torna uma força que perpetua a si mesma e se expande no éter mental, naquilo que o paleontólogo e filósofo francês Pierre Teilhard de Chardin chamava de "noosfera". Quando, além disso, o pensamento é formulado como linguagem, ele adentra o espaço da cultura humana, onde adquire vida própria e se torna um meme capaz de transmitir a cultura. Se, por outro lado, o pensamento não for expresso, ele esgotará sua energia e morrerá dentro da pessoa que o pensou, pelo menos no nível do espaço cultural. Os sábios antigos nos asseguram, por outro lado, que ele continuará existindo no nível puramente mental.

A parapsicologia moderna confirmou que os pensamentos, mesmo quando não são falados, têm uma força própria. É exatamente porque os pensamentos têm vida própria e estão longe de ser ineficazes que temos de guardá-los com cuidado. Esse reconhecimento é, com efeito, a base de todas as formas tradicionais de treinamento da mente.

Quando olhamos em volta, contudo, é fácil perceber que não fomos particularmente hábeis na guarda dos pensamentos. Pelo contrário, deixamos que todos os pensamentos concebíveis nascessem e tomassem forma em nossa cultura. O caos exterior que criamos por meio da falta de atenção corresponde à anarquia mental e emocional na mente de cada indivíduo. O que está fora é como o que está dentro.

A maioria das pessoas é absolutamente incapaz de controlar a própria mente, especialmente as emoções e os pensamentos negativos. As pessoas comuns não são sequer capazes de deter o fluxo dos pensamentos por mais que alguns segundos. (Tente!) Visto que quase todos têm a experiência direta dessa mente diarreica, ela é considerada "normal" e não nos afeta mais que um corrimento nasal.

As ondas de um *tsunami* se elevam como uma imensa muralha quando atingem a terra. Ora, o *tsunami* dos nossos pensamentos coletivos chegou à praia e causou uma tremenda destruição: por simples ignorância ou insensibilidade, deixamos que nossos desejos e carências tivessem tamanho impacto sobre o ambiente natural e cultural que hoje enfrentamos uma torrente de repercussões imprevistas. Além disso, temos de nos preparar para o retrocesso das águas desse *tsunami*, que podem nos arrastar para mares profundos onde as correntes são traiçoeiras. Isso pode parecer alarmismo, mas é isso mesmo que eu queria.

O astrofísico e cosmólogo britânico Sir Martin Rees, por exemplo, acha que nossa probabilidade de *não* sobreviver até o ano 2100 é de 50%. Em sua fria avaliação, o uso destrutivo da biotecnologia – especialmente do bioterrorismo – nos derrotará antes disso. Há quem pense que Rees é excessivamente pessimista, mas seu erudito livro *Our Final Hour* (Nossa Última Hora), publicado em 2003, não pode ser simplesmente descartado como uma opinião prosaica ou mera idiotice especulativa. É possível que a ideia que ele faz do atual momento histórico seja por demais magnânima.

Quando os ambientalistas começaram a se queixar, na década de 1950, pouquíssima gente lhes prestava atenção. Os governos demoraram a atuar e, quando atuaram, nunca o fizeram de modo suficientemente radical. Mesmo hoje, quando literalmente milhares de cientistas tomaram a palavra para alertar os Estados e o público da crise ambiental iminente, as medidas tomadas continuam sendo relativamente insignificantes.

Sobretudo os Estados Unidos, com a maior pegada ecológica do planeta, demonstraram uma incrível e arrogante falta de disposição para enfrentar de modo responsável as preocupações dos ambientalistas. No governo Bush, ao contrário, muitas atitudes positivas tomadas no passado foram revogadas para atender ao apetite voraz da indústria e do comércio. A sociedade de consumo avança irrefreável, como sempre.

Não obstante, ao mesmo tempo em que o consumismo toma conta do planeta como fogo em mato seco, o círculo da vida se estreita ao nosso redor. Tanto ecológica quanto psicologicamente, o consumismo nos sufoca. Porém, se perdemos o controle sobre os desejos de consumo, é porque antes disso perdemos nosso centro. Estamos aprisionados nos círculos sem sentido de um universo simbólico falido. Entretanto o círculo sem centro não passa de um círculo vicioso.

É exatamente isso que os hindus e os budistas chamam de *samsara*, o mundo das experiências, uma imensa centrífuga que recicla continuamente nossos padrões kármicos. Impulsionada pela ignorância e pela cobiça, essa máquina gira e nos mantém presos às suas paredes externas. E assim permanecemos nesse eterno carrossel, sempre vivenciando as mesmas rotinas sem sentido. Dizemos uns aos outros que essa monotonia não é, no fim das contas, totalmente desprovida de significado, e nos preparamos para a próxima volta.

Certa vez, vi um filme sobre um estudante que se ofereceu como voluntário para girar dentro de uma imensa secadora. Ele deveria ter previsto que a experiência lhe causaria grande desconforto, mas é claro que não tinha o dom de Prometeu. O mesmo vale para a maioria de nós quando se trata de entrar na secadora giratória que chamamos de vida moderna.

Por outro lado, em todo momento da história, existem aqueles que compreendem o dilema humano e se recusam a jogar mais uma rodada do jogo do karma. Esforçam-se para sair da centrífuga cósmica e, para isso, invariavelmente procuram recordar-se de seu próprio centro, o ponto imóvel do eixo central de seu universo simbólico. No subcontinente indiano, há muitos desmancha-prazeres desse tipo, que, cansados do ramerrão kármico, se lançam no espaço aberto da liberdade interior e da paz.

Há pouco tempo, tive o prazer de assistir à versão sem cortes do maravilhoso documentário *Naked in Ashes* [*Nus nas Cinzas*], de Paula Fouce, e me senti tocado pelos monges mendicantes que ela acompanhou desde as margens do Ganges até as encostas nevadas do Himalaia. Eles andam nus, com o corpo coberto de cinzas e o cabelo comprido e emaranhado; não possuem praticamente nada, mas parecem contentes. Para o ocidental bem-vestido, de unhas feitas, que ocupa um cargo importante, busca sempre se promover e tem uma quantidade de símbolos de *status* que não caberia num caminhão, esses *sadhus* não passam de aparições espectrais cuja nudez é uma afronta. O estado interior deles parece não ter nada a ver com o assunto.

Embora não pense de modo algum que o crescimento espiritual dependa desse tipo de ascetismo radical e de renúncia extrema, sinto grande afinidade pelos verdadeiros *sadhus*. É claro que a Índia é cheia de mendigos de todo tipo. Alguns são motivados pela simples necessidade de sobrevivência num subcontinente onde já moram mais de 1 bilhão de pessoas; outros são exemplos claros de psicopatologia. Contudo, há também aqueles que adotam a vida difícil de asceta itinerante porque não veem sentido algum na sociedade convencional e buscam algo mais. Se alguns deles exageram na ascese, pelo menos se entregam de corpo e alma à única coisa que realmente importa para o ser humano consciente: encontrar o centro interior para que todos os gestos exteriores se tornem significativos e harmoniosos.

Era esse tipo de ser humano que Diógenes procurava quando, em plena luz do dia, percorria Atenas com uma lanterna acesa em busca de um homem verdadeiro. Está claro que o grande sábio cínico também era uma pessoa autêntica. Vivendo num barril de madeira, segundo se conta, Diógenes encontrou o próprio centro e tinha liberdade para declarar-se cidadão do mundo. Nem o poderoso Alexandre Magno pôde intimidá-lo. Quando o imperador ofereceu-se para atender a qualquer pedido do sábio, este pediu somente que Alexandre chegasse um pouco para o lado para não tampar o Sol – comentário cujo sentido simbólico mais profundo provavelmente escapou ao jovem conquistador. Enquanto o ego está firme em seu lugar, ele inevitavelmente ofusca a luz.

Encontrar nosso centro interior é o mesmo que descobrir que somos, por natureza, pura luz. Os hindus e os budistas tibetanos desenvolveram um instrumento gráfico maravilhoso para exprimir a relação esotérica entre o centro e a circunferência, ou seja, entre o ponto seminal da mente e suas inúmeras manifestações rodopiantes. Esse instrumento tem duas variedades: o yantra geométrico, mais abstrato, e a mandala pictórica. Esta última foi popularizada no Ocidente por Jung, o primeiro a reconhecê-la como uma imagem arquetípica. Ambas as estruturas simbólicas são instrumentos para a concentração da mente, para o domínio de nossa consciência saltitante. Como os yantras e as mandalas são essencialmente idênticos quanto à organização e à finalidade, vou falar sobre a mandala, mais conhecida, para ilustrar a função desses dispositivos de contemplação.

Em primeiro lugar, e isto é muito significativo, a palavra sânscrita *mandala* significa "círculo", uma referência básica à forma circular básica desses desenhos estonteantes. Cada mandala representa um retrato da estrutura fundamental do espaço sagrado, representa aquilo que o tibetólogo italiano Giuseppe Tucci, no livro *Theory and Practice of the Mandala*,* chama de "ponto para onde convergem os deuses e as forças universais".

Tomemos como exemplo a mandala da divindade budista tibetana Heruka Cakrasamvara, um Buda semifurioso de pele azul-negra, com quatro rostos e doze braços, que aparece quase sempre abraçando a sua consorte Vajravarahi, de corpo vermelho. Invariavelmente, esse casal iluminado é representado no meio do desenho e rodeado por um anel de fogo.

Depois vem um quadrado com quatro portões que apontam para as quatro direções cardeais. Seguem-se vários círculos concêntricos, com diversos significados. Fora desse arranjo podem encontrar-se outros círculos ou "bolhas" que contêm mais budas ou guardiões furiosos. O olho é naturalmente atraído pelo centro da colorida composição, centro esse que é a região genital do casal divino em plena cópula. Heruka Cakrasamvara abraça eternamente Vajravarahi na figura do *yab-yum*, e assim o casal encarna a unidade indivisível de vazio e bem-aventurança que caracteriza a Realidade última.

Como no "Homem Vitruviano" de Leonardo da Vinci, o fulcro de toda a mandala também é o centro criativo do corpo, e não o umbigo. O umbigo é essencialmente uma estrutura passiva, ao passo que os órgãos genitais masculino e feminino são ativos. A psicoenergia a eles associada pode ser usada para a criatividade ou para a procriação. Tanto as autoridades tradicionais hindus e budistas quanto o psicólogo Freud exaltaram esse duplo potencial. Freud deu a essa psicoenergia genérica o nome técnico de *libido*, embora pudesse também ter usado seu equivalente correto nas línguas ocidentais, "desejo".

Como um fósforo, que pode acender um fogão ou incendiar uma casa, a libido pode levar à criação de um bebê, de um sistema filosófico, de uma visão religiosa ou de um livro. Por outro lado, pode levar à histeria, ao fanatismo e ao terrorismo suicida. A imagem de Heruka Cakrasamvara e Vajravarahi em *yab-yum*, ou de quaisquer outras divindades dos panteões budista ou hindu, sempre sugere uma forma superior de criatividade: a da iluminação espiritual, a realização do mais elevado potencial humano.

---

* *Teoria e Prática da Mandala*, publicado pela Editora Pensamento, São Paulo, 1984. (fora de catálogo)

Essa imagem ricamente simbólica, dotada de inúmeros aspectos sutis que não podem ser discutidos ou sequer mencionados aqui, tem a função de atrair a mente de quem a contempla para fora da realidade convencional e de conduzi-la ao espaço sagrado em que essa imagem nasceu. A realidade "alternativa" da mandala atende aos contemplativos budistas em sua visualização de Heruka Cakrasamvara e de seu ambiente ideal ou "paradisíaco". Quanto mais vívida é essa visualização, mais os contemplativos tendem a alcançar o recolhimento dos sentidos; e, inversamente, quanto mais os sentidos exteriores se inibem, tanto mais o sentido interior – a mente em si – se torna capaz de uma visualização vívida.

O objetivo desses exercícios, porém, não é o de manifestar a criatividade intrínseca da mente, mas, sim, o de descobrir a realidade transcendental por trás da imagem sagrada. Em outras palavras, os contemplativos aspiram a descobrir Heruka Cakrasamvara tal como ele realmente é. Para que isso seja possível, a mente tem de superar a si mesma. Acho que os filósofos e os cientistas da cognição vão discutir para sempre, tentando saber se é possível à mente transcender a si mesma. Enquanto isso, os contemplativos avançados continuam demonstrando a contento essa possibilidade. Podemos seguir o exemplo deles ou formar fileiras com os que se limitam a especular. É claro que também podemos esquecer completamente o assunto.

O Sol no umbigo

Podemos entender o umbigo não só como o "botão do nascimento", mas também como um sinal inequívoco da nossa mortalidade. Isso porque tudo o que nasce tem de morrer – um truísmo que foge à atenção da maioria das pessoas, a menos que a morte caia, como um raio, muito perto de casa. Sob o olhar lacrimejante dos teólogos doutrinais, os artistas da Idade Média procuravam decidir como representar Adão e Eva. Acaso o casal primordial deveria ser figurado com ou sem umbigo? Por um lado, haviam sido criados pelo próprio Deus e, portanto, não tinham mãe humana; por outro, a expulsão do Paraíso assegurava que eram mortais. A folha de figueira entrou nas artes visuais – uma solução salomônica, embora não plenamente satisfatória, para o dilema dos artistas. Talvez fosse mais apropriado vendar os olhos dos teólogos, com sua neurótica hipersensibilidade.

Às vezes, em razão de complicações no parto, o bebê tem de sofrer uma cirurgia de pele que remove todo sinal do umbigo. Conheço um caso desses, e a ausência do umbigo perturbava a tal ponto a garota que, mais velha, ela sofreu outra cirurgia para fazer um umbigo artificial. Parece também que a modificação do umbigo – chamada umbilicoplastia – se tornou uma modalidade comum de cirurgia plástica, um passatempo dos ricos e neuróticos.

O narcisismo pode custar caro, e não me refiro a dinheiro. A umbilicoplastia – como outras intervenções cirúrgicas – pode lesar nervos e causar perda permanente de sensibilidade. O mais importante é que logo atrás e acima do umbigo está uma das áreas mais sensíveis do corpo – o plexo gástrico –, atrás do qual se situa o plexo solar. Esse grande centro nervoso controla muitos órgãos da cavidade abdominal. Uma pancada forte nessa região, além de causar muita dor, pode impedir temporariamente o funcionamento das vísceras e até causar a morte. Mais à frente falo mais sobre este assunto.

A região abaixo do umbigo também é vital. É aí que se localiza o que os japoneses chamam de *hara*, termo encontrado no nome da sangrenta prática do *hara-kiri*, que o samurai desonrado inflige a si mesmo. Como sabem todos os artistas marciais e praticantes de equitação, o *hara* é o centro de gravidade do corpo. Se o cavaleiro ou lutador não estiver adequadamente centrado, será desequilibrado pelo cavalo ou por seu adversário – e em ambos os casos sofrerá dor. Assim, o umbigo se localiza numa região corporal de grande importância neurofisiológica e anatômica.

No yoga, o umbigo é associado à "roda do umbigo" ou *nabhi-cakra*, que, curiosamente, também é chamada em sânscrito de "roda da cidade das joias" ou *manipura-cakra*. A referência a uma joia resplandecente (*mani*) transmite algo da luminosidade ligada à experiência interior e mística desse centro energético.

A região do umbigo – erroneamente ligada ao plexo solar na literatura popular – é um segundo cérebro. Ela nos proporciona as instantâneas reações "viscerais" às situações da vida antes que a mente conceitual possa processar as informações e expressar-se por meio dos 100 bilhões de neurônios do cérebro. Compreendendo a importância dessa região do corpo, os sábios indianos diziam que um "sol" quente reside no abdômen, ao passo que uma "lua" fria habita na cabeça. Também se descobriram capazes de influenciar diretamente – por meios contemplativos – o sol microcósmico e, assim, efetuar grandes mudanças na química do corpo.

No Capítulo 3, falei da técnica tibetana chamada *tummo* ou calor interior, que envolve a visualização de uma fonte de luz radiante no centro do umbigo. Talvez a atual obsessão pelo umbigo também seja um gesto inconsciente e deslocado cujo verdadeiro objetivo seria o de tomar consciência do nosso segundo cérebro: a reintegração do corpo e da mente, ou seja, o equilíbrio entre sensação, emoção e pensamento.

Sem a redescoberta consciente do umbigo – nossas vísceras pensantes –, seremos sempre mais pesados em cima que embaixo. Temos de redescobrir o Sol interior e estabelecer um circuito harmônico entre ele e a Lua cerebral. Só então poderemos ver as coisas de modo correto. Enquanto o cérebro se comportar como um tirano, nossa visão será borrada e nossas ações, contaminadas por uma parcialidade dissonante. As modificações cirúrgicas do umbigo e de outras partes do corpo erram completamente o alvo. A verdade é que essa cirurgia deve ser feita na mente afligida pela presunção e pelo egoísmo. A harmonia, como a beleza, não é uma coisa superficial; envolve o ser humano inteiro.

Os hebreus, como os tibetanos, os indianos e os japoneses, também viam o umbigo como um local de acúmulo de poder. Assim, no Livro de Jó (40, 16), lemos: "Eis que a sua força está nos seus rins, e o seu vigor, no umbigo do seu ventre". Embora essa descrição se refira ao monstro Beemot, é provável que a ideia do umbigo como sede de força ou poder fosse aplicada também aos seres humanos na época do profeta Jó. Citando essa passagem bíblica, Tomás de Aquino, ao discutir a unção e a cura das partes do corpo em sua *Suma Teológica*, diz que "a doença espiritual é mais virulenta nos rins dos homens e no umbigo das mulheres". No mundo antigo, os rins e o umbigo eram universalmente associados à sexualidade, à procriação e à energia por trás dessas coisas, que Sigmund Freud chamou de *libido*.

Os gregos pós-homéricos associaram uma parte da alma ao abdômen. Assim, na *República*, Platão ensinou que a psique é composta de três partes: a alma racional, que reside na cabeça; a alma irascível, sede da coragem, que reside no coração; e a alma apetitiva, sede do desejo, que reside no ventre.

Para os estoicos, a alma era uma partícula de Deus e habitava o corpo na forma de respiração, o tipo mais refinado de matéria. Incluía a potência racional humana, as cinco faculdades sensoriais e o poder de procriação. A alma, segundo ensinavam, passa a existir juntamente com o corpo e, logo, também desaparece quando da morte física. Alguns estoicos admitiam que a alma dos sábios conquista uma semi-imortalidade e perdura até o fim do universo.

Por enquanto, o que me interessa é a alma que supostamente reside na barriga. É a parte do nosso ser que está repleta de desejos materiais e apetites comuns, desde comer e beber até ter relações sexuais. Sua energia é contrária à da parte racional, que, na imagem poética apresentada por Platão no *Timeu*, se assemelha a uma flor celeste. É verdade que não há nada de sublime em nossas necessidades biológicas e carências psicológicas. Não seria correto até mesmo afirmar que, em geral, o ventre manda na cabeça?

Com efeito, o ventre parece ter sua própria vontade solar. Alguns fisiologistas falam até do "cérebro abdominal". O físico americano Byron Robinson, por exemplo, escreveu no livro *The Abdominal and Pelvic Brain* [*O Cérebro Abdominal e Pélvico*], de 1907:

> Nos mamíferos há dois cérebros quase iguais em importância para o indivíduo e para a raça. Um é o cérebro craniano, o instrumento da volição, do progresso mental e da proteção física. O outro é o cérebro abdominal, o instrumento das funções vasculares e viscerais. É o cérebro automático, vegetativo e subconsciente da existência física.

O cérebro abdominal é o governador autônomo do reino visceral e, nas crianças nascidas sem cérebro, é capaz de manter sozinho o corpo em funcionamento. O cérebro cefálico, ao contrário, precisa do cérebro abdominal para funcionar bem. O cérebro abdominal, com 1 bilhão de neurônios, tem uma inteligência própria. Hoje é mais conhecido como "sistema nervoso entérico", um ramo importante do sistema nervoso autônomo e um tema popular para os pesquisadores.

Quando alguém nos desce uma paulada na cabeça, nosso cérebro temporariamente rende o espírito, ou seja, a mente consciente. Do mesmo modo, quando um artista marcial desfere um duro golpe no plexo celíaco (ou solar) logo acima do umbigo do adversário, este instantaneamente perde a consciência e cai. Mas até um golpe mais fraco na área do plexo solar tonteia temporariamente a pessoa, mesmo que esta não sinta dor. O golpe desencadeia uma reação emocional instintiva que pode ser descrita como um medo autoprotetor.

Isso revela um fato importante acerca da interatividade entre mente e corpo: a saber, que as emoções estão intimamente ligadas às vísceras. Daí derivam expressões como "instinto visceral" e "uma sensação estranha na boca do estômago".

Charles Darwin, na desconhecida obra *The Expression of Emotion in Man and Animals* [*A Expressão da Emoção no Homem e nos Animais*, 1872], assinalou corretamente a função adaptativa das emoções, capazes de avaliar rápida e subconscientemente uma situação impessoal ou um relacionamento interpessoal. As emoções se ligam diretamente ao sistema nervoso autônomo, que parece produzir intuições com mais rapidez que o cérebro pensante, elemento fundamental do sistema nervoso central. Esse processamento emocional está ligado aos circuitos do hemisfério cerebral direito, por um lado, e ao sistema límbico, por outro. Nossas vísceras reagem instantaneamente, mas depois suas informações são traduzidas pelo cérebro num impulso de agir com base nas emoções.

O plexo celíaco, conhecido nos círculos leigos como plexo solar, é formado por dois gânglios ligados a outros plexos menores: o renal, o suprarrenal, o hepático e o gástrico superior. Há no abdômen toda uma rede telefônica conectada à estação central do crânio. Os neurônios (células nervosas) do corpo transmitem informações que entram no encéfalo ou saem dele. São capazes de comunicar bilhões de mensagens por segundo, informando ao encéfalo a situação interior e exterior do corpo. Boa parte dessa informação tem natureza emocional e é processada pelo sistema límbico. Nossas emoções não nos dizem somente se uma determinada sensação é agradável ou desagradável, mas também avaliam os estímulos segundo categorias como as de "belo" e "harmonioso" ou "feio" e "dissonante".

Nossos pensamentos são repletos de afetos ou avaliações emocionais que atuam como o juiz oculto de um tribunal superior. A avaliação dele é transmitida à Suprema Corte, o cérebro, que acrescenta pensamentos mais ou menos diferenciados às deliberações judiciais. É fácil compreender que o veredicto seja fortemente influenciado pelo juiz do tribunal superior, que em geral vê tudo em preto e branco. "Bom", "mau" e uma pincelada de "neutro".

Talvez sob a influência do sistema nervoso entérico, há muito tempo alguns filósofos chegaram à conclusão de que a intuição é um meio válido de conhecimento. Incluem-se aí a maioria dos pensadores do Oriente; e, entre os filósofos ocidentais, gênios como Platão, Spinoza, Kant e Bergson. É claro que estaríamos esperando demais se quiséssemos que suas respectivas definições de intuição fossem todas idênticas. Na melhor das hipóteses, "intuição" é um desses conceitos elásticos que pensamos conhecer bem até o momento em que alguém nos pede que o definamos ou o expliquemos em detalhe. Não vou aventar aqui uma definição ou explicação. Limito-me a observar que a intuição, especialmente a intuição filosófica, é a versão "chique" do instinto visceral. Agrada-me pensar, por outro lado, que ela não tem origem nos movimentos do intestino, mas numa espécie de mente superior, o *nous* platônico ou o *buddhi* vedântico. Mesmo assim, nossas mais elevadas intuições sempre vêm acompanhadas de um bom sentimento.

De qualquer modo, é impossível ao ser humano encontrar seu centro – seu verdadeiro *omphalos* espiritual – sem integrar a emoção à razão, o sistema nervoso autônomo ao sistema nervoso central, o abdômen ao cérebro, as vísceras ao *nous*. Temos de nos aprofundar no húmus do corpo para poder tocar os céus da descoberta intelectual, da introspecção psicológica e da visão mística.

A incapacidade de estar plenamente presente no próprio corpo é, na verdade, um dos problemas que acometem a humanidade atual, e isso apesar do tão criticado narcisismo corporal do Ocidente. Michael E. Zimmerman, professor de filosofia e partidário da ecologia profunda, fez em 1991 uma palestra no Instituto Naropa em Boulder, Colorado, em que defendeu a inclusão da "formação corporal" nos currículos universitários. Essa formação, do ponto de vista dele, deveria concentrar-se em três áreas problemáticas: a sexualidade no sentido mais amplo do termo, as emoções (inclusive as que se refletem no comportamento linguístico e a disciplina de auto-observação) e a mortalidade (que tendemos a negar).

Na opinião de Zimmerman, esse curso de um ano prepararia os estudantes para se dedicar à área do conhecimento de sua escolha, transmitindo-lhes uma nova sensibilidade a questões cruciais que afetam todos os aspectos de sua vida, entre os quais o trabalho científico ou acadêmico. Acrescento que esse tipo de reflexão ou autoinvestigação deve ser uma disciplina para a vida inteira, sobretudo agora, quando entendemos que nossas atitudes mentais refletidas em nosso comportamento têm grave efeito sobre o meio ambiente.

Como o próprio Zimmerman reconheceu, "muitos problemas ecológicos contemporâneos são sintomas das dificuldades e atitudes estranhas que temos em relação ao fato de habitarmos nosso corpo". Enquanto não nos sentirmos à vontade neste corpo, como poderemos nos sentir à vontade neste mundo? O corpo, em certo sentido, é o mundo; inversamente, o mundo, em certo sentido, é nosso corpo.

Quando nos distanciamos do corpo, transferimos esse mesmo sentimento ao ambiente como um todo. Começamos a tratá-lo como um território a ser espoliado. Ignoramos o fato de que os recursos da natureza são tão finitos quanto os do nosso corpo. Quando negamos nossa mortalidade, tendemos também a nos esquecer de que a vida na Terra tem começo e fim. E assim prosseguimos em nosso caminho atual, rumo à ruína.

O desafio com que nos deparamos, portanto, é o de cuidar adequadamente tanto do nosso corpo físico quanto do "corpo" ambiental. À medida que o ambiente externo se torna cada vez mais poluído, o cuidado do corpo físico também se torna mais difícil. Apesar dos progressos da medicina e da nutrição, a saúde da humanidade está em franco declínio. A Organização Mundial da Saúde e outras instituições de fiscalização nos alertam de uma pandemia iminente que poderia matar dezenas e até centenas de milhões de pessoas.

Nossa saúde mental está igualmente comprometida. Uma catástrofe planetária desencadeada pelo aquecimento global e pela poluição poderá fazer muitas vítimas do ponto de vista psicológico. Somente os que têm a mente sã poderão enfrentar com coragem e sensatez a dura realidade do colapso ambiental e do caos social resultante de tal catástrofe.

7 CONHECIMENTO INCANDESCENTE

Palavras, conceitos e realidade

Para começar, aqui vão algumas estatísticas (um modo legítimo de mentir, lembre-se): o inglês é a língua materna de cerca de 400 milhões de pessoas. Usado por 700 milhões de pessoas no total, é a segunda língua mais falada no planeta, precedida pelo mandarim (cerca de 1 bilhão de pessoas) e sucedida pelo hindi/bengali (por volta de 370 milhões) e o espanhol (330 milhões). O *Oxford English Dictionary* contém cerca de 650 mil palavras, incluindo as derivadas, e existem outros 500 mil termos técnicos em livre circulação entre os profissionais das diversas disciplinas de conhecimento. Isso é vinte vezes mais do que o *Old English* (inglês arcaico) possuía entre os anos 450 e 1150 d.C. Mas essa explosão verbal ocorrida nos últimos 850 anos é enganadora, já que 80% das palavras novas são derivadas ou emprestadas de outras línguas.

De meados do século XII até a metade do século XV, o povo do Reino Unido falava o que os filólogos chamam de *Middle English* (inglês medieval). A isso seguiu-se o que se conhece como *Early Modern English* (inglês moderno inicial), a língua da Versão Autorizada da Bíblia e das obras de William Shakespeare. De acordo com os estatísticos Bradley Efron e Ronald Thisted, o inigualável bardo usou 31.534 palavras *distintas* em sua obra completa. Eles também concluíram que Shakespeare provavelmente conhecia aproximadamente 35 mil outras palavras.

Compare essa riqueza lexical com o vocabulário de uma pessoa comum, dotada de certa instrução, cuja língua materna é o inglês. Dizem que tal pessoa conhece cerca de 20 mil palavras, mas usa apenas 2 mil na comunicação cotidiana. O vocabulário ativo de uma pessoa sem instrução, tipo humano cada vez mais comum nos Estados Unidos (país considerado a maior nação do mundo), gira em torno de mil palavras. De acordo com um artigo publicado pelo *New York Times* em 12 de dezembro de 2004, os Estados Unidos se encontram num vergonhoso 49º lugar no ranking mundial de alfabetização. Isso inevitavelmente trará drásticas consequências econômicas para os Estados Unidos. Os reflexos políticos desse fato já são graves, visto que os inúmeros norte-americanos analfabetos ou semianalfabetos não podem participar adequadamente do processo político, o que explica a existência do atual governo Bush.

O vocabulário ativo de mil palavras dos americanos sem instrução se aproxima do limite de 850 palavras do chamado "inglês básico", proposto pelo linguista e pacifista britânico Charles Kay Ogden como o vocabulário ideal para a comunicação em inglês. A própria noção de inglês básico de Ogden é estranha. O que a torna ainda mais bizarra é o fato de Ogden, em sua vida pessoal, ter sido um verdadeiro amante dos livros e ter montado uma biblioteca com mais de 100 mil volumes.

E isso não é o pior. O trabalho de Ogden foi aplicado no final da Segunda Guerra Mundial pelo Ministério da Informação inglês. Pressionado pelo primeiro-ministro Winston Churchill, o Ministério formou um grupo para investigar se o uso de um vocabulário limitado no rádio seria útil para controlar a disseminação de notícias relacionadas à guerra. É claro que seria e que ainda é! E podemos ter certeza de que ainda vamos ver essa linguagem empobrecida e nociva nos noticiários do futuro, pois ela é eficaz para censurar verdades desagradáveis. Quando o público é suficientemente ignorante, é muito mais fácil manipulá-lo. O Grande Irmão não está apenas observando; ele está agindo descaradamente.

É estranho, e indesculpável, que o famoso romancista George Orwell, criador da ideia de *novilíngua* no livro *1984,* tenha sido favorável de corpo e alma ao inglês básico. Contudo, não é de se admirar, pois ele trabalhava para a BBC. Mesmo assim, ele ficou consternado com o controle que o Ministério da Informação exerce sobre os meios de comunicação, fato que deveria ter previsto. Seu livro pode ser entendido como uma paródia tardia.

Quando Churchill buscou promover o inglês básico numa palestra proferida na Harvard University, suas palavras eloquentes caíram em ouvidos moucos e o presidente Franklin D. Roosevelt – não percebendo o potencial político de um vocabulário reducionista para os meios de comunicação – descartou a ideia, considerando-a uma tolice. Quando a televisão chegou à civilização ocidental no pós-guerra, entretanto, os chefões da mídia apressaram-se a usar o que podemos chamar de "minilinguagem": empregar o mínimo de palavras para transmitir o mínimo de informação sem que o público perceba. Parei de escutar os noticiários ou assistir a eles há muito tempo, porque as emissoras de notícias transformaram numa verdadeira forma de arte essa versão atroz da língua inglesa.

No Capítulo 4, descrevi o poder da linguagem de moldar a realidade. Aqui, o que me interessa é o modo como as palavras são quase impotentes quando o assunto é a Realidade com R maiúsculo, tema que pertence exclusivamente à metafísica e às tradições espirituais do mundo. Se as palavras não conseguem sequer espelhar a rotina da vida diária, supostamente palpável e concreta, quão menos devemos esperar delas ao ponderar os grandes mistérios da existência?

Na década de 1960, Edward de Bono, renomado especialista em pensamento criativo, cunhou a ideia de "pensamento lateral". Hoje em dia, ele diz que a linguagem foi "o passo mais importante na evolução humana", mas se tornou "o principal obstáculo à continuidade dessa evolução". É uma noção interessante, embora precária. Sabemos que a linguagem evoluiu junto com o desenvolvimento da cultura humana e foi um fator importante desse desenvolvimento.

É também inegável que a linguagem tende a congelar nossas experiências fluidas de vida em conceitos sólidos, que resistem à mudança. Essa rigidez conceitual nos impede de encarar a vida como algo novo a cada momento. Antes, os conceitos nos predispõem a interpretar a realidade de forma errônea. A esse hábito de obscurecimento damos o nome de preconceito, parcialidade, discriminação, tendenciosidade, premissas, pressupostos, opiniões ou ideias fixas.

Podemos dizer que nossos conceitos encarnam nossos hábitos mentais padronizados, nossa forma habitual de interpretar a existência. Eles se congregam em nossa mente, formando dogmas, crenças e ideologias. Um dos principais obstáculos conceituais, a meu ver, é a ideologia do materialismo que infectou muitas ciências exatas e humanas e, é claro, nosso comportamento rotineiro. Não é difícil perceber como esse dogmatismo conceitual pode distorcer a percepção e as experiências de uma pessoa. O consumismo desenfreado da nossa era, por exemplo, pode ser considerado uma amostra da onipresente tendência materialista. Ele anula todo um campo da experiência da vida humana, inclusive em sua dimensão psicoespiritual.

Contudo, como muitos psicólogos transpessoais afirmaram, ao ignorar a dimensão psicoespiritual da existência, nós nos mutilamos e impedimos que ocorra o crescimento pessoal necessário para curar nossa sociedade doente. A crise mundial atual é tanto uma crise de consciência quanto uma crise ambiental, política e econômica. É quase certo que não conseguiremos vencê-la se não houver pessoas em número suficiente tentando se abrir para uma nova forma de ver a si mesmas e ao mundo.

Uma nova forma de visão necessariamente envolve um novo tipo de linguagem – uma linguagem que faça da realidade algo transparente, não algo opaco por meio de conceitos rígidos. Talvez de Bono tivesse em mente algo como isso, mesmo não sendo conhecido por defender uma perspectiva espiritual.

Ao longo dos tempos, inúmeros homens e mulheres procuraram compreender a Realidade supostamente intangível e inefável – seja ela chamada de Absoluto, Supremo, Fundamento, Divindade, Deus, Si Mesmo Transcendente, Alma ou Espírito. Eles não se contentaram em aplicar a mente conceitual àquela Realidade. Pelo contrário, o que queriam era ir além dos limites dos conceitos e da linguagem e ter a experiência direta daquilo que é, superando as limitações do sistema nervoso e elevando a mente pela força da própria mente. Ao contrário do que diz a interpretação popular, o misticismo, em sua mais elevada expressão, não se resume a meras visões e audições, mas atinge seu auge na percepção direta – ou "realização" – da Realidade transconceitual.

Enquanto os neurocientistas contemporâneos ainda se esforçam para compreender esse estado extraordinário, os grandes místicos afirmam com absoluta clareza: essa realização não deve de maneira nenhuma ser confundida com qualquer estado mental dependente do cérebro, em particular com as experiências alucinógenas. Perfeitamente confiantes em sua realização espiritual, que os mantém num estado de perpétua serenidade e lucidez, eles não buscam a comprovação nem a aprovação da ciência. Sua aura de satisfação e paz interior, bem como sua consciência atenta, é contagiante. Eu mesmo presenciei esse "efeito de campo" em muitas ocasiões e vim a perceber que a mente conceitual é apenas um fenômeno superficial, debaixo do qual existe um verdadeiro oceano de consciência que nunca poderia estar contido no mero um quilo e meio do computador orgânico que chamamos de cérebro.

Embora a linguagem seja intrinsecamente limitada, os grandes psiconautas e exploradores do espectro transpessoal da existência sempre mostram extraordinário entusiasmo em comunicar seus pensamentos, o que naturalmente os leva a convertê-los em linguagem. O fato é que místicos como o alemão Eckhart, Santa Juliana de Norwich na Inglaterra, São João da Cruz e Santa Teresa de Ávila na Espanha, a santa poetisa Lalla da Caxemira e o erudito mestre tântrico Abhinavagupta foram formidáveis artesãos da palavra que contribuíram significativamente para a construção de suas respectivas línguas.

É como se esses místicos fizessem um esforço hercúleo para destilar o significado da língua até a última gota; e, sempre que o vocabulário disponível seca, eles criam novos termos – tudo isso para indicar essa Realidade que, como eles mesmos reconhecem, não pode estar contida na esfera limitada do tempo e do espaço. Eles constantemente fazem uso de metáforas, comparações, alegorias, paradoxos, hipérboles e todos os outros tipos de figura de linguagem, caindo no silêncio apenas quando todas as possibilidades linguísticas se esgotam. Seus escritos têm o intuito de levar os leitores ao limite da compreensão, à beira daquele precipício em que a mente conceitual ou se paralisa, frustrada e aterrorizada, ou se lança, em êxtase, no Desconhecido Incognoscível.

Por meio da linguagem, a mente conceitual "engole" e "cospe" conceitos. Não tem capacidade para consumir, digerir ou regurgitar a realidade em si. Por exemplo, quando pensamos em uma árvore – e não apenas a contemplamos serenamente –, não percebemos verdadeiramente a realidade daquilo que chamamos de "árvore". Quanto mais as coisas estão "em nossa cabeça", menos estabelecemos contato com a realidade.

É razoável dizer que a maioria das pessoas habita exclusivamente em sua cabeça, em sua mente conceitual. Elas não veem realmente a árvore, a casa, um ser humano. Ao contrário, apenas *concebem* a árvore, a casa ou o ser humano. Na maior parte das situações práticas, essa realidade virtual funciona razoavelmente bem. Os tropeços ocorrem apenas quando nossas recriações conceituais da realidade contêm elementos estranhos (tendências, preconceitos, parcialidades etc.) e muito diferentes da realidade. É nesse momento que ofendemos, perturbamos, irritamos ou decepcionamos a outrem. Em outras palavras, a realidade reage e nos obriga a fazer ajustes conceituais e comportamentais. Na adolescência, eu frequentemente me perdia em pensamentos e às vezes minhas ruminações conceituais eram abruptamente interrompidas por um poste ou uma árvore. A realidade física triunfa sobre a realidade virtual.

Hoje em dia, muitos seres humanos – senão a maioria – vivem num casulo de realidade virtual quando o assunto é, por exemplo, o meio ambiente. Não percebem a verdadeira crise causada pelo seu impacto coletivo sobre o planeta. É previsível, no entanto, que a realidade, na forma da Mãe Natureza, cedo reagirá contra a errônea réplica conceitual do que está realmente acontecendo. Na verdade, ela já está reagindo, como nos mostra o efeito estufa registrado no mundo inteiro.

Para conhecer diretamente a realidade de uma árvore, precisamos tirar nossas lentes conceituais e emocionais e fazer contato com o que Jiddu Krishnamurti chamou de "consciência imparcial". Ele demonstrou o significado desse conceito para si mesmo quando recusou o papel de messias da nova era para o qual havia sido escolhido a dedo pelos primeiros líderes da Sociedade Teosófica. Em vez disso, ele se tornou um divulgador da visão transconceitual e deu milhares de palestras para inspirar os ouvintes a reconhecer o quanto eles se achavam confinados na prisão da mente conceitual.

Infelizmente, no processo de ensinar o público por meio de palestras e livros, o próprio Krishnamurti fez amplo uso da linguagem conceitual. Consequentemente, seus discursos são cheios de contradições e obscuridades que, se não existem realmente, pelo menos parecem existir. Por isso, nunca tive vontade de ler suas publicações de cabo a rabo e muito menos de escutar suas palestras, que reuniam grandes multidões de seguidores – em sua maior parte, fanáticos.

Tenho mais afinidade com os escritos do mestre budista tibetano Tarthang Tulku, que também aborda a filosofia por um prisma semelhante ao da consciência imparcial de Krishnamurti. Baseando-se primariamente na doutrina do Dzogchen, de sua própria linhagem espiritual, Tarthang Tulku desenvolveu uma forma de indagação fenomenológica capaz de tornar o processo conceitual suficientemente transparente a ponto de nos oferecer um melhor vislumbre da realidade.

Ele chama seu método de abordagem TEC (Tempo, Espaço, Conhecimento). Por esse método, a pessoa explicita suas suposições sobre espaço tridimensional, tempo linear e conhecimento finito e suspende conscientemente as parcialidades que descobrir. É claro que esse procedimento demanda certo grau de inteligência e sofisticação linguística, o que o torna inviável para muita gente, especialmente considerando a decadente alfabetização na América do Norte.

De qualquer modo, parece que, para transcender a mente conceitual, e não apenas abafá-la, é necessário um tanto de refinamento intelectual, senão de erudição. É isso, de fato, que podemos depreender da história do misticismo e da espiritualidade. Para alcançar esse tipo de simplicidade interior de que os sábios e místicos falam, precisamos primeiro nos firmar na complexidade. Quando Jesus de Nazaré disse em seu memorável Sermão da Montanha: "Bem-aventurados os pobres de espírito, pois deles é o Reino dos Céus", ele não se referia aos estúpidos e aos preguiçosos mentais.

Com efeito, a palavra grega *ptochos* significa "o mais pobre dos pobres" ou "abjetamente pobre". Quando aplicada à palavra *pneuma*, Espírito, devemos entender esse termo como "completamente desprovido de orgulho". Para superar o orgulho, entretanto, temos de possuir uma inteligência muito sutil, capaz de perceber como o impalpável senso de si penetra em absolutamente todos os cantos da mente conceitual. Podemos considerar isso como um tipo de refinamento mental. Esses comentários deixam claro que, segundo creio, o senso de ego é uma grande barreira entre nós e a realidade. É o mais perverso aspecto da mente, como detalharei em breve.

A mente abarrotada de conceitos é como uma floresta extremamente densa onde as plantas sufocam umas às outras e esperam pelo alívio de uma clareira criada por um raio. No caso de uma mente dominada pelos conceitos, tal intervenção vem inadvertidamente na forma de doenças como o mal de Alzheimer ou um derrame. Aquela importante peça do cérebro associada à criação e à linguagem é imobilizada, o que representa para os filósofos uma derrota total.

Outro tipo de intervenção (desta vez, consciente e benévola) que lança luz sobre o emaranhado conceitual é a prática deliberada da meditação ou da contemplação. Desacelerando e, por fim, detendo temporariamente o interminável tagarelar mental, abre-se dentro da mente um espaço precioso onde a realidade verdadeira pode tomar o lugar da realidade virtual do reino conceitual. Então o espelho mental se torna limpo. A Realidade é conhecida como realmente é.

Parece que Immanuel Kant estava parcialmente errado. Sim, é verdade que nunca poderemos *conhecer* a Realidade, a Coisa em si, mas podemos *realizá-la*, isto é, *ser* ela em sua forma pura, antes ou além dos sentidos, da linguagem e da mente. No entanto, para realizar, e não apenas mentalizar, idolatrar ou *qualquercoisar* Aquilo, temos de separar a mente de sua suposta substancialidade, que é um produto do senso autoemergente de "Eu".

O ego reifica a mente e a transforma num objeto de posse. Mas, quando a examinamos de perto, a mente é na verdade o próprio processo de mentalização: os pensamentos vêm e vão, banhados em efêmeras emoções. Numa transposição para a linguagem da pintura, cores e formas sempre mutáveis existem sem uma tela que as sustente. Porém, não queira extrair cores e formas definidas desse fluxo cambiante de fenômenos! Quaisquer que sejam os fenômenos, eles não podem ser "pegos" como pegamos, por exemplo, uma moeda na rua. As coisas são mais parecidas com os elétrons: são "não coisas", sem arestas definidas.

O que é uma árvore? O que é o fogo? O que é a luz? O que é o nomadismo? O que é a filosofia? O que é a verdade? O que é o sentido? O significado dessas coisas, desses processos, desses conceitos é principalmente o que nós pretendemos que seja. Entretanto, se nos contentarmos com seus respectivos sentidos denotativos, nunca alcançaremos sua realidade. A linguagem congela o fluxo dos acontecimentos e cria entidades distintas e "exteriores" diante de um sujeito reificado que as percebe ou apercebe: uma entidade subjetiva que tem como pivô o senso de ego. Na melhor das hipóteses, a linguagem cria linhas de demarcação cuja utilidade prática é limitada.

Quando um professor desenha um círculo imaginário no ar, os alunos podem "vê-lo", embora não o vejam. A linguagem talvez seja um pouquinho mais eficaz. Mas se a linguagem é tão problemática – uma doença da comunicação e, talvez, uma doença comunicável –, não devemos esperar muito dela. Quando o negócio é realizar aquilo que está sempre presente sem os sentidos que percebem e a mente que concebe, o silêncio é realmente "de ouro".

Não obstante, nós somos compelidos a falar. Tão logo abrimos a boca, entretanto, nos dispomos voluntariamente a sofrer a insuficiência intrínseca da linguagem verbal. Por outro lado, se tivermos dominado suficientemente a linguagem, nós também poderemos transformá-la num artefato translúcido por meio do qual somos capazes de construir belas pontes de entendimento. As palavras são tesselas coloridas feitas de material translúcido. A linguagem é uma estrutura cristalina feita de pequenas peças. A mente é uma superfície reflexiva na qual colocamos nossos labirintos e mosaicos conceituais provisórios.

A veracidade da mente nua

Desde que o *Homo erectus* abandonou as savanas africanas e se aventurou pelos outros continentes, seguindo o instinto nômade, a humanidade armazenou um grande estoque de experiências, as quais, diriam alguns, fizeram do *Homo sapiens* o que o nome diz: uma espécie razoavelmente ponderada. Afinal de contas, quando você repetidamente tropeça numa pedra e quebra um dedo do pé, ou bate a cabeça num galho de árvore, ou queima seus dedos nas chamas de uma fogueira, você começa a se perguntar o que está acontecendo. Começa a aprender a se comportar com mais atenção ou mais habilidade. Da mesma maneira, quando vê seus pais, irmãos e outros familiares morrerem de acidente, doenças ou (menos provável) velhice, você é levado não só a sofrer, mas também a refletir. Aprende a estabelecer vínculos entre os acontecimentos e, em seus momentos de maior lucidez, a tirar conclusões significativas.

O princípio da filosofia, eu proponho, não é tanto a imaginação ou a curiosidade quanto a familiaridade com o sofrimento, uma constante universal da experiência humana. Acontece de alguém passar a vida inteira sem pensar um segundo sequer no significado da existência; mas tão logo essa pessoa se encontra numa crise de saúde, sofre um grande revés ou perda ou se vê diante da morte iminente, ela de súbito se torna filosófica: "Por que isso está acontecendo comigo?"; "O que foi que eu fiz?"; "Qual o sentido disso tudo?".

Na qualidade de *Homo sapiens*, temos a extraordinária capacidade de olhar para o passado e até mesmo de nos perder nele, e também de ponderar sobre o futuro e nos perder por lá. Às vezes conseguimos prestar atenção no momento presente. O modo como fazemos isso ainda é meio misterioso, especialmente quando se trabalha com a hipótese de que a mente é mero subproduto do cérebro, um acidente da evolução. A esta altura, já deve estar claro que não concordo com uma visão tão simplista. Glorifiquemos o cérebro, mas não confundamos a mobília com o usuário.

A melhor metáfora (e, mesmo assim, imprecisa) que fui capaz de criar para explicar a relação entre a mente e o cérebro é a do compositor e do piano. O compositor conhece melodias maravilhosas de todo tipo, da mais simples a mais complexa. Pode até criar seu próprio arabesco, um minueto, uma fuga, um concerto, uma sonata ou uma sinfonia. Alguns compositores, como Mozart e Chopin, são capazes de compor de cabeça, sem o auxílio de um instrumento musical. Beethoven era completamente surdo quando compôs sua nona e última sinfonia, que inclui uma parte da famosa *Ode à Alegria*, de Friedrich Schiller.

A expressão de um músico no piano é limitada por um determinado número de coisas. Independentemente do talento e da habilidade, há a própria estrutura do piano, principalmente a extensão do teclado. A extensão normal abarca sete oitavas, com 88 sons puros que permitem um grande número de combinações (chamadas acordes). A qualidade da tábua harmônica é importante, como também a dos martelos que batem nas cordas. O volume da câmara de som é outro fator crucial. Considere a diferença entre um piano vertical, um digital, um de cauda e um de concerto.

Um exemplo mais simples: compare um piano e um órgão de igreja com seus longos tubos, que podem fazer vibrar as paredes de um grande espaço. Como qualquer instrumento, o piano produzirá sons de um único timbre. Em outras palavras, o piano soa como piano e não como um violino ou uma corneta.

Outro fator limitativo é o fato de que nós só temos dez dedos, que permitem um número determinado de combinações de sons. Além disso, a mão de cada músico tem sua própria constituição, e sua envergadura raramente excede uma oitava. Mais ainda, embora os exercícios prescritos para os dedos possam aumentar bastante a destreza digital do pianista, há um limite para a velocidade com que os dedos podem se mover e apertar as teclas corretas. *O Voo do Besouro* de Rimsky-Korsakov, o *Estudo em Dó* (*Opus* nº 1) de Chopin ou o quarto movimento da *Sonata em fá menor* de Beethoven têm um ritmo (e uma complexidade) que poucos pianistas poderão dominar.

O cérebro é o piano da mente e os conceitos baseados na linguagem são suas teclas. Nossas ideias e teorias são equivalentes às composições musicais. Se não exercitarmos nosso piano cerebral por meio do pensamento profundo e sistemático, criaremos somente uma cacofonia conceitual. A mente é limitada pela capacidade do cérebro ao qual está associada. Essa capacidade pode ser aumentada exercitando-se o cérebro adequadamente.

Cada cérebro, entretanto, parece ter certo limite definido pela hereditariedade genética. Nem todo mundo tem o cérebro de um Einstein, cuja massa neuronal era mais densa. Os genes humanos não se distribuem de maneira particularmente democrática. É certo, por outro lado, que todos podem e devem aprender a usar de modo mais completo e hábil o cérebro que receberam. Na verdade, todas as formas de disciplina espiritual pressupõem essa possibilidade.

O grande erro de muitos neuropsicólogos, a meu ver, é que eles confundem a música do piano com o compositor. Não obstante, as supostas certezas da neuropsicologia talvez não sejam tão sólidas. Uma coisa é apertar uma tecla de piano para produzir um som previsível e outra é compor e tocar magistralmente uma sinfonia. Do mesmo modo, é certo que uma tecla danificada não produzirá um som puro ou não produzirá som nenhum, mas isso não diz nada sobre a mente do músico em si. Apenas o obriga a tocar somente certo gênero de composições ou a tocar músicas que soam mal.

Muito já se falou sobre os danos em partes específicas do cérebro – o tipo de pesquisa inaugurado por Wilder Penfield. Quando o lobo temporal esquerdo é removido, por exemplo, a capacidade de aprender a ler e escrever se perde. Danos no lobo direito tendem a resultar na redução da capacidade espacial. Do mesmo modo, danos ao lobo parietal direito podem produzir a incapacidade de realizar tarefas motoras simples.

Os efeitos mais drásticos de disfunção cerebral podem ser produzidos pela separação das fibras nervosas (corpo caloso) que conectam os hemisférios esquerdo e direito. Esse procedimento raramente executado dá a impressão de criar duas mentes. O paciente com o cérebro dividido é incapaz de dizer o que viu quando um objeto é apresentado apenas ao seu campo visual esquerdo. O mesmo paciente pode, entretanto, selecionar um objeto idêntico com a mão esquerda, sendo ela controlada pelo hemisfério direito. Podemos comparar todas essas disfunções a alguém que toca um piano cujas teclas estão danificadas ou mesmo inutilizadas. Sem as teclas dó, o *Estudo em dó* de Chopin não soaria o mesmo.

Embora uma lesão cerebral extensa possa tolher a capacidade do indivíduo de pensar por meio de conceitos linguísticos ou expressar-se de forma inteligível, há amplos indícios de que sua consciência básica persiste. Isso é verdade até em alguns pacientes em coma. Além disso, numerosas experiências extracorpóreas durante cirurgias evidenciam que um paciente totalmente anestesiado pode ainda estar completamente consciente não apenas de seu corpo deitado na mesa de operação, mas também das conversas (às vezes, frívolas) que ocorrem entre o cirurgião e seus assistentes.

Mesmo em estados traumáticos do cérebro em que não há nenhum sinal de consciência, a consciência primordial de que a literatura mística fala não é minimamente afetada. Esse princípio escapa aos reinos da medicina e da neuropsicologia, é claro.

Para abordar essa questão de modo apropriado, devemos nos remeter aos numerosos relatos em primeira pessoa de xamãs e mestres na arte e ciência do yoga, que conseguem separar à vontade a mente do corpo. Geralmente, essa prática é efetuada na forma de ensaio para o inevitável momento da morte. Esses psiconautas estão determinados a deixar esta vida de forma consciente e controlada, para que sua vida após a morte tenha a desejada continuidade e êxito.

Nas tradições hindu e budista, dizem que o ato de sair do corpo de forma deliberada e consciente permite que o indivíduo influencie significativamente sua reentrada no mundo material. Isso pressupõe, é claro, a validade da antiga ideia de reencarnação. Mais importante, põe em questão a popular crença científica – e não passa de uma crença – de que a consciência é um produto ou um aspecto da atividade cerebral.

Antes de me aprofundar neste assunto importantíssimo, gostaria de contar a história de Rangjung Rigpe Dorje, o XVI Karmapa da linhagem Karma Kagyu do budismo tibetano, história essa que ilustra claramente a abordagem yogue da morte. Enquanto visitava os Estados Unidos em 1980, Sua Santidade foi hospitalizada para que os médicos pudessem atendê-lo adequadamente durante a fase terminal de um câncer grave. (Sim, até os grandes mestres do espírito podem adoecer, embora no caso deles muitas vezes as doenças não sejam o que parecem, como veremos.) Mesmo em seus últimos dias, ele permaneceu pacífico e sorridente como sempre e afirmou insistentemente que não sentia dor alguma, numa situação em que uma pessoa normal receberia doses cavalares de morfina.

Sempre que os médicos diziam que a morte era iminente, ele espantosamente se recuperava e seus sinais vitais voltavam ao normal. A certa altura, entrou no estado de coagulação intravascular disseminada (que enche o corpo de endotoxinas). Começou a sangrar em abundância e a medicação não conseguia deter a hemorragia. Entretanto, em duas horas, sua condição se normalizou e ele se pôs sentado na cama, conversando com seus discípulos. Aparentemente, ainda não havia terminado de dar suas instruções, e a morte teve de esperar por sua autorização.

No último dia, depois de um ataque cardíaco, o estado de Sua Santidade se deteriorou gravemente e todas as tentativas de ressuscitação se provaram inúteis. Os médicos começaram a retirar os tubos; então, de repente, o monitor de pressão sanguínea, que apresentava uma linha reta, mostrou uma leitura de 14 por 8. Todos estavam pasmos. Cinco minutos depois, a consciência de Sua Santidade havia se recolhido por completo. Apesar de tudo, para a admiração dos médicos e das enfermeiras, seu peito permaneceu quente na região do coração por mais 48 horas. A presença espiritual que despertara surpresa e reverência na equipe que o atendia estava forte como nunca, mesmo depois de sua morte física. O *rigor mortis* sobreveio depois de três dias; o tempo normal é por volta de três horas após a morte. O XVI Karmapa havia deixado definitivamente sua forma física, mas não antes de ensinar uma lição sobre morte consciente e sobre a superioridade da consciência diante da matéria (e da mente).

Quatro anos depois, em 1985, Rangjung Rigpe Dorje renasceu numa família nômade do leste do Tibete. Seu novo nome era Ugyen Trinle Dorje e sua entronização como o XVII Karmapa ocorreu em 1992, aprovada pelo Dalai Lama e pelo governo chinês. A confusão começou no ano 2000, quando o jovem Karmapa fugiu do Tibete para escapar da doutrinação comunista e se juntou aos respeitados mestres tibetanos do norte da Índia.

A China imediatamente deixou de apoiar o líder espiritual e nomeou outro *tulku*, Thayle Dorje, para a eminente posição de Karmapa. As duas reencarnações ainda não se encontraram e, no mundo do budismo tibetano, a profunda cisão decorrente dessa controvérsia ainda não estava resolvida no verão de 2005.

Um breve esclarecimento: de acordo com a doutrina budista da reencarnação, não existe uma alma individual que passa de corpo para corpo, de vida para vida. Pelo contrário, os vários fatores da mente da pessoa formam um contínuo, que então perpetua a si mesmo com as mudanças necessárias de encarnação em encarnação. A base desse contínuo é a Consciência Pura, que é suprapessoal e extrafísica.

Tal Consciência Pura não pode se localizar no cérebro. Não é sequer um aspecto finito da mente, mas, sim, a própria fundação da existência mental – de toda existência, como asseguram os místicos do mundo inteiro. Não podemos confundir a Consciência Pura com a consciência comum. A consciência comum é, por assim dizer, o que acontece quando a Consciência Pura transcendental se reflete num organismo suficientemente complexo (como o corpo humano), que possui um sistema nervoso sofisticado. O cérebro, afirmo mais uma vez, é o "lugar" em que a consciência não localizada e o sistema nervoso se combinam para formar a mente consciente.

Talvez você ache que, quando uma telha cai na cabeça de alguém, essa pessoa perde a consciência imediatamente. Estar inconsciente implica não ter a percepção do nosso ambiente interno e externo. É estar, como se diz, sem sentidos. Entretanto, essa insensibilidade da consciência só existe para quem a vê de fora.

O mais importante – como afirmam os psicólogos yogues da ordem Nyingma do budismo tibetano – é que a consciência que se manifesta normalmente numa pessoa em estado de vigília é diferente da Consciência Pura, que não se situa em nenhum ponto específico do espaço. Eles chamam esses tipos de consciência, respectivamente, de *sem* e *rigpa*. Na pessoa comum, a Consciência Pura penetra todas as atividades mentais do mesmo jeito que o óleo de gergelim penetra o próprio gergelim. Admito que essa metáfora não seja muito adequada, porque *rigpa* persiste mesmo quando não há mente alguma a ser penetrada. Essa Consciência Pura primordial é espontânea e não dual; não é conceitual, não é modificável, não deriva de nada e não cria coisa alguma.

Naturalmente, como com todas as realidades metafísicas, não existem provas lógicas universalmente satisfatórias da existência da Consciência Pura. Tudo o que temos são os testemunhos dos mestres espirituais, que dizem que "realizaram" permanentemente um estado de consciência não dual. Se descartarmos essas ideias em princípio, por considerarmos que não fazem sentido, estaremos, de fato, de mãos vazias.

Uma alternativa mais sábia seria libertar-se de toda tendência materialista e abordar essa questão com a mente mais aberta. Só assim poderemos verificar a veracidade dessa ousada afirmação. Os grandes adeptos de fato recomendam esse segundo meio. Eles nos encorajam a aprender a controlar nossa mente e nosso sistema nervoso com o objetivo de penetrar a névoa das respostas condicionadas e ver por nós mesmos o que acontece quando todo ruído mental é silenciado. Os virtuosos da espiritualidade, especialmente os da Índia e do Tibete, acumularam uma grande riqueza de experiências e intuições a respeito da natureza da mente, que excedem de longe todo o conhecimento acumulado da psicologia moderna.

Se Carl Gustav Jung, um entusiasmado estudioso das tradições da sabedoria oriental, conseguisse ter suprimido por tempo suficiente sua ideia de que a psicologia ocidental é superior à oriental, ele poderia ter revolucionado ainda mais a primeira. Na década de 1920, ele se aproximou do sistema de yoga de Patanjali, formulado no início da era cristã. Porém nos anos 1930 voltou a um modo mais ocidental de teorização sobre a mente, especialmente sobre a memória e a consciência, e chamou o yoga de "psicologia pré-crítica".

Coincidindo com a visita de Jung à Índia em 1936-1937, o famoso periódico *Prabuddha Bharata* ("Índia Desperta"), instituição da Ordem Ramakrishna, publicou seu artigo "O Yoga e o Ocidente", em que ele expressava sua forte opinião de que o yoga oriental era impraticável para os povos ocidentais. Para Jung, o yoga é somente uma técnica especial de introspecção que aproxima o yogue da própria psique, particularmente do inconsciente.

Ele rejeitou firmemente a ideia tradicional de que o yoga leva a uma consciência universal – ou o que tenho chamado de "Consciência Pura" – que possa ser algo mais que o próprio inconsciente. Simplesmente não era capaz de imaginar um estado de existência em que, embora o ego esteja completamente transcendido, o sujeito não se veja reduzido à inconsciência. Os yogues modernos sempre desprezaram a opinião de Jung, considerando-a desinformada e até mesmo ridícula. Eles afirmam que o yoga há muito definiu a Consciência Pura e o inconsciente como duas coisas distintas.

Três anos depois, Jung escreveu um artigo chamado "O que a Índia pode nos ensinar", em que elogiou o caráter unificador do hinduísmo, dizendo que este poderia servir como modelo para o Ocidente. Ao mesmo tempo, observou com mordacidade em seu "Comentário psicológico sobre o Livro Tibetano da Grande Libertação" que "o yoga, quando praticado em Mayfair ou na Quinta Avenida, ou em qualquer outro lugar que conste na lista telefônica, é uma farsa espiritual".

Seus ensaios sobre "A Psicologia da Meditação Oriental", de 1943, e sobre "Os Santos da Índia" (uma introdução à tradução alemã dos ensinamentos do famoso sábio hindu Ramana Maharshi, feita por Heinrich Zimmer), de 1944, reiteraram sua opinião sobre o quanto o yoga é inadequado ao contexto cultural ocidental. O que teria Jung a dizer sobre os ocidentais de hoje, que – alguns pelo menos – praticam com êxito algumas disciplinas orientais de treinamento da mente?

Embora fosse profundamente fascinado pela sabedoria oriental e elogiasse alguns dos seus aspectos, Jung sempre tomou o cuidado de se manter dentro dos limites da estrutura da psicologia ocidental, para cuja expansão ele dera considerável contribuição. Isso é compreensível, já que ele – como muitos outros ocidentais estudiosos das tradições espirituais orientais – carecia de experiência direta sobre as realidades e estados que desde a mais remota antiguidade influenciam a maneira de pensar dos grandes mestres do yoga.

Foi só no final de sua vida que Jung foi abençoado com fortes experiências místicas que lhe permitiram afirmar publicamente no programa "Cara a Cara" da BBC que ele não apenas acreditava na existência de Deus, mas *tinha certeza* dela. Se isso tivesse acontecido antes, ouso dizer que o legado intelectual de Jung teria sido ainda mais profundo e também mais pertinente ao estado em que se encontra o diálogo entre Oriente e Ocidente. Mesmo não tendo realizado por completo sua nobre intenção de construir uma ponte entre Oriente e Ocidente, seu trabalho ainda assim representa uma fase crucial na relação entre os dois hemisférios culturais do nosso planeta.

O que a psicologia moderna tem de melhor é o entendimento dos processos mentais relacionados às sensações, à memória, à motivação e ao comportamento interpessoal. Já as psicotecnologias orientais são caminhos magníficos para os limites transpessoais mais longínquos da mente humana. Seus praticantes exploram sem medo os mais obscuros recessos da personalidade e igualmente mergulham intrépidos no "espaço sideral" da consciência, em que todos os grilhões conceituais são abstraídos.

Porém, para entender as sutilezas da maneira tradicional de treinar a mente, antes temos de nos livrar do falso objetivismo adotado pelo método científico. Mais especificamente, temos de nos dispor a submeter nosso corpo e nossa mente a uma prolongada provação em rigorosa disciplina espiritual – uma experiência cujo sucesso não é previsível de imediato, mas que, numa perspectiva de longo prazo, é promissora e cheia de significados.

Não obstante, poucos são dotados da perseverança necessária para prosseguir com a experiência até o final. Aqueles que são capazes de fazê--lo se tornam tão inteiramente transformados por dentro que, como diria um mestre yogue, é pouco o que resta neles de tipicamente humano. Para que isso não soe alarmante, apresso-me em dizer que é sabido que esse indivíduo em particular – como outros em seu nível espiritual – é imensamente compassivo. Sua compaixão não se resume a um puro sentimentalismo, mas, ao contrário, podemos inferir que existe em função da sua iluminação espiritual, isto é, da sua realização da Consciência Pura.

Como sempre dizem os psicólogos, o ser humano comum é regido por emoções indesejáveis de todo tipo, como a ganância, a luxúria, o medo, o ciúme, a inveja, a raiva e por aí vai. Esporadicamente nosso comportamento é motivado pelo amor, pela benevolência, pela compaixão e generosidade. Entretanto, o ego tem o hábito de se intrometer, sorrateiro, em nossas sensações, nossos pensamentos e atos. A transcendência do ego como prática constante não é um conceito para a pessoa normal.

É extraordinariamente diferente a situação daqueles que se aprofundaram na mente e na compaixão e realizaram a Consciência Pura primordial. Eles deixam de se identificar com o corpo e até com a mente. Nunca se identificam com bens e relacionamentos externos. Nesse estado de realização, o que são eles? Sobre-humanos? Inumanos? Não. São simplesmente os donos de seu ambiente interno e, portanto, estão altamente qualificados para agir de maneira responsável e benevolente no mundo.

Psiconáutica: trilhando a espiral até o centro

Na mais elevada oitava, nosso instinto fototrópico se manifesta como uma busca pelo que os místicos chamam de "A luz das luzes" ou "Luz pura". Do mesmo modo, nosso impulso nômade é representado pela psiconáutica, a grande busca interna. Nesse nível, esses dois impulsos são apenas um, são a mesma coisa. A essa dupla, devemos acrescentar a tendência humana de atribuir nomes às coisas, hábito que podemos entender como um desejo de compreender a realidade e tomar posse dela. Obviamente, é apenas de forma conceitual que podemos nos apropriar da realidade por meio da linguagem. Na mais elevada oitava, esse hábito se revela como o impulso de nos unir com o mundo em que vivemos, não apenas intelectualmente ou mesmo emocionalmente, mas em essência. Isso, como asseguram os místicos, é possível porque já somos aquilo que buscamos realizar. Essa realização chega a transcender o cérebro que concebe sua simples possibilidade. E a prova de sua veracidade só vem quando ela efetivamente acontece, como Jung aprendeu no fim de sua vida.

O conhecimento espiritual, ou gnose, está para o místico assim como a eletricidade está para a pessoa comum, como o clarão nuclear está para os militares ou como a luz da razão está para a mente filosófica. A espécie humana, do mesmo jeito que as plantas, é fototrópica – se volta para a luz. Sem a luz, nós murchamos. Agora temos de perceber que também precisamos daquela luz que sempre brilha além do corpo e da mente, a Luz Pura.

A escuridão também é necessária para o nosso progresso – a escuridão do ventre materno, a escuridão do sono onde corpo e mente se regeneram, a escuridão do inconsciente que executa as necessárias funções biológicas e psicológicas que seriam retardadas pela atenção consciente, a escuridão da ignorância durante a infância, que nos protege do conhecimento prematuro e permite que o corpo e a mente se desenvolvam harmoniosamente, a "escuridão da alma" que aumenta nossa sede da verdadeira luz espiritual.

A sutil relação entre a luz e a escuridão em todos os níveis da vida humana está para o nosso desenvolvimento interior e exterior do mesmo modo que os polos Norte e Sul estão para o nosso planeta. Os místicos e os xamãs do mundo inteiro entenderam isso há muito tempo e criaram uma grande variedade de métodos engenhosos – psicotecnologias – que usam essa polaridade natural a fim de transcendê-la: o efeito Münchhausen de puxar-se para fora da escuridão espiritual pelos próprios fundilhos.

No século XVIII, o nobre alemão Karl Friedrich Hieronymus von Münchhausen, que desfrutava o título de barão, alcançou a fama de ser um viajante inveterado e um grande guerreiro em duas campanhas contra os turcos. De acordo com a lenda, realizou várias façanhas improváveis e muitas vezes engraçadas: voou numa bala de canhão, viveu dentro de uma baleia como Jonas, viajou à Lua e, por fim, puxou-se para fora de um pântano pelos próprios cabelos.

A autossustentação – o ato de puxar-se para fora pelos próprios cabelos – é tão essencial para o misticismo quanto para os computadores, com as devidas modificações. Diversos textos indianos retratam a situação da seguinte maneira: a mente é a fonte tanto da libertação quanto das amarras, isto é, tanto da iluminação quanto da ignorância. Tudo depende do modo como a utilizamos. Diz-se que a mente não iluminada é egocêntrica e robótica. Freud e Jung chamavam esse roboticismo mental de "inconsciente". Muito do que pensamos e fazemos ocorre, por assim dizer, impensadamente. Com que frequência nós temos diálogos interiores sem ao menos nos darmos conta de que eles estão acontecendo?

A mente iluminada, pelo contrário, é sempre egotranscendente e totalmente consciente. A natureza automatizada da mente comum pode ser facilmente percebida quando nos esforçamos conscientemente para frear nossos pensamentos. A maioria das pessoas fracassa redondamente nesse processo depois de apenas alguns segundos. A mente ignorante é uma mente descontrolada. Um simples ato de introspecção revelará que ela gera em torno de doze ou mais pensamentos desconexos por minuto. Multiplicando isso pelo número de horas que cada pessoa permanece desperta em um dia – dezesseis horas, digamos –, obtemos o impressionante número de 4.204.800 pensamentos por ano. Temos de somar a esse total todos os pensamentos gerados durante os sonhos, que tomam aproximadamente 160 minutos por dia. Se vivermos setenta anos, o motor da mente terá bombeado cerca de 343.392.000 pensamentos pelo nosso encanamento mental.

Não é difícil ver que uma quantidade tão grande de pensamentos pode moldar decisivamente o destino de qualquer pessoa. As pesquisas provaram o que o senso comum sempre soube: os pensamentos de amor ou de raiva produzem os estados emocionais correspondentes, com seus respectivos correlatos fisiológicos positivos ou negativos. Esse reconhecimento é fundamental para as medicinas psicossomática e holística, que tratam o corpo e a mente como um todo funcional. Também está por trás de práticas como a autossugestão à moda de Émile Coué ("Todos os dias e de todos os modos, estou me tornando cada vez melhor.") e o pensamento positivo à moda de Norman Vincent Peale.

Basta checar nossos pensamentos durante o período de uma hora ou um dia para termos uma ideia do que ocupa a nossa mente e a de todo o resto da humanidade. Essa descoberta provavelmente não será inspiradora nem encorajadora.

Isso tem relação com a saúde mental de modo geral. De acordo com um relatório expedido pelo Ministério da Saúde e Serviços Sociais dos Estados Unidos em 2004, o uso de antidepressivos quase triplicou entre 1988 e 2000. Hoje em dia, 10% das mulheres adultas tomam antidepressivos. No Estado mórmon de Utah, o uso de antidepressivos é três vezes mais alto que a média dos Estados Unidos. As estimativas para outros países são parecidas. Em 1999, o secretário de saúde pública dos Estados Unidos publicou seu primeiro relatório sobre a saúde mental nesse país, destacando alguns problemas graves que podem ser encontrados em larga escala na população. Eu me atrevo a opinar que a saúde mental de outras nações está igualmente comprometida.

A situação parece ainda mais ameaçadora quando incluímos os estados de neurose que não necessitam de intervenção psiquiátrica nem de remédios vendidos sem receita médica. Em *A Psicopatologia da Vida Cotidiana* (1904), Sigmund Freud mostrou que a vida humana é repleta de traços neuróticos – desde o esquecimento das coisas até os comportamentos supersticiosos e os já famosos "atos falhos".

As tradições místicas endossam essa avaliação. A mente comum é obsessiva e essencialmente ansiosa. Suas obsessões giram, sobretudo, em torno das funções biológicas e psicossociais impulsionadas pelo ego. A quase ausência de pensamentos de amor, paz, bondade e perdão no palco da mente vulgar chama a atenção.

Agora imagine como deve ser a noosfera terrestre, com 6 bilhões de pessoas produzindo diariamente mais de 80 trilhões de pensamentos – em sua maioria, banais ou negativos. Vem à mente a palavra "latrina", como também a palavra "sofrimento". Se a nossa espécie se encontra em sérios apuros hoje em dia, não é por causa de uma maquiavélica força externa ou de Mefistófeles, mas somente em razão de seus próprios hábitos mentais e de suas ações subsequentes no nível físico.

Milênios atrás, os grandes sábios se deram conta de que os pensamentos seguem sempre a mesma rotina; isto é, a mente é uma máquina que cria hábitos. Criaram métodos pelos quais comportamentos quase completamente inconscientes podem ser trazidos à luz da consciência para interromper hábitos do passado e prevenir a criação de estados mentais indesejáveis no futuro. Esses métodos podem ser compreendidos como um descondicionamento intensivo e extensivo, por um lado, e, por outro, como um recondicionamento. O aspecto recondicionante dessa abordagem se baseia em criar um hábito de atenção ou consciência.

A prática regular da consciência – o espaço em que a sabedoria pode se cristalizar – muda aos poucos a própria qualidade da mente. Combinada com uma reeducação moral completa, centrada naquilo que o pioneiro da psicologia humanística e transpessoal Abraham Maslow chamou de "valores do ser", a prática metódica da consciência produz, no devido tempo, uma reestruturação completa da personalidade.

O resultado desse esforço livremente assumido é o tipo de pessoa que chamaríamos de sábia ou até mesmo de santa. Essa pessoa, de acordo com Maslow, é totalmente "autorrealizada", isto é, ela tem o hábito da autotranscendência e não do narcisismo ou da defesa do ego; em vez de ser complacente consigo mesma, tem autocontrole sem ser rígida; é espontânea e criativa, com um desenvolvido senso de justiça e compaixão. Essa pessoa também está familiarizada com aquilo que Maslow chamou de "experiências de pico", vislumbres de realidades transpessoais que por sua vez fazem parte do mais elevado espectro da experiência humana. No ápice desse prolongado processo de evolução psicoespiritual, encontramos o estado de iluminação em si, que supera até mesmo a autorrealização.

Os psiconautas das tradições místicas do mundo inteiro descobriram um segredo maravilhoso pelo qual podemos deter o doloroso processo de reciclagem microcósmica. Eles identificaram e utilizaram a mais magnífica capacidade que nós, seres humanos, possuímos – a capacidade da consciência. Enquanto essa capacidade permanece inativa e inculta, condenamo-nos a uma vida de sonambulismo na qual sempre repetimos os mesmos padrões mentais e físicos de comportamento sem sentido, que nos dão apenas dor e sofrimento. Na falta da consciência, nos comportamos como qualquer viciado que vive apenas em busca da próxima dose, do próximo fragmento do que lhe parece ser a felicidade ou o alívio numa vida que, se não fosse por isso, seria uma vida de tortura.

Alguns leitores talvez não concordem com minha visão por ser muito pessimista, muito triste. Contudo, se ela estivesse assim tão longe da realidade, a nossa civilização não deveria ser pelo menos um pouco mais saudável, mais feliz, mais pacífica e mais cooperativa do que é? Não deveríamos assistir ao declínio da fome no mundo e à redução da criminalidade? Não veríamos uma igualdade social maior e pelo menos alguns sinais de que a guerra, o terrorismo e a violação dos direitos humanos por certos regimes políticos estão diminuindo? Não presenciaríamos um número muito maior de "atos casuais de bondade", prestimosidade e generosidade, em vez da insensibilidade e da indiferença?

Sem a presença benéfica daqueles que dedicaram a vida à iluminação espiritual para o benefício de todos os seres, minha descrição seria ainda mais deprimente. São eles que me dão esperança na sobrevivência da nossa espécie. Pois sei em meu coração que esses derradeiros raios de luz estão dando o máximo de si para penetrar a escuridão espiritual da nossa era.

Também me sinto mais forte com o trabalho de milhares de pessoas que, como eu, estão profundamente perturbadas com a situação no mundo – seja ambiental, social ou política – e com aqueles que se dedicam a melhorar suas próprias áreas de proficiência ou paixão. Tampouco sou alheio às muitas pessoas de bom coração que, sem adotar uma filosofia ativista, são pais e vizinhos exemplares.

Embora não concorde com a ideia de que o bem necessariamente vence em todas as situações – a história desmente essa noção em muitos casos –, ainda prefiro, em definitivo, defender o que reconheço como o bem. Todos nós temos de escolher, e hoje precisamos fazer escolhas de vital importância que dizem respeito não somente à nossa vida particular, mas às vidas de todos os nossos semelhantes. O *Homo sapiens* está para descobrir se realmente merece o nome que lhe foi outorgado.

EPÍLOGO

Estou escrevendo este epílogo, exatos 115 dias depois de começar o livro. Nesse período, o Sol se deslocou 2.131.603.200 quilômetros através do espaço rumo a um ponto vizinho à estrela Vega, na constelação de Hércules; nosso planeta percorreu 297.536 quilômetros ao redor do Sol; a população do mundo aumentou em quase 30 milhões de pessoas e o Contador da População Mundial da Secretaria de Recenseamento dos Estados Unidos marca neste exato instante (às 17h59 de Greenwich) o número de 6.467.320.615 pessoas; o déficit global de água doce aumentou em mais ou menos 50 bilhões de toneladas (a quantidade de água usada menos a quantidade gerada pelas chuvas); 8 bilhões de toneladas de solo fértil se perderam; 9 milhões de hectares de floresta tropical foram destruídos; cerca de 10 mil espécies de plantas e animais se extinguiram; por volta de 1 milhão e meio de pessoas morreram de fome pelo mundo afora; os cidadãos norte-americanos gastaram mais de 10 trilhões de dólares em artigos de consumo e 400 bilhões somente em roupas; a dívida nacional dos Estados Unidos aumentou em mais ou menos 177 bilhões de dólares e chega, hoje, a cerca de US$ 7.922.879.237.475,00 (ou seja, quase 8 trilhões de dólares). Espero que, a esta altura, esses números já façam sentido para o leitor sem que eu tenha de explicá-los de novo.

Enquanto escrevia o livro, em vários momentos, me senti pasmo, chocado e até horrorizado pelos relatórios atualizados sobre o caos impingido ao meio ambiente pela ignorância e pela indiferença do ser humano. O que mais me surpreende e desanima é a indiferença descarada dos políticos em âmbito internacional, nacional e local, que, sem praticamente nenhuma exceção, antepõem a ambição pessoal e a política partidária ao bem-estar da Terra e das numerosas espécies que a habitam. Nunca deixo de me admirar da naturalidade com que a maior parte da humanidade leva adiante sua rotina cotidiana – como se não houvesse amanhã.

No livro *The Outline of History* [Esboço da História Universal], de 1920, H. G. Wells observou: "A história humana se torna cada vez mais uma corrida entre a educação e a catástrofe". Vinte e cinco anos depois, em sua última obra – *Mind at the End of Its Tether* [A Mente no Fim da Linha] –, ele formulou com toda a clareza seu pessimismo diante do futuro da humanidade. Certamente, a catástrofe está muito mais próxima que a educação, a compreensão e uma ação decisiva para deter a avalanche do desastre global.

Quero esclarecer que não me subtraio a essa crítica, pois percebo que também fui infectado pela pandemia de miopia cognitiva e de conformismo. Embora compreenda a gravidade da doença, falta-me a força interior para combater o vírus com todo o coração, e sei muito bem que um pouquinho aqui e um pouquinho ali não é o suficiente. Cada passo, cada respiração deve ser um esforço para corrigir as muitas injustiças que foram e ainda são cometidas para com as gerações futuras de seres humanos e não humanos deste planeta.

À semelhança de milhões de outras pessoas conscientes – não podemos culpar os ignorantes –, sou um bodhisattva extremamente relutante. Mesmo o esforço de dar à luz este livro se mostra, infelizmente, inútil em face da magnitude da catástrofe atual. Sinto-me como um gafanhoto que, avistando um incêndio no mato seco, envia tardios sinais de alarme a seus desatentos semelhantes e a outras criaturas.

É verdade que as grandes tradições espirituais nos estimulam a prestar atenção no momento presente. Porém, essa atenção só pode se basear numa visão do quadro maior, visão essa a ser considerada em todas as nossas decisões e atividades. Todo instante contém, de certo modo, o passado, o presente e o futuro. Não podemos nos dar ao luxo de andar como sonâmbulos sequer por um minuto. Não obstante, como Friedrich Nietzsche insistiu, a humanidade é vítima de um sonambulismo crônico. No século XX, a apoteose dessa malfadada tendência foi o caso de Adolf Hitler, que, discursando em Munique em 14 de março de 1936, declarou com orgulho: "Percorro com a certeza de um sonâmbulo o caminho que me foi traçado pela Providência". Sempre que sacrificamos a responsabilidade e a atenção consciente no altar da letargia e de nebulosas doutrinas fatalistas, é certo que colheremos os piores tipos de consequências.

Há mais ou menos dez anos, fiz o "voto do bodhisattva", que caracteriza o budismo mahayana: assumi o compromisso de me dedicar profundamente ao bem-estar espiritual de todos os seres. Todo dia reafirmo esse nobre compromisso e todo dia percebo quanto sou absolutamente incapaz de cumpri-lo. Humildemente, sou obrigado a admitir que, a esta altura, só tenho a *intenção* de servir aos seres na qualidade de bodhisattva. É um começo bastante modesto, mas – será que é ousadia acrescentar esta qualificação? – é um começo mesmo assim.

Que muitos outros descubram estas mesmas verdades: que todos os seres são membros de uma única grande família; que a saúde da família inteira é definida pelo estado de seu membro mais fraco e doente; e que todos temos de cuidar uns dos outros para preservar a vida neste planeta e, quem sabe, poder um dia propiciar-lhe algo a que ele aspira há muito tempo: uma espécie inteligente.

PÓS-ESCRITO
(DATADO DE SETEMBRO DE 2007)

Este pós-escrito, redigido depois de eu escrever *Yoga Verde* com minha esposa Brenda, foi motivado pelo fato de eu ter tomado plena consciência de três situações especialmente significativas que lançam uma sombra negra sobre nosso futuro imediato.

A primeira situação é a inesperada rapidez com que o aquecimento global está ocorrendo e a Sexta Extinção em Massa está progredindo; a segunda é o previsível colapso da internet; e a terceira é o fenômeno do Pico do Petróleo, que se tornou tema corrente entre intelectuais da economia e da política. Para piorar as coisas, essas três tendências históricas parecem estar convergindo e ameaçam converter-se em uma catástrofe dantesca.

O aquecimento global e a extinção em massa

Finalmente o aquecimento global foi reconhecido como uma realidade inegável pelos governos de diversos países. Nem o governo Bush ousa negar que nosso planeta esteja se aquecendo, embora ainda não admita a seriedade do problema. Suas políticas favorecem a mentalidade do "deixar rolar" e "não jogar farinha no ventilador". George Bush Jr. e seus assessores ainda não reconheceram que a mais grave ameaça à existência dos Estados Unidos não é o terrorismo, mas a poluição descontrolada promovida pelo consumismo desenfreado.

Apesar dos sinais de alerta emitidos por ecologistas, biólogos e cientistas contratados pelos governos, as emissões de carbono pelo mundo afora não estão diminuindo, mas aumentando. Consequentemente, é certo que o aquecimento global e as decorrências deste se intensificarão.

Enquanto isso, o ex-vice-presidente americano Al Gore arrogou-se o papel de apóstolo da mudança climática. Infelizmente, a maior parte de sua mensagem parece estar errada, pois ele ignora o fato de que o aquecimento global e o chamado "obscurecimento global" (*global dimming*) caminham de mãos dadas. Se simplesmente nos esforçarmos para limpar o ar, poderemos na verdade piorar a situação, pois o decréscimo da poluição permitirá que uma quantidade maior de luz solar atinja o solo, aquecendo mais rapidamente a atmosfera inferior e ocasionando um bombardeio ainda mais letal de raios ultravioleta.

A compensação de emissões de carbono, ruidosamente defendida por Gore, é apenas parte da equação. Também temos de *deter* o consumo excessivo em todos os departamentos da vida. A verdade é que não existe uma solução cômoda, conveniente e confortável para o aquecimento global.

O aquecimento global tem as mais diversas consequências, todas elas indesejáveis. Uma das piores é o desalojamento e a literal extinção de numerosas espécies de animais e vegetais. Como eu e minha esposa explicamos em *Yoga Verde*, todo dia cerca de 150 espécies se extinguem, somando mais de 50 mil espécies por ano. No ritmo atual, a humanidade logo só terá por companhia alguns insetos e micro-organismos, mas o mais provável é que também ela se junte, antes disso, ao rol das espécies extintas.

O fim da humanidade tornou-se uma perspectiva realista não para daqui a alguns séculos, mas para daqui a algumas décadas. Certos peritos dizem que a hora certa para deter a derrocada rumo ao Dia do Juízo é *agora* e não daqui a alguns anos. Não raros observadores dessa terrível situação são ainda mais pessimistas. De qualquer modo, o tempo de deixar para lá, adiar a solução e esperar que o governo tome providências passou definitivamente.

Colapso da internet

Vislumbrada por Joseph C. R. Licklider na década de 1960 como uma rede global de informações, a internet se tornou uma instituição mundial à qual estão conectados mais de 1 bilhão de usuários, número que aumenta a cada dia. Originalmente concebida como um sistema de transmissão de conhecimento, a internet foi a tal ponto manipulada pelos interesses comerciais que seu colapso faria parar, pelo menos por certo tempo, os motores da civilização contemporânea.

Em 23 de junho de 2006, 160 diretores executivos de empresas se reuniram para discutir as ameaças ao comércio acarretadas por um ataque de terrorismo cibernético à internet, já previsto algum tempo antes por muitos especialistas. Se dessa mesa-redonda não tivessem participado empresas gigantescas como a Hewlett-Packard, a IBM, a General Motors, a Home Depot e a Coca-Cola, poderíamos simplesmente desconsiderar o documento final da reunião, que recomendava cautela. Porém, se empresas rivais sentaram-se juntas à mesma mesa, é porque a suposta ameaça é de fato muito séria. Os executivos que participaram da discussão representavam juntos os interesses de mais de 10 milhões de empregados e 4,5 trilhões de dólares.

O documento "Essential Steps to Strengthen America's Cyber Terrorism Preparedness" (Medidas Essenciais para Aumentar o Preparo dos Estados Unidos para um Ataque de Terrorismo Cibernético), de dezenove páginas, sublinha que o uso ininterrupto da internet é essencial para a economia americana (e, pode-se acrescentar, para a economia do resto do mundo). Em essência, esses líderes da indústria notaram que o governo americano está completamente despreparado para um colapso da internet desencadeado por *hackers* com motivação política. Segundo vários peritos em computadores, essa possibilidade é iminente.

Um ataque desses realmente causaria uma catástrofe econômica pelo mundo afora e talvez motivasse medidas políticas altamente indesejáveis para proteger os interesses dos países desenvolvidos. Exaltada como "sistema nervoso" do planeta, a internet sofre hoje de grave neuropatia, espelhando os traços neuróticos e psicóticos da civilização humana moderna.

Muitos especialistas em computadores passaram a crer que, por ser a internet vital não só para o comércio como também para as instalações militares, enfrentamos a forte ameaça de um ataque de *hackers* fanáticos que buscam tomar o controle de sistemas automáticos de armas e podem conseguir desencadear deliberadamente um holocausto nuclear.

Em fevereiro de 2006, o Ministério de Segurança Interna dos Estados Unidos organizou um exercício de combate de cinco dias – a operação "Tempestade Cibernética" – com a participação de 115 órgãos do governo e organizações particulares. O governo americano não divulgou suas conclusões até agora, mas é provável que os exercícios tenham revelado várias vulnerabilidades graves, que talvez tenham motivado a já mencionada mesa-redonda de 23 de junho.

Do ponto de vista simbólico, a internet representa uma extensão da capacidade e da necessidade de comunicação do ser humano. Somente uma pequena parte desse tráfico de informações, porém, parece ser dedicada à comunicação construtiva. Desde que a internet se abriu para o grande público, em meados da década de 1990, cresceu exponencialmente a quantidade de lixo informativo no éter eletrônico. Nesse processo, a internet se tornou um paraíso para exploradores, corruptores e criminosos, bem como para aqueles descontentes cujo fanatismo ideológico os leva a utilizar essa invenção como arma de destruição em massa. Será que a Super-rodovia da Informação se tornará a *via dolorosa* da coletividade humana?

Pico do petróleo

O fenômeno do Pico do Petróleo, descrito por Richard Heinberg e outros, está se tornando rapidamente um *slogan* e uma realidade. O termo se refere àquele momento em que a demanda de petróleo supera a produção eficiente desse recurso. Alguns peritos insistem em afirmar que já se chegou a esse ponto; outros dizem que poderemos chegar a ele em não mais que cinco anos. Seja como for, o Pico do Petróleo tem consequências de longo alcance para todas as sociedades pós-industriais.

Em poucas palavras, o petróleo é o sangue que alimenta o coração das sociedades industriais. À medida que sua extração das entranhas da Terra se tornar mais cara e mais difícil, o motor bem azeitado da civilização moderna começará a ranger e, de acordo com alguns, poderá parar completamente.

Ao contrário do que nos asseguram as autoridades do governo dos Estados Unidos, as guerras no Oriente Médio e as muitas incursões em outras regiões do globo têm, sim, tudo a ver com o petróleo. Isso se torna cada vez mais evidente à medida que os interesses se agigantam e os principais personagens do drama se posicionam no palco. A política mundial é cada vez mais determinada pela escassez de recursos fundamentais para a sobrevivência dos países civilizados.

Quando o Pico do Petróleo e a luta para garantir o acesso às reservas petrolíferas (que, segundo parece, são muito menores do que até agora se pensava) se associam ao aquecimento global e ao terrorismo cibernético, juntam-se todos os ingredientes necessários para um desastre em escala planetária.

Por isso, convém formar uma imagem tão fiel quanto possível do quadro global. Nem os governos nem os meios de comunicação de massa se mostraram responsáveis o suficiente para retratar essa situação fielmente perante o público. No fim, cabe a cada indivíduo agir com inteligência e responsabilidade. Além disso, é mais do que sensato nos prepararmos para um eventual colapso mundial, nem que seja simplesmente fortalecendo a mente por meio do correto treinamento moral e espiritual.

NOTAS EXPLICATIVAS

Capítulo 1: O ser humano, uma espécie fototrópica

p. 17:

Uma excelente biografia do polímata alemão Johann Wolfgang von Goethe nos é oferecida por David Luke, *Goethe* (Harmondsworth, Reino Unido: Penguin, 1964). O próprio Goethe escreveu sobre sua juventude em *Aus meinem Leben: Dichtung und Wahrheit* [*Sobre a Minha Vida: Poesia e Verdade*], publicado em 1811-1813 e traduzido para o inglês em 1824 com o título de *Memoirs of Goethe: Written by Himself*. Suas obras completas em alemão estão em *Gesamtausgabe der Werke und Schriften* (Stuttgart: Cotta, 1950-1968), 22 volumes; seus numerosos desenhos foram organizados por Gerhard Femmel numa série de seis volumes intitulada *Corpus der Goethezeichnungen* (Leipzig: Seemann, 1958–1970). As obras literárias de Goethe traduzidas para o inglês estão em *Goethe's Collected Works*, organizadas por Victor Lange, Eric Blackall e Cyrus Hamlin (Nova York: Suhrkamp, 1983--1989) em doze volumes.

    O intrigante personagem do Doutor Fausto foi inspirado por um "cientista louco" semilegendário de mesmo nome. Há muitas versões de sua história, mas em todas elas Fausto faz um pacto com o Diabo. Em 1587, um autor anônimo escreveu em alemão um livrinho popular intitulado *Historia von D. Iohan Fausten*. Doze anos depois, esse livro foi traduzido para o inglês com o título de *The Historie of the Damnable Life, and Deserved Death of Doctor Iohn Faustus*. Foi essa versão que inspirou Christopher Marlowe a escrever a peça *The Tracial History of Doctor Faustus*, publicada por volta de 1600. Essa obra parece ter servido de modelo para a tragédia goethiana do *Fausto*, a qual, por sua vez, foi traduzida para o inglês em dois volumes por Philip Wayne (Harmondsworth, Reino Unido:

Penguin, 1959). Outra tradução inglesa, com anotações críticas, é a de Walter Arndt (trad.) e Cyrus Hamlin (org.), *Faust, A Tragedy: Backgrounds and Sources, the Author on the Drama, Contemporary Reactions, Modern Criticism* (Nova York: Norton, 1976).

A lenda de Fausto tal como narrada por Goethe é um clássico da literatura universal e continua fascinando não só os literatos do mundo inteiro como também os leitores de histórias em quadrinhos e os aficionados do cinema. É o que provam os filmes mudos *Damnation du Docteur Faust* [*A Condenação do Doutor Fausto*, 1904], de Georges Méliès; o *Fausto* (1926) de Frederich Wilhelm Murnau, também mudo, mas eloquente; *Le beauté du diable* [*A Beleza do Diabo*], comédia francesa de 1950 dirigida por René Clair; o *Fausto* de Peter Gorski (baseado no roteiro de Gustaf Gründgen, 1960); o *Bedazzled* de Peter Cook e Dudley Moore (1967, refilmado em 2000 com o título em português de *Endiabrado*); o *Faust: Vom Himmel durch die Welt zur Hölle* [*Do Céu ao Inferno, Passando pelo Mundo*, 1988], de Dieter Dorn; o *Fausto* de Jan Svankmajer's (1994); *O Advogado do Diabo*, de Taylor Hackford (1997); *Faust: Love of the Damned* [*Faust: O Pesadelo Eterno*, 2000], de Brian Yuzna; e *I Was a Teenage Faust* [*Fui um Fausto Adolescente*, 2001], de Thom Eberhardt. Em 2003, o *Faust/Faustus: A Duet for Devils*, de Leon Johnson, causou sensação em vários festivais de cinema. Esse vídeo digital de quinze minutos, baseado em representações teatrais da peça, funde o Fausto de Goethe com o Fausto inventado pelo dramaturgo britânico Christopher Marlowe no século XVII.

Por fim, sobre a teoria das cores de Goethe, o original alemão *Zur Farbenlehre* (Tübingen: Cotta, 1810), em dois volumes, foi traduzido para o inglês por Sir Charles L. Eastlake com o título de *Goethe's Theory of Colours* (Londres: Murray, 1840).

p. 20:

Lênin é um exemplo do que acontece quando a filosofia se torna uma ideologia rígida e totalitária e é usada para controlar as massas: a brutalidade – manifesta ou oculta – torna-se inevitável para garantir a obediência. Durante os 69 anos que durou a União Soviética, mais de 60 milhões de pessoas foram assassinadas ou morreram de fome. A brutalidade de Stálin há muito é reconhecida nos anais da história. Lênin, contudo, foi idealizado e idolatrado até por seus compatriotas. No livro *A Century of Violence in Soviet Russia* (New Haven, Connecticut: Yale University Press, 2002), Alexander N. Yakovlev procura corrigir esses erros de interpretação. Poucos sabem que foi Yakovlev quem formulou o conceito de *perestroika* ("reestruturação") e convenceu Mikhail Sergevich Gorbachev a promovê-la vigorosamente até o previsível colapso da União Soviética, em 1991.

p. 20:

Embora Arthur Koestler (1905-1983) esteja longe de ter levado vida exemplar, a popular biografia *Arthur Koestler: The Homeless Mind* (Nova York: Simon & Schuster, 1991), de David Cesarani, é extremamente parcial e "sensacionaliza" alguns aspectos pouco salutares do viver excêntrico desse escritor. Ainda não se publicou um relato equilibrado sobre sua vida e suas realizações.

p. 22:

A história da evolução humana é um gigantesco quebra-cabeça. Vez ou outra, encontram-se novas peças, e então é preciso reposicionar as peças já existentes. Nas palavras de Chris Stringer: "O campo da evolução é repleto dos restos de ancestrais abandonados e das teorias que os acompanhavam". Ver C. Stringer, "Human evolution and biological adaptation in the Pleistocene", em Robert A. Foley, org., *Hominid Evolution and Community Ecology* (Londres: Academic Press, 1984), p. 53.

A teoria geral de como a vida, especialmente a vida humana, evoluiu no planeta Terra ainda é provisória, para dizer o mínimo. Isso deu aos criacionistas a munição real ou imaginária de que precisavam para insistir, sem nenhuma congruência, em afirmar que o bom Senhor criou o mundo em seis dias no ano 4004 a.C. (segundo os cálculos fantasiosos de James Ussher, 1581-1656, arcebispo de Armagh, na Irlanda). A evolução do homem, como o desenvolvimento do universo em geral, não passa de uma teoria. E as teorias mudam à luz das novas descobertas. Parece que os religiosos fundamentalistas se sentem pouco à vontade com o fato de o conhecimento científico ser adquirido aos poucos e de a certeza absoluta ser um artigo extremamente raro.

A descoberta do espécime de *Australopithecus afarensis* chamado "Lucy", feita por Donald Johanson, foi um ponto de inflexão decisivo na obra de reconstrução paleoantropológica e irritou profundamente os criacionistas. Ver Donald C. Johanson e Maitland A. Edey, *Lucy: The Beginnings of Humankind* (Nova York: Simon & Schuster, 1981) e também Maitland A. Edey e Donald C. Johanson, *Blueprints: Solving the Mystery of Evolution* (Nova York: Little, Brown, 1989), Donald C. Johanson e James Shreeve, *Lucy's Child: The Discovery of a Human Ancestor* (Londres: Viking, 1989) e Donald C. Johanson e Blake Edgar, *From Lucy to Language* (Nova York: Simon & Schuster, 1996).

Há certa controvérsia sobre a postura de Lucy. Seria mais parecida com a de um ser humano ou a de um chimpanzé? Recente modelo de computador baseado em suas pegadas dá a entender que essa fêmea de 107 centímetros de altura não se deslocava com a ajuda dos membros superiores em postura inclinada, mas, ao contrário, de fato andava ereta sobre duas pernas. Por outro lado, muitos paleontólogos não levam a sério essa última contribuição que a robótica deu ao debate. Ver William I. Sellers *et al.*, "Stride lengths, speed and energy costs in walking of *Australopithecus afarensis*: Using evolutionary robotics to predict locomotion of early human ancestors", *Journal of the Royal Society Interface* [periódico *on-line*], junho de 2005.

Tampouco existe consenso sobre o berço da humanidade. A África ainda é o ponto favorito, mas alguns pesquisadores defendem a tese de que a humanidade se originou em diversas regiões. Quase todos concordam, por outro lado, com a teoria de que os hominídeos (os precursores do *Homo sapiens*) se originaram na África e de lá se espalharam pela Europa e pela Ásia. Vê-se um resumo da situação atual da paleoantropologia em Chris Stinger e Peter Andrews, *The Complete World of Human Evolution* (Nova York: Thames & Hudson, 2005).

Sobre a ligação entre a evolução humana e as catástrofes periódicas (como as glaciações), você talvez queira consultar o excelente livro de William H. Calvin, *A Brain for All Seasons: Human Evolution and Abrupt Climate Change* (Chicago: University of Chicago Press, 2002). Recomendo também o livro de Trevor Palmer, *Perilous Planet Earth: Catastrophes and Catastrophism Through the Ages* (Cambridge: Cambridge University Press, 2003), que trata das catástrofes ocorridas no passado distante e recente e discute com inteligência as teorias catastrofistas.

No que se refere às mudanças climáticas abruptas, as pesquisas de Peter deMenocal no Instituto Lamont-Doherty de Observação da Terra são especialmente pertinentes. Sobre o porvir, ver seu artigo "After Tomorrow" no periódico *on-line Orion* (janeiro-fevereiro de 2005) em www.oriononline.org/pages/om/05-1om/deMenocal.html.

p. 23:

Luigi Luca Cavalli Sforza, pioneiro das pesquisas de vanguarda sobre as mitocôndrias, foi também um dos fundadores da subespecialidade "coevolução genética e cultural". Sua obra seminal no primeiro dos dois campos foi *The Genetics of Human Populations*, em coautoria com W. F. Bodmer (San Francisco: Freeman, 1971; reimpresso pela Dover Press, 1999); e, no segundo, *Cultural Transmission and Evolution: A Quantitative Approach*, em coautoria com Marcus W. Feldman (Princeton: Princeton University Press, 1981).

p. 26:

Sobre a Catástrofe de Toba, ver http://volcano.und.nodak.edu/vwdocs/volc_images/southeast_asia/indonesia/toba.html.

p. 27:

O modelo da invasão ariana, formulado no século XIX, tinha forte sabor político e imperialista, que recentemente se tornou objeto de diversas análises. Ver, por exemplo, N. S. Rajaram, *Sarasvati River and the Vedic Civilization: History, Science and Politics* (Nova Delhi: Aditya Prakashan, 2006). Discuti o modelo da invasão ariana e os motivos pelos quais é redundante em *In Search of the Cradle of Civilization*, escrito em coautoria com Subhash Kak e David Frawley (Wheaton, Illinois: Quest Books, 1995). Tratamento mais atualizado do tema se encontra em N. S. Rajaram, *op. cit.* Ver também David Frawley, *Gods, Sages and Kings* (Salt Lake City, Utah: Passage Press, 1991), que faz boa discussão do caráter marítimo da civilização védica do Indo-Sarasvati, muitas vezes erroneamente caracterizada (em tom pejorativo) como uma sociedade pastoral.

Os homens de Cro-Magnon, os primeiros "franceses" e talentosos artistas da era glacial, representam uma fase importante da evolução humana. Há pelo menos dois livros de ficção que tratam do provável contato entre os homens de Neandertal e os homens de Cro-Magnon. Um deles é o romance *The Inheritors* (*Os Herdeiros*, 1955), de William Golding, Nobel de Literatura. O outro é *Dance of the Tiger* (1980), de Björn Kurtén. Esse segundo romance tem a nítida vantagem de ter sido escrito por um renomado paleontólogo finlandês. As narrativas de não ficção, que trazem informações sobre os homens de Cro-Magnon, mas têm âmbito mais extenso, são as de Paul Jordan, *Early Man* (Thrupp, Reino Unido: Sutton, 1999) e Wil Roebroeks e Clive Gamble, *The Middle Paleolithic Occupation of Europe* (Leide: Leiden University, 1999), além de Steven Mithan, org., *Creativity in Human Evolution and Prehistory* (Londres: Routledge, 1998).

Sobre a arte rupestre, ver E. Hadingham, *Secrets of the Ice Age: The World of the Cave Artists* (Nova York: Walker, 1979), e Jesper Christensen, "Heaven and earth in ice age art: Topography and iconography at Lascaux", *Mankind Quarterly*, vol. 36, números 3-4 (1996), pp. 247 ss. Ver também P. Jeffrey Brantingham *et al.*, orgs., *The Early Upper Paleolithic Beyond Western Europe* (Berkeley: University of California Press, 2004); Clayton Eshlemanm, *Juniper Fuse: Upper Paleolithic Imagination & the Construction of the Underworld* (Middletown, Connecticut: Wesleyan University Press, 2003); Steven Mithen, *After the Ice: A Global Human History 20,000-5,000 BC* (Cambridge, Massachusetts: Harvard University Press, 2004).

As culturas do paleolítico e do neolítico eram xamânicas. Uma excelente discussão do xamanismo arcaico: Miranda e Stephen Aldhouse-Green, *The Quest for the Shaman: Shape-Shifters, Sorcerers and Spirit-Healers of Ancient Europe* (Londres: Thames & Hudson, 2005).

Uma das melhores introduções à evolução humana em geral é a de Donald Johanson e Blake Edgar, *From Lucy to Language* (Nova York: Simon & Schuster, 1996); é o livro mais atualizado disponível nas livrarias, com várias fotografias. Um belo resumo das noções atuais sobre os neandertais é o livro *The Neanderthals: Changing the Image of Mankind* (Nova York: Alfred A. Knopf, 1992), de Erik Trinkaus e Pat Shipman.

Há muito que as pinturas da caverna de Lascaux, na França, são admiradas pela beleza e pela hábil execução. Recentemente, Michael Rappenglück acrescentou um novo elemento à nossa apreciação desse sítio da Idade da Pedra. Usando a paleoastronomia ou a arqueoastronomia, disciplina relativamente nova, ele conseguiu identificar constelações (como as Plêiades) no meio daqueles desenhos. Isso indica que o céu estrelado já tinha grande importância há cerca de 16.500 anos. Uma das primeiras obras de arqueoastronomia foi o magnífico e erudito livro de Giorgio de Santillana e Hertha von Dechend, *Hamlet's Mill: A Essay on Myth and the Frame of Time* (Boston, Massachusetts: Nonpareil Books/Davide Godine Publishers, nova edição de 1977). Um exame mais recente da arqueoastronomia se encontra em David H. Kelley e Eugene F. Milone, *Exploring Ancient Skies: An Encyclopedic Survey of Archaeoastronomy* (Nova York: Springer, 2004). A arqueóloga francesa Chantal Jegues-Wolkiewiez, que confirmou as descobertas de Rappenglück, tem seu próprio website: www.archeociel.com. Ver também A. F. Aveni, org., *World Archaeoastronomy* (Cambridge: Cambridge University Press, 1989).

Sobre o estudo de sete anos acerca dos neandertais, ver Jerry von Andel *et al.*, *Neanderthals and Modern Humans in the European Landscape of the Last Glaciation – Archaeological Results of the Stage 3 Project*, publicado pelo McDonald Institute for Archaeological Research da Cambridge University (dezembro de 2003).

p. 29:

Para a Conferência Huxley de 1916, intitulada "Stories of a Great Flood" (Narrativas de um Grande Dilúvio), Sir James George Frazer reuniu um grande número de relatos de dilúvios de todas as partes do mundo. Em seu conjunto, eles nos permitem supor que de fato houve um dilúvio num momento qualquer do passado histórico. Walter Pitman e Bill Ryan, cientistas do Observatório Terrestre Lamont-Doherty, acreditam que um fenômeno desse tipo ocorreu com toda probabilidade na região do Mar Negro há uns 7.500 anos. Ver seu livro *Noah's Flood: The New Scientific Discoveries about the Event that Changed History* (Nova York: Simon & Schuster, 2000).

Sobre o neolítico, ver Alasdair W. R. Whittle, *Europe in the Neolithic: The Creation of New Worlds* (Cambridge: Cambridge University Press, 2ª ed. rev., 1996). Essa obra é complementada por David Lewis-Williams e David Pearce, *Inside the Neolithic Mind: Consciousness, Cosmos, and the Realm of the Gods* (Nova York: Thames & Hudson, 2005).

No que se refere às interpretações feministas do neolítico, a obra da arqueóloga americana Marija Gimbutas, nascida na Lituânia, pôs muita lenha na fogueira do feminismo e do neopaganismo. Em suas várias publicações, todas amplamente divulgadas, ela afirma reiteradamente que as pacíficas culturas matriarcais, adoradoras da Deusa, foram a certa altura, e infelizmente, substituídas pelas belicosas culturas patriarcais que ainda dominam a Terra. Ver seus controversos livros *The Language of the Goddess* (San Francisco: HarperSanFrancisco, reeditado em 1995) e *Goddesses and Gods of Old Europe, 6500-3500 BC: Myths, and Cult Images* (Berkeley: University of California Press, ed. rev. 1982). Desenvolvendo a obra de Gimbutas, Riane Eisler escreveu um livro popular – mas altamente ideológico – chamado *The Chalice and the Blade: Our History, Our Future* (Nova York: New World Library, reeditado em 1997). Em razão da influência que exerceram sobre a mentalidade do público, as pesquisas e teorias de Gimbutas foram examinadas em detalhes por estudiosos de várias disciplinas, inclusive mulheres. Ver, p. ex., Cynthia Eller, *The Myth of the Matriarchal Prehistory: Why an Invented Past Won't Give Women a Future* (Boston: Beacon, 2000). *Das Muterrecht* (O Direito da Mãe), de Johann Jakob Bachofen, nunca foi traduzido na íntegra para o inglês. Alguns trechos se encontram em *Myth, Religion and Mother Right*, tradução para o inglês de Ralph Mannheim (Princeton: Princeton University Press, 1967).

p. 31:

A citação improvisada do *Bhagavad-Gita* (11, 12) por Robert Oppenheimer pode ser comparada com esta tradução literal do versículo em questão: "Se o esplendor de mil sóis surgisse no céu de uma só vez, seria semelhante ao esplendor daquele Si Mesmo, o Grande" (tradução minha). A segunda citação é do versículo 11, 32, onde o Deus-homem Krishna declara: "Sou o tempo, que efetua a destruição do mundo...". A tradução completa do *Bhagavad-Gita* em inglês, com notas explicativas, se encontra em Sarvepalli Radhakrishnan, *The Bhagavadgita* (Londres: Routledge & Kegan Paul, 1960).

p. 32:

Sobre a extraordinária Mme. Curie, ver Marie Curie, *Madame Curie: A Biography* (Cambridge, Massachussets: Da Capo Press, reimpressão, 2001) e Barbara Goldsmith, *Obsessive Genius: The Inner World of Madame Curie* (Nova York: W. W. Norton, 2004).

Os pulsos de raios gama são associados, entre outras coisas, com a morte de imensas estrelas (supernovas) e são os fenômenos mais luminosos do universo conhecido. Seu brilho é um quatrilhão de vezes superior ao do Sol, mas felizmente é brevíssimo – dura de alguns milissegundos a alguns minutos. No atual estado da tecnologia, testemunhamos cerca de um pulso por dia. Os pulsos de raios gama continuam sendo um dos fenômenos astronômicos mais misteriosos.

p. 33:

John L. Howland, *The Surprising Archaea: Discovering Another Domain of Life* (Oxford: Oxford University Press, 2000), oferece uma acessível introdução ao curioso mundo das arqueias.

p. 35:

O dia 11 de Setembro de 2001 foi, sem dúvida, um divisor de águas na história do mundo. Muitas perguntas acerca desse ataque terrorista ainda não foram respondidas. Há até indícios de que o governo norte-americano, por negligência, tenha ajudado os terroristas inadvertidamente ou mesmo (como insistem alguns autores) com plena ciência do que estava fazendo. O certo é que os terroristas receberam nos Estados Unidos sua formação de pilotos. Pelo menos alguns deles receberam treinamento militar de soldados norte-americanos. É certo também que o ataque foi um motivo conveniente para a resultante segunda guerra contra o Iraque. É certo, além disso, que o governo americano usou a busca por armas de destruição em massa como um pretexto para invadir e devastar o Iraque, matando estimados 10 mil civis. É certo, por fim, que a guerra do Iraque foi essencial para os interesses políticos norte-americanos no Oriente Médio e para sua moribunda economia petrolífera. Algumas obras que estudam o acontecimento de 11 de Setembro e/ou suas consequências: Eric Hershberg e Kevin W. Moore, orgs., *Critical Views of September 11: Analyses from Around the World* (Nova York: W. W. Norton, 2002); Michael C. Ruppert, *Crossing the Rubicon: The Decline of the American Empire at the End of the Age of Oil* (Gabriola Island, Canadá: New Society Publishers, 2004); Nafeez Mosaddeq Ahmed, *The War on Freedom: How and Why America was Attacked, September 11, 2001* (Joshua Tree, Califórnia: Media Messenger Books, 2002) e *Behind the War on Terror: Western Secret Strategy and the Struggle for Iraq* (Gabriola Island, Canadá: New Society Publishers, 2003); David Ray Griffin, *The 9/11 Commission Report: Omissions And Distortions* (Nova

York: Olive Branch Press, 2004); Loretta Napoleoni, *Terror Incorporated: Tracing the Dollars Behind the Terror Networks* (Nova York: Seven Stories Press, 2005).

Para bem compreender o quanto são insidiosas as intromissões norte-americanas nos países do Terceiro Mundo, veja as chocantes revelações feitas por John Perkins, *Confessions of an Economic Hit Man* [Confissões de um Assassino Econômico, publicado pela Editora Cultrix, São Paulo, 2005.] (San Francisco: Berrett-Koehler Publishers, 2004). A tarefa especial do *economic hit man* ("assassino da economia") é a de enganar países estrangeiros em que os Estados Unidos têm forte interesse econômico ou político, levando-os a incorrer em gastos imensos em projetos de grande escala e mantendo-os, assim, endividados para com a plutocracia norte-americana por um tempo indefinido. Perkins era um talentoso "assassino econômico", mas, no rastro dos acontecimentos de 11 de Setembro, pôs a mão na consciência, ainda que tardiamente, e renunciou a seu emprego criminoso.

p. 36-7:

Sobre o distúrbio afetivo sazonal, ver Norman E. Rosenthal, *Winter Blues: Seasonal Affective Disorder: What It Is and How to Overcome It* (Nova York: Guilford Press, 1998).

Sobre a fototerapia do psiquiatra Daniel Kripke, ver seu livro *on-line* "Brighten Your Life" em www.brightenyourlife.info/.

Sobre os experimentos feitos no Centro de Medicina da Duke University, ver o novo comunicado de imprensa do Centro, intitulado "Cycled Light promotes growth in pre-term infants", http://dukemednews.duke.edu/news/article.php?id=5301.

p. 37-8:

Sobre a sombra da psique humana, ver Robert A. Johnson, *Owning Your Own Shadow: Understanding the Dark Side of the Psyche* (Nova York: HarperCollins, reeditado em 1993). Ver uma interpretação psicológica do personagem Peter Pan em Dan Kiley, *Peter Pan Syndrome: Men Who Have Never Grown Up* (Nova York: Avon Books, 1995).

"On the Psychology of the Unconscious" (Sobre a Psicologia do Inconsciente), publicado em 1912, está no volume 7 das *Collected Works of C. G. Jung*, intitulado *Two Essays on Analytical Psychology*. A frase citada está na página 35. A segunda citação de Carl Gustav Jung, *The Integration of the Personality* (Londres: Routledge & Kegan Paul, 1944), está na página 93. A afirmação de que o yoga é "uma das maiores coisas que a mente humana já criou" está em C. G. Jung, *Psychology and the East* (Princeton: Princeton University, 1978), p. 85.

p. 38:

O yoga tradicional, tal como é praticado na Índia há milhares de anos, é intrinsecamente amistoso para com o ambiente. "Yoga Verde" (*Green Yoga*) é um termo inventado na época contemporânea para designar um yoga baseado em princípios e valores tradicionais e sensível tanto em relação à crise ambiental atual quanto à ameaça de colapso da biosfera. Ver Georg e Brenda Feuerstein, *Green Yoga* (Eastend, Saskatchewan: Traditional Yoga Studies, 2007).

p. 39:

Tudo o que você pode querer saber acerca do Sol enquanto estrela está em Kenneth R. Lang, *The Cambridge Encyclopedia of the Sun* (Cambridge: Cambridge University Press, 2001) e em Jack B. Zirker, *Journey from the Center of the Sun* (Princeton: Princeton University Press, 2004). Sobre os aspectos religiosos e culturais do Sol, ver E. C. Krupp, *Beyond the Blue Horizon: Myths and Legends of the Sun, Moon, Stars, and Planets* (Nova York: Harper Collins, 1991). Sobre a perspectiva espiritual de Omraam Mikhaël Aïvanhov, ver seu intrigante livro *Toward a Solar Civilization* (Frejus, França: Prosveta, 1982).

p. 41:

As chamadas "Baterias de Bagdá", de Wilhelm König, foram mencionadas na edição *on-line* do noticiário da BBC em 27 de fevereiro de 2003, em http://news.bbc.co.uk/2/hi/science/nature/2804257.stm.

p. 42:

O enigmático Nikola Tesla escreveu sobre si e sua obra em *My Inventions: The Autobiography of Nikola Tesla*, org. Ben Johnston (Williston, Vermont:

Hart Brothers Publishing, 1982). Uma biografia cuidadosamente pesquisada: Marc J. Seifer, *Wizard: The Life and Times of Nikola Tesla: Biography of a Genius* (Secaucus, New Jersey: Citadel Press, 1998).

p. 45-6:

Sobre a hipótese de Gaia, ver James Lovelock, *GAIA – A New Look at Life on Earth* (Oxford: Oxford University Press, 1979); *The Ages of Gaia: A Biography of Our Living Earth* (Nova York: W. W. Norton, 1988); *Homage to GAIA: The Life of an Independent Scientist* (Oxford: Oxford University Press, 2000).

Um bom estudo sobre Akhenaton e seu monoteísmo se encontra em Nicholas Reeves, *Akhenaten: Egypt's False Prophet* (Londres: Thames & Hudson, 2005). Sobre a continuidade do fotomonoteísmo de Akhenaton entre os essênios, ver, p. ex., Ahmed Osman, *Christianity: An Ancient Egyptian Religion* (Rochester, Vermont: Bear & Co., 1998).

p. 46:

O *Rig-Veda* ("Ciência do Louvor"), composto em sânscrito arcaico, é o documento mais antigo ainda existente escrito numa língua indo-europeia. Já se sabe com certeza que foi criado antes de 1900 a.C., mas é muito provável que seja 1 ou 2 mil anos mais antigo que isso. A espiritualidade da era védica foi caracterizada como um "yoga solar". Sobre as divindades solares védicas, ver Shanti Lal Nagar, *Surya and the Sun Cult: In Indian Art, Culture, Literature, and Thought* (Nova Délhi: Aryan Books International, 1995). Ver também W. O. Kaelber, *Tapta Marga: Asceticism and Initiation in Vedic India* (Albany, Nova York: SUNY Press, 1989) e Wendy Doniger O'Flaherty, *The Rig Veda: An Anthology* (Harmondsworth, Reino Unido: Penguin Books, 1981).

p. 48:

Sobre os maias, esse fascinante povo mesoamericano, ver David Freidel *et al.*, *Maya Cosmos: Three Thousand Years on the Shaman's Path* (Nova York: William Morrow, 1995); Linda Schele, *The Blood of Kings: Dynasty and Ritual in Maya Art* (Nova York: George Braziller, 1992); Linda Schele *et al.*, *The Code of Kings: The Language of Seven Sacred Maya Temples and Tombs*

(Nova York: Scribner, 1999); *A Forest of Kings: The Untold Story of the Ancient Maya* (Nova York: William Morrow, 1990).

p. 50:

Ver Brian Swimme e Thomas Berry, *The Universe Story: From the Primordial Flaring Forth to the Ecozoic Era – A Celebration of the Unfolding of the Cosmos* (Nova York: HarperCollins, 1992).

p. 51:

Veja a citação de Khenpo Karthar Rinpoche na palestra "Vajradhara" em www.kagyu.org/karmapa/kag/kag01.html. A palestra foi dada no Centro Karma Triyana Dharmachakra em Woodstock, estado de Nova York, do dia 25 ao dia 30 de março.

Capítulo 2: Nomadismo galáctico

p. 53:

O simbolismo de *O Mágico de Oz*, de L. Frank Baum, é considerado pelo ângulo psicológico em Gita Dorothy Morena, *The Wisdom of Oz: Reflections of a Jungian Sandplay Therapist* (San Diego: Inner Connections Press, 1998). Ver também Ilene Kimsey, *Golden Wizdom Beyond the Emerald City: A Conscious Journey to Wholeness* (Loveland, Colorado: Toto-ly Ozsome Publishing, 2000) e Joey Green, *The Zen of Oz: Ten Spiritual Lessons from Over the Rainbow* (Los Angeles: Renaissance Books, 1998).

p. 54:

Sobre o kundalini-yoga, ver Sonu Shamdasani, org., *The Psychology of Kundalini Yoga: Notes of the Seminar Given in 1932 by C. G. Jung* (Princeton: Princeton University Press, 1996). Do ponto de vista indológico, a obra clássica de Arthur Avalon *The Serpent Power: The Secrets of Tantric and Shaktic Yoga* (Mineola, Nova York: Dover, reeditado em 1974) continua sendo uma boa introdução a essa forma arcana de yoga. Arthur Avalon era o pseudônimo de Sir John Woodroffe, grande pioneiro dos estudos do tantrismo nas primeiras décadas do século XX. O livro foi publicado pela primeira vez em 1919 pela Luzac & Co. (Londres) e teve várias reedições. O kundalini-yoga é tântrico e foi discutido por Georg Feuerstein em *Tantra: The Path of Ecstasy* (Boston, Massachussets: Shambhala Publications, 1998). Ver também a bela monografia de Shyam Sundar Goswami, *Layayoga* (Rochester, Vermont: Inner Traditions International, 1999), que trata dos vários ramos do yoga hindu que empregam o kundalini-yoga.

p. 55:

O extenso documentário *The Silk Road* [*A Rota da Seda*], louvável colaboração entre o Japão e a China, foi lançado no ano 2000 pela Central Park Media numa caixa de três DVDs. Em 2005, a Media Blasters lançou um vídeo chamado *Journey Along the Silk Road* [*Viagem pela Rota da Seda*], que acompanha a rota alternativa descoberta há um século pelo sábio francês Paul Pelliot. Ver também o excelente livro de Frances Wood, ricamente ilustrado, *The Silk Road: Two Thousand Years in the Heart of Asia* (Berkeley: University of California Press, 2003); e ver Luce Boulnois, *Silk Road: Monks, Warriors & Merchants on the Silk Road* (Broomfield, Colorado: Odyssey Publications, 2004).

p. 60:

O espírito e a diversidade do festival indiano do *kumbha-mela* foram capturados em textos e imagens por Jack Hebner e David Osborn no belo livro *Kumbha Mela: The World's Largest Act of Faith* (San Rafael, Califórnia: Mandala Publishing, 1991). O fenômeno indiano dos ascetas itinerantes radicais, chamados *sadhus*, pode ser entendido como parte de nosso legado nômade, que ainda preserva algo da liberdade de nossos antepassados caçadores/coletores.

O vínculo entre o nomadismo e a liberdade de espírito é estudado de modo brilhante por Morris Berman em *Wandering God: A Study in Nomadic Spirituality* (Albany, Nova York: SUNY Press, 2000). Nessa obra importante, Berman compara o igualitarismo dos caçadores/coletores com o que chama de "Complexo de Autoridade Sagrada", que surgiu junto com as primeiras civilizações sedentárias e ainda afeta em grande medida a civilização moderna. Ele acha que devemos adotar pelo menos duas características da cultura dos caçadores/coletores: sua experiência do "espaço silencioso" e sua radical aceitação da morte como aspecto inalienável da vida humana. Pode ser que todas as nossas modalidades esporádicas de nomadismo sejam tentativas de redescobrir o paradoxo existencial da mentalidade de nossos ancestrais, que sabiam muito bem que a vida não passa de um ponto de parada numa rota de caravanas.

p. 64:

Acerca dos aspectos e das consequências racistas das pesquisas de Charles Benedict Davenport, ver Edwin Black, *War Against the Weak: Eugenics and America's Campaign to Create a Master Race* (Nova York/Londres: Four Walls Eight Windows, 2003).

p. 65:

Citação do prefácio de Toynbee a *The Toynbee-Ikeda Dialogue: Man Himself Must Choose* (Tóquio: Kodansha International, 1976), p. 11.

p. 67:

A precariedade do modelo darwiniano da evolução se evidencia claramente quando lemos Eva Jablonka e Marion J. Lamb, *Epigenetic Inheritance and Evolution – the Lamarckian Dimension* (Oxford: Oxford University Press, 1995). Um livro que representa um ataque frontal ao darwinismo e que, como era de se esperar, irritou profundamente Sir Andrew F. Huxley foi o de Gordon Rattray Taylor, *The Great Evolution Mystery* (Nova York: Harper & Row, 1983).

 Acerca da reformulação da teoria da evolução por Motoo Kimura, ver seu livro *The Neutral Theory of Molecular Evolution* (Cambridge: Cambridge University Press, 1983).

p. 68:

Sobre os memes, ver Richard Dawkins, *The Selfish Gene* (Oxford: Oxford University Press, 2ª ed., 1989), livro popular e bem escrito que trata de um tema complexo e espinhoso. Ver também o livro seguinte de Dawkins, *The Extended Phenotype: The Long Reach of the Gene* (Oxford: Oxford University Press, 1982), que ele considera uma obra mais importante embora só faça reiterar sua tese anterior, a saber, a de que o jogo da evolução não favorece o espécime individual ou aquilo que Dawkins chama de "amontoado multicelular", mas, sim, o próprio plantel de DNA. Na medida em que nos desilude da ideia de que o ser humano é uma entidade estável, essa perspectiva radical quase chega a lembrar o budismo. É de imaginar que Dawkins, antirreligioso confesso, não queira se ver de maneira alguma associado ao budismo, embora tenha, certa vez, admitido numa entrevista que tentou praticar meditação.

A ideia dos memes se popularizou e até deu origem à "ciência" da memética. Ver Susan Blackmore, *The Meme Machine* (Oxford: Oxford University Press, 2000), que leva a um novo patamar a ideia de Dawkins. Naturalmente, ele escreveu o elogioso prefácio do livro. O interessante é que, na juventude, Blackmore teve uma experiência de dissociar-se do corpo e depois se dedicou por trinta anos à carreira de parapsicóloga, mas de repente abandonou a profissão porque concluiu que os fenômenos paranormais não têm validade absolutamente nenhuma, mas são, ao contrário, meros produtos de autossugestão, de erros de experimentação e de fraude pura e simples. Curiosamente, Blackmore é praticante do budismo ch'an (o equivalente chinês do zen japonês) há vinte anos, mas se apressa em esclarecer que não acredita em absoluto no budismo. Entende a meditação como um "casamento de memes" – uma excelente metáfora.

p. 73:

Muito já se defendeu a ideia de que a distribuição equitativa da riqueza bastaria para alimentar toda a população mundial. Isso é verdade, mas também induz a erro, pois a pegada ecológica da espécie humana como um todo é grande demais para sustentar 6 bilhões de pessoas. Nossa espécie sobrevive à custa de inúmeras outras, sem falar na destruição do ambiente natural. A superpopulação é um fato inegável e terá consequências inevitáveis. Desde a publicação de *The Population Bomb*, em 1968, o biólogo Paul Ehrlich, da Stanford University, tem sido frequentemente atacado por prever a fome planetária endêmica como resultado da superpopulação e por defender medidas rigorosas que visam deter o crescimento populacional. Embora o próprio Ehrlich admita ter incorrido em erro no tocante a diversos dados específicos, especialmente em seu prognóstico temporal do desastre planetário, a meu ver, seu argumento básico não caiu por terra.

É fato objetivo que 1 bilhão de pessoas sofrem de desnutrição e que, de acordo com as estimativas mais conservadoras, de 40 milhões a 60 milhões de pessoas morrem de fome todo ano. Trata-se de uma situação intolerável; ao mesmo tempo, não podemos compreendê-la somente como resultado da distribuição injusta dos alimentos (que existe), mas também como consequência da superpopulação. As teses de Ehrlich são defendidas de modo plausível no livro que escreveu com Anne H. Ehrlich, *Betrayal of Science and Reason: How Anti-Environment Rhetoric Threatens Our Future* (Washington, D.C.: Island Press, 1998). Tanto Ehrlich quanto sua esposa devem ser louvados por sua coragem. Quem dera um número maior de estudiosos demonstrasse a mesma perspicácia, honestidade e fibra moral!

Em 2004, a Divisão de População da ONU publicou um relatório revisto em que estima que, em 2050, a humanidade já somará 9,1 bilhões de pessoas. Noventa e cinco por centro desse crescimento populacional ocorrerá nos países em desenvolvimento, que já têm dificuldade para alimentar sua população atual. Consequentemente, é provável ainda que assistamos a muito sofrimento. O relatório sequer levou em conta a forte possibilidade de colapso ambiental.

Capítulo 3: Fogo do céu

p. 85:

Sobre o grande adepto e erudito budista Naropa, ver Herbert V. Guenther, *Life and Teaching of Naropa* (Boston, Massachussets: Shambhala Publications, relançado em 1995) e Chögyam Trungpa, *Illusion's Game: The Life and Teaching of Naropa* (Boston, Massachussets: Shambhala Publications, 1994). Naropa, que foi abade da famosa universidade budista de Nalanda, é famoso por seus Seis Yogas, entre os quais se inclui a arte yogue do *tummo*, a criação do calor interior. Ver também William J. Cromie, "Research: Meditation Changes Temperatures: Mind Controls Body in Extreme Experiments", *Harvard University Gazette* (Cambridge, Massachussets, 18 de abril de 2002).

p. 86:

Citação de Clifton Wolters, trad. ingl., *The Fire of Love* (Harmondsworth, Reino Unido: Penguin, 1972), pp. 45-6. Sobre a produção literária completa de Ricardo Rolle, ver Carl Horstmann, org., *Yorkshire Writers: Richard Rolle of Hampole and his Followers* (Woodbridge, Reino Unido: D. S. Brewer, 1999), dois volumes. Essa edição, com mais de cem textos, também apresenta uma nova introdução crítica de Anne Clark Bartlett, que destaca a importância de Rolle na tradição mística cristã.

Sobre o kundalini-yoga, ver acima a nota à p. 54. Sobre as práticas espirituais do povo !kung do Deserto do Kalahari, ver a monografia de Lorna Marshall: *Nyae Nyae !Kung Beliefs and Rites* (New Haven, Connecticut: Peabody Museum of Archaeology and Ethnology, 2000). Ver também o documentário de vinte minutos de John Marshall, *N/um Tchai: The Ceremonial Dance of the !Kung Bushmen*, lançado em 1969.

p. 92:

A apresentação mais detalhada do sistema hindu dos *cakras* é, de longe, a de Shyam Sundar Goswami, *Layayoga* (Rochester, Vermont: Inner Traditions International, 1999). Coube a mim a feliz tarefa de sugerir que essa obra fosse relançada.

p. 92-3:

Aos 83 anos, Wilder Penfield terminou *The Mystery of the Mind*, que relata em linguagem leiga a história de suas pesquisas sobre o cérebro ao longo de mais de quarenta anos. Foi publicado pela Princeton University Press em 1975. Sobre a vida extraordinária de Penfield, ver Jefferson Lewis, *Something Hidden: A Biography of Wilder Penfield* (Toronto: Doubleday, 1981).

O australiano Sir John Carew Eccles, neuropesquisador falecido em 1997, dividiu o Prêmio Nobel de Fisiologia de 1963 com Andrew Fielding Huxley e Alan Lloyd Hodgkin. No livro *How the Self Controls Its Brain* (Nova York: Springer Verlag, 1994), desenvolveu uma teoria dualista segundo a qual cada um dos 40 milhões de dendritos do córtex cerebral está ligado a uma estrutura que ele chama de "psícon", uma unidade de funcionamento mental. Por meio dos psícons, o pensamento influencia os dendritos, que por sua vez ativam neurônios selecionados. Inversamente, a percepção desencadeia a atividade dos dendritos, que por sua vez afetam os psícons. Outros cientistas observaram que o dualismo não é isento de problemas. Não obstante, os fatos neurofisiológicos aduzidos por Eccles em favor de uma filosofia não materialista falam por si mesmos. Ver John C. Eccles, *The Wonder of Being Human: Our Brain and Our Mind* (Nova York: Free Press, 1984). Ver também Helen Eccles e Hans-Jürgen Biersack, orgs., *In Memoriam Sir John Eccles – A Tireless Warrior for Dualism* (Landsberg, Alemanha: Ecomed, 2000).

Uma boa explicação neurobiológica dos estados místicos de consciência é dada por Eugene G. D'Aquili e Andrew B. Newberg, *The Mystical Mind: Probing the Biology of Religion* (Minneapolis: Augsburg Fortress Press, 1999).

p. 93-4:

No livro *Shadows of the Mind: A Search for the Missing Science of Consciousness* (Oxford: Oxford University Press, 1994), o físico matemático Roger Penrose forneceu uma das narrativas mais penetrantes e bem formuladas da ciência moderna acerca de temas cruciais, como a natureza da realidade e a consciência. Entretanto, seu conceito de que nossas funções cerebrais estão sujeitas à incerteza quântica foi recebido com extremo ceticismo. Ver também Stephen Hawking e Roger Penrose, *The Nature of Space and Time* (Princeton: Princeton University Press, 1996).

Em *Consciousness Explained* (Back Bay Books, 1992), Daniel Dennett rejeita a ideia de que a mente está inscrita no cérebro e defende, ao contrário, a tese de que a mente está para o cérebro assim como o software está para o hardware de computador. Apesar do tamanho do livro (quase seiscentas páginas) e do louvável senso de humor do autor, o modelo de Dennett não convence. Parece que todos esses esforços individuais para compreender a relação entre mente e cérebro, embora sejam admiráveis enquanto exercícios intelectuais, tendem a ser altamente seletivos e parciais na apresentação dos dados objetivos.

p. 97:

Ver J. Desmond Clark, "Recent developments in human biological and cultural evolution", *South African Archaeological Bulletin,* nº 50 (1995), pp. 168–74.

p. 100:

Ver Johan Goudsblom, *Fire and Civilization* (Nova York: Viking Adult, 1993). Foi o sociólogo holandês Johan (Joop) Goudsblom que inspirou o curso chamado "Grande História" na Universidade de Amsterdã. Em sua amplitude, esse curso se assemelha à história evolutiva de Brian Swimme e Thomas Berry, ensinada no Centro de História do Universo do California Institute of Integral Studies, em San Francisco. Em vista da importância decisiva do fogo na vida humana, é curioso que o *Fire and Civilization* de Goudsblom tenha sido o primeiro livro a versar sobre o fogo do ponto de vista cultural e histórico.

p. 104:

O estudo da primitiva literatura védica sofreu importante mudança nas últimas décadas, pois um número cada vez maior de estudiosos admite a admirável sofisticação intelectual dos indianos védicos. O erudito americano Subhash Kak, nascido na Caxemira, foi um dos pioneiros da cabal reavaliação do *Rig-Veda*, o texto mais antigo escrito em qualquer língua indo-europeia. Ver sua obra inovadora *The Astronomical Code of the Rigveda* (Nova Délhi: Munshiram Manoharlal, ed. rev. 2000). Ver também Subhash Kak, *The Gods Within: Mind, Consciousness and the Vedic Tradition* (Nova Délhi: Munshiram Manoharlal, 2002). Sobre a profundidade espiritual dos *Vedas*, ver Sri Aurobindo, *On the Veda* (Pondicherry, Índia: Sri Aurobindo Ashram, 1964).

p. 110:

Ver Kenneth Cain, Heidi Postlewait e Andrew Thomson, *Emergency Sex and Other Desperate Measures* (Nova York: Miramax Books, 2004). Esse livro desmascara as improbidades administrativas, as falhas graves de conduta e a corrupção que infestaram a ONU em algumas das mais importantes missões humanitárias e de manutenção da paz nos últimos dez anos. Cain já havia se demitido da ONU, mas Postlewait (uma administradora) e Thomson (médico) foram despedidos por falar a verdade.

p. 111:

As invasões norte-americanas do Afeganistão e do Iraque não tiveram o objetivo de promover a democracia, mas de garantir a influência política dos Estados Unidos numa região rica em petróleo e manter o ouro negro fluindo pelos oleodutos. Esses desastres humanitários foram consequências diretas da política externa imperialista dos Estados Unidos. Há indícios de que o governo Bush já contemplava as invasões desde antes do ataque de 11 de Setembro de 2001 em Nova York. Só os mais ingênuos ainda acreditam nas autoridades americanas quando estas negam que o petróleo tenha sido uma das variáveis principais – talvez a decisiva – na equação da guerra. Ver, p. ex., Nafeez Mosaddeq Ahmed, *Behind the War on Terror: Western Strategy and the Struggle for Iraq* (Gabriola Island, Canadá: New Society Publishers, 2003); Michael C. Ruppert, *Crossing the Rubicon: The Decline of the American Empire at the End of the Age of Oil* (Gabriola Island, Canadá: New Society Publishers, 2004); Michael T. Klare, *Resource Wars: The New Landscape of Global Conflict Petroleum* (Nova York: Henry Holt, 2001); e *Blood and Oil: The Dangers and Consequences of America's Growing Dependency on Imported Oil* (Nova York: Metropolitan Books/Henry Holt, 2005).

p. 112:

Sobre o mito tibetano de Shambhala, ver Edwin Bernbaum, *The Way to Shambhala: A Search for the Mythical Kingdom Beyond the Himalayas* (Boston, Massachussets: Shambhala Publications, 2001) e Chögyam Trungpa, *Shambhala: Sacred Path of the Warrior* (Boston, Massachussets: Shambhala Publications, reedição de 1988). [*Shambhala – A Trilha Sagrada do Guerreiro*, publicado pela Editora Cultrix, São Paulo, 1992.]

Pode-se encontrar uma introdução às doutrinas da iniciação de Kalacakra em Lhundup Sopa, *The Wheel of Time: The Kalachakra in Context* (Ithaca, Nova York: Snow Lion Publications, reimpressão de 1991). Há também várias obras técnicas sobre a tradição tântrica de Kalacakra.

p. 113:

A ópera mais famosa de Richard Wagner, *O Anel dos Nibelungos*, se baseia em antiquíssimas tradições sobre os tesouros da tribo dos borguinhões, do leste da Alemanha. Os borguinhões migraram da Escandinávia para o Vale do Reno por volta de 400 d.C.

Capítulo 4: A linguagem e a arte como espelhos da realidade

p. 117:

No final da década de 1960, quando descobri a obra em dois volumes de Jean Gebser, *Ursprung und Gegenwart* (Stuttgart: Kohlhammer Verlag, 1953), me senti nas alturas. Depois de avançar a passos lentos pelo estudo dos grandes vultos da filosofia alemã, Gebser parecia um sopro de ar fresco. Minha amizade pessoal com esse sábio se mostrou muito enriquecedora e, depois que ele morreu, me motivou a escrever *Structures of Consciousness: The Genius of Jean Gebser – An Introduction and Critique* (Lower Lake, Califórnia: Integral Publishing, 1987). Em meu livro anterior *The Essence of Yoga* (Londres: Rider, 1974), eu aplicara a estrutura de Gebser à evolução do pensamento indiano, especialmente do yoga. Uma edição revista dessa obra foi lançada com o título de *Wholeness or Transcendence? Ancient Lessons for the Emerging Global Civilization* (Burdett, Nova York: Larson Publications, 1992). Embora o modelo gebseriano das estruturas da consciência tenha certo poder explicativo, tenho tomado cada vez mais consciência de suas limitações enquanto modelo de desenvolvimento.

A obra principal de Gebser foi traduzida para o inglês por Noel Barstad e Algis Mickunas num único volume com o título de *The Ever-Present Origin* (Athens: Ohio University Press, 1985). Até agora, seus demais livros pioneiros ainda não foram traduzidos. Ken Wilber, teórico transpessoal norte-americano, é um dos que usaram o modelo gebseriano das estruturas da consciência. Seu livro *Up from Eden, New Edition: A Transpersonal View of Human Evolution* (Wheaton, Illinois: Quest Books, reeditado em 1996), publicado originalmente em 1981, evidencia claramente a influência de Gebser sobre o pensamento de Wilber. De lá para cá, Wilber aprofundou e ampliou seu complexo modelo. Ver, p. ex., Ken Wilber, *Sex, Ecology, Spirituality: The Spirit of Evolution* (Boston, Massachusetts: Shambhala Publications, 2000).

p. 118:

Veja minha tradução da obra de Patanjali em *The Yoga-Sutra of Patanjali: A New Translation and Commentary* (Rochester, Vermont: Inner Traditions International, lançado novamente em 1989). A apresentação mais completa da tradição do yoga disponível hoje em dia é meu livro *The Yoga Tradition: Its History, Literature, Philosophy and Practice* (Prescott, Arizona: Hohm Press, ed. rev. 2001), publicado no Brasil como *A Tradição do Yoga: História, Literatura, Filosofia e Prática* (São Paulo: Editora Pensamento, 2001). Também criei um curso de ensino a distância em que uso esse volume como livro didático, acompanhado por grossas apostilas com resumos didáticos e nova série de ensaios esclarecedores.

p. 121:

Sobre a obra do psicólogo cognitivo norte-americano Lewis Madison Terman, ver Joel N. Shurkin, *Terman's Kids: The Groundbreaking Study of How the Gifted Grow Up* (Nova York: Little Brown, 1992).

Sobre a teoria gramatical de Noam Chomsky, ver Vivian J. Cook e Mark Newson, *Chomsky's Universal Grammar: An Introduction* (Oxford, Reino Unido: Blackwell, 2ª ed. 1996).

p. 124:

Sobre os experimentos feitos com Swami Rama na Fundação Menninger, ver Elmer Green e Alice Green, *Beyond Biofeedback* (Nova York: Dell, 1977).

p. 125:

A triste história de Reiner Protsch von Zieten foi intensamente repercutida pela imprensa alemã, inclusive pelo *Der Spiegel* (18 de agosto de 2004).

p. 126:

Sobre a ideologia do Terceiro Reich e o mito ariano, ver David Redles, *Hitler's Millenial Reich: Apocalyptic Belief and the Search for Salvation* (Nova York: New York University Press, 2005). Ver também Nicholas Goodrick-Clarke, *The Occult Roots of Nazism: Secret Aryan Cults and their Influence on Nazi Ideology – The Ariosophists of Austria and Germany, 1890-1935* (Nova York: New York University Press, reimpresso em 1994).

p. 127:

É lamentável que a ocupação chinesa do Tibete em 1949 mal tenha motivado um protesto nos círculos políticos ocidentais ao longo dos últimos cinquenta anos. Os Estados Unidos sempre foram o país mais preocupado com a expansão do comunismo, e entre 1958 e 1974 a CIA apoiou ativamente a causa tibetana. Depois, contudo, o governo americano reconheceu o Tibete como parte da China. Nesse contexto, os esporádicos gestos diplomáticos favoráveis aos tibetanos podem ser encarados como completamente vazios. Até hoje ainda há setecentos prisioneiros políticos confirmados no Tibete, e na realidade esse número deve ser muito mais alto. A violação de direitos humanos pelo regime comunista é legendária e inclui a tortura de prisioneiros tibetanos. A devastação cultural imposta a esse país do Himalaia será lembrada para sempre como um dos maiores crimes cometidos pelos chineses. Ver Patrick French, *Tibet, Tibet: A Personal History of a Lost Land* (Nova York: Knopf, 2003) e John F. Avedon, *In Exile from the Land of Snows: The Definitive Account of the Dalai Lama and Tibet Since the Chinese Conquest* (Nova York: HarperPerennial, 1994).

Sobre o grande místico alemão Mestre Eckhart, ver Oliver Davies, trad. ingl., *Meister Eckhart: Selected Writings* (Londres: Penguin Books, 1994) e Bernard McGinn, *The Mystical Thought of Meister Eckhart: The Man from Whom God Hid Nothing* (Nova York: Herder & Herder, 2003).

p. 131:

A citação do ensaio de Orwell, de 1946, está em www.resort.com/~prime8/Orwell/patee.html. Ver também Michael Geis, *The Language of Politics* (Nova York: Springer Verlag, 1987); Michael M. Atkinson, *Our Master's Voices: The Language and Body Language of Politics* (Londres: Methuen, 1984); Michael J. Shapiro, org., *Language and Politics* (Oxford: Basil Blackwell, 1984). Ver também Charlotte Thomson Iserbyt, *The Deliberate Dumbing Down of America: A Chronological Paper Trail* (Bath, Minnesota: 3d Research Co., 1999).

p. 132:

Em sua excelente *The Story of Art*, o britânico Ernst H. Gombrich resumiu bem o consenso contemporâneo, começando o livro com esta observação: "Na verdade, a arte não existe. Existem somente os artistas." *The Story of Art* (Londres: Phaidon Press, reimpresso em 1971), p. 5. Em outras palavras, a arte é o que os artistas dizem que ela é. O famoso psicólogo americano Rudolf Arnheim, que escreveu inúmeros textos sobre a arte e especialmente sobre a psicologia da arte, adota posição contrastante e mais conforme com o meu próprio modo de pensar. No livro *To the Rescue of Art* (Berkeley: University of California Press, 1992), ele comenta acerca da arte: "Sua especificidade está em ser capaz de interpretar as experiências humanas por meio da expressão sensorial. (...) Há, portanto, um meio eficaz para resgatar as artes da difícil situação em que se encontram hoje em dia: apontar, com paciência e tranquilidade, o vivificante núcleo comum de expressão sensorial em todas as suas manifestações" (p. ix). Para que uma obra seja considerada artística, ela precisa ter um significado profundo. Em outras palavras, a criação artística deve transcender seu primeiro plano, sua estrutura superficial. Quando vemos algo como uma *Gestalt*, temos uma sensação de completude significativa, de algo que nos cura. Para que a arte seja arte, portanto, ela tem de nos curar.

A abordagem de Arnheim cristaliza toda uma vida de estudo dos elementos psicológicos por trás das representações visuais. Mais que qualquer outro estudioso, Arnheim, oriundo da psicologia da Gestalt, fez progredir nosso conhecimento das artes visuais evidenciando as aplicações artísticas dos princípios universais da percepção visual. Por isso, seu livro *Arte e Percepção Visual*, de quinhentas páginas, lançado em 1954, se tornou clássico não só entre os psicólogos como também entre muitos artistas. É claro, por outro lado, que muitos historiadores e filósofos discordam de Arnheim, talvez por não serem capazes de compreendê-lo.

p. 138:

A citação de Cassirer foi tirada de Ernst Cassirer, *An Essay on Man* (New Haven, Connecticut: Yale University Press, 1944), p. 24.

p. 139:

A citação de Tillich foi tirada de Paul Tillich, *Systematic Theology* (Chicago: University of Chicago Press, 1951), vol. 1, p. 239.

p. 139:

O tema dos símbolos e do simbolismo é muito amplo. *Man And His Symbols*, de Carl Gustav Jung (Nova York: Laurel/Dell, reeditado em 1968), continua sendo um excelente tratado geral do ponto de vista psicológico (junguiano). Do ponto de vista da história da arte, o *Dictionary of Subjects and Symbols in Art*, de James Hall (Nova York: HarperCollins, ed. rev. 1979), bem como o *Illustrated Dictionary of Symbols in Eastern and Western Art*, do mesmo autor (Nova York: HarperCollins, 1996), proporcionam úteis introduções.

Sobre o riquíssimo simbolismo da Índia, ver Heinrich R. Zimmer, *Myths and Symbols in Indian Art and Civilization* (Princeton: Princeton University Press, 1972). Uma apresentação extraordinária dos símbolos artísticos e cosmológicos tibetanos é dada por Robert Beer, *The Encyclopedia of Tibetan Symbols and Motifs* (Boston, Massachusetts: Shambhala Publications, 1999). O simbolismo cristão é tratado com competência por George Wells Ferguson, *Signs & Symbols in Christian Art* (Oxford: Oxford University Press, 1989). A perspectiva da história das religiões é bem representada por Mircea Eliade, *Images and Symbols: Studies in Religious Symbolism* (Princeton: Princeton University Press, 1991). No que se refere à dimensão social dos símbolos, o clássico *Natural Symbols: Explorations in Cosmology*, de Mary Douglas (Londres: Routledge, 2ª ed. 2003), ainda é excelente leitura do ponto de vista antropológico e filosófico. Veja uma discussão do uso dos símbolos na política em Charles D. Elder, *The Political Uses of Symbols* (Nova York: Longman Publishing Group, 1983).

Capítulo 5: Labirintos e mosaicos

p. 142:

Veja uma discussão fascinante sobre os terremotos em Jelle Zeilinga de Boer e Donald Theodore Sanders, *Earthquakes in Human History: The Far-Reaching Effects of Seismic Disruptions* (Princeton: Princeton University Press, 2004). Os mesmos autores escreveram *Volcanoes in Human History: The Far-Reaching Effects of Major Eruptions* (Princeton: Princeton University Press, 2004).

p. 149:

Sobre o labirinto de Minos, ver Alexander Farnoux, *Knossos: Searching for the Legendary Palace of King Minos,* traduzido do francês para o inglês por

David J. Baker (Nova York: Harry M. Abrams, 1996). Ver também Rodney Castleden, *The Knossos Labyrinth: A New View of the 'Palace of Minos' at Knossos* (Londres: Routledge, 1989).

Sobre os labirintos em geral, tanto unicursais quanto multicursais, ver William Henry Matthews, *Mazes and Labyrinths: Their History and Development* (Mineola, Nova York: Dover Publications, 1970). Sobre os labirintos unicursais, ver especialmente Patrick Conty, *The Genesis and Geometry of the Labyrinth: Architecture, Hidden Language, Myths, and Rituals* (Rochester, Vermont: Inner Traditions International, 2002). Ver também David W. McCullough, *The Unending Mystery: A Journey Through Labyrinths and Mazes* (Nova York: Pantheon Books, 2004). Sobre o aspecto espiritual do percurso do labirinto, ver Lauren Artress, *Walking a Sacred Path: Rediscovering the Labyrinth As a Spiritual Tool* (Nova York: Riverhead Books, 1995) e Gailand MacQueen, *The Spirituality of Mazes & Labyrinths* (Kelowna, Canadá: Northstone, 2005).

p. 156:

Ver Roger Ling, *Ancient Mosaics* (Nova York: Longitude Publishing, 1998). Joann Locktov e Leslie Plummer Clagett, em *The Art of Mosaic Design: A Collection of Contemporary Artists* (Chanhassen, Minnesota: Rockport, 2ª ed. 2002), e Tessa Hunkin, em *Modern Mosaic: Inspiration from the 20th Century* (Toronto: Firefly Books, 2003), demonstram que a arte do mosaico não tem absolutamente nada de estranho.

p. 157:

A citação de Grutter foi tirada de Theo Grutter, *Dancing With Mosquitoes: To Liberate the Mind From Humanism – A Way to Green the Mind* (Nova York: Vantage Press, 2000), p. 377.

p. 158:

Sobre as ideias de Freud acerca da dinâmica entre a psique (a mente) e a civilização, ver Sigmund Freud, *Civilization and Its Discontents* (edição padrão das obras de Freud em língua inglesa, traduzida por James Strachey (Nova York: W. W. Norton, 1961).

As duas citações de Roszak foram tiradas de Theodore Roszak, *Person/Planet: The Creative Disintegration of Industrial Society* (Garden City, Nova York: Anchor Books/Doubleday, 1978), pp. 243-242 respectivamente.

Capítulo 6: *Omphalos*: o umbigo do universo

p. 159:

Ver Joan Jacobs Brumberg, *The Body Project: An Intimate History of American Girls* (Nova York: Vintage Books, 1998). Ver também Victoria Pitts, *In the Flesh: The Cultural Politics of Body Modification* (Nova York: Palgrave Macmillan, 2003). Armando R. Favazza, em *Bodies Under Siege: Self Mutilation and Body Modification in Culture and Psychiatry* (Baltimore, Maryland: Johns Hopkins University Press, 2ª ed. 1992), fala sobre a prática das modificações corporais de um ponto de vista psiquiátrico e transcultural.

p. 160:

Sobre a mentalidade e a ideologia do consumismo, ver Peter N. Stearns, *Consumerism in World History: The Global Transformation of Desire* (Londres: Routledge, 2003); Gary Cross, *An All-Consuming Century* (Nova York: Columbia University Press, 2000); William R. Leach, *Land of Desire: Merchants, Power, and the Rise of a New American Culture* (Nova York: Vintage, 2003); e Juliet B. Schor, *Born to Buy: The Commercialized Child and the New Consumer Culture* (Nova York: Scribner, 2004).

p. 161:

A representação artística do corpo humano nu sempre sofreu enormes variações de acordo com a cultura e a moda. Christina Z. Anderson, em *Tutti Nudi: Reflections on the Nude from the Greeks to the Twenty-First Century: Appreciation, Connoisseurship, and Criticism* (Nova York: Midmarch Arts Press, 2000), apresenta um resumo histórico da representação da nudez desde os gregos e romanos até a era moderna. Sobre as ilustrações do corpo nu na Idade Média, ver Benjamin C. Withers e Jonathan Wilcox, orgs., *Naked Before God: Uncovering the Body in Anglo-Saxon England* (Morgantown: West Virginia University Press, 2003). Ver também Marcia Pointon, *Naked Authority: The Body in Western Painting 1830-1908* (Cambridge: Cambridge University Press, 1990); Alison Smith, *The Victorian Nude: Sexuality, Morality, and Art* (Manchester, Reino Unido: Manchester University Press, 1997); James Hall, *Michelangelo and the Reinvention of the Human Body* (Nova York: Farrar, Straus and Giroux, 2005); Helen McDonald, *Erotic Ambiguities: The Female Nude in Art* (Londres: Routledge, 2001). Ruth Barcan, em *Nudity: A Cultural Anatomy* (Oxford, Reino Unido: Berg Publishers, 2004), estuda a nudez na cultura de modo geral. A representação da nudez na arte tem íntima ligação com um ideal de beleza que varia segundo a cultura; o tema é discutido por Umberto Eco num livro ricamente ilustrado, *History of Beauty,* trad. ingl. de Alastair McEwen (Nova York: Rizzoli, 2004).

p. 162:

Leonardo da Vinci foi um gênio completamente *sui generis*. Ver John Paul Richter, org., *The Notebooks of Leonardo Da Vinci* (Mineola, Nova York: Dover Publications, 1970), dois volumes. Ver também Charles Nicholl, *Leonardo da Vinci: Flights of the Mind – A Biography* (Nova York: Viking, 2004).

p. 163:

Sobre a tradição hermética europeia, ver Frances Amelia Yates, *Giordano Bruno and the Hermetic Tradition* (Chicago: University of Chicago Press, 1991); Frances Amelia Yates, *The Occult Philosophy in the Elizabethan Age* (Londres: Routledge, 2001); Alexander Roob, *Alchemy & Mysticism: The Hermetic Museum* (Colônia, Alemanha: Taschen Books, 2001); Julius Evola, *The Hermetic Tradition: Symbols and Teachings of the Royal Art* (Rochester, Vermont: Inner Traditions International, 1995); e Ingrid Merkel e Allen G. Debus, orgs., *Hermeticism and the Renaissance: Intellectual History and the Occult in Early Modern Europe* (Washington: Folger Books, 1988).

p. 165:

Muito se escreveu sobre a noção arcaica do eixo do mundo, mas boa parte desses textos está escondida em coletâneas e periódicos, especialmente em Mircea Eliade, *The Sacred and the Profane: The Nature of Religion*, traduzido do alemão para o inglês por William R. Trask (Orlando, Flórida: Hartcourt, 1987). Visto que o eixo do mundo muitas vezes é representado na forma de uma árvore, ver também Roger Cook, *The Tree of Life: Image for the Cosmos* (Londres: Thames & Hudson, 1974).

Ver também as seguintes discussões acerca da noção do eixo do mundo em culturas específicas: Paul Ciholas, *The Omphalos and the Cross: Pagans and Christians in Search of a Divine Center* (Macon, Geórgia: Mercer University Press, 2003); John F. Michell, *At the Center of the World: Polar Symbolism Discovered in Celtic, Norse and Other Ritualized Landscapes* (Nova York: Thames & Hudson, 1994). Em alemão, o volume publicado por Wilhelm Heinrich Roscher em 1913 com o título de *Omphalos: Eine Philologisch-Archäologisch-Volkskundliche Abhandlung über die Vorstellungen der Griechen und Anderer Völker vom 'Nabel der Erde'* continua sendo uma excelente fonte de pesquisa. O livro foi relançado em 1974 pela Georg Olms Verlag em Hildesheim, Alemanha. A nova edição traz também uma obra que Roscher escreveu em 1918: "Der Omphalosgedanke bei verschiedenen Völkern, besonders den semitischen".

p. 169:

O eixo espinhal (não a coluna vertebral física) tem importância nodal no esoterismo hindu e é manifestamente apresentado como um análogo microcósmico do eixo do mundo. Esse conceito é desenvolvido nos textos de kundalini-yoga escritos em sânscrito e em tâmil.

p. 172:

Sobre o conceito de noosfera, ver especialmente Pierre Teilhard de Chardin, *The Phenomenon of Man* (Nova York: Harper & Row, 1975).

p. 173:

Martin Rees, *Our Final Hour: A Scientist's Warning – How Terror, Error, and Environmental Disaster Threaten Humankind's Future in This Century* (Nova York: Basic Books, 2003). Sir Martin John Rees, astrônomo real da Inglaterra, declarou sem meias palavras que este século decidirá o que deve prevalecer: se as formas de vida mais sutis ou a matéria bruta, pelo menos no planeta Terra. Entre outros fatores de destruição, ele relaciona vírus mortais (fabricados em laboratórios), o fanatismo terrorista e os nanorrobôs, que ninguém pode deter.

p. 176:

Sobre as *mandalas*, ver Giuseppe Tucci, *Theory and Practice of the Mandala* (Londres: Rider & Co., 1961) [Teoria e Prática da Mandala. São Paulo: Pensamento, 1969]. Ver também Jonathan Landaw e Andy Weber, *Images of Enlightenment: Tibetan Art in Practice* (Ithaca, Nova York: Snow Lion Publications, 1993).

p. 178:

Os umbigos de Adão e Eva, objeto de grande interesse teológico e artístico na Idade Média, ainda preocupavam o naturalista britânico Philip Henry Gosse em 1857. Ele escreveu o livro *Omphalos: An Attempt to Untie the Geological Knot*, publicado apenas dois anos antes de *A Origem das Espécies* de Darwin. Ambos os estudiosos admitiam que o mundo parecia existir muito antes que os mais ou menos 6 mil anos do bispo Ussher. Porém, ao contrário de Darwin, que levava a sério os fatos que constatava, Gosse, influenciado pelo fundamentalismo cristão, afirmava convicto que Deus criara, sim, o mundo em seis dias, mas o criara de modo a dar-lhe a aparência de algo muito mais antigo. Essa estranha teoria não pode ser provada nem refutada, mas por que motivo o Criador (se Ele existe) desejaria enganar desse modo suas criaturas inteligentes? Para provar-lhes a fé? Ou por simples diversão? Esse tipo de pensamento fundamentalista só faz criar novos problemas intelectuais, a menos, é claro, que a pessoa seja capaz de cultivar uma fé cega na doutrina da Igreja. Stephen Jay Gould, em *The Flamingo's Smile* (Nova York: W. W. Norton, 1985), discute o dilema que Gosse impôs a si mesmo.

p. 179:

Na era pré-homérica e na própria época de Homero, a alma (*psyche*) ainda não era considerada um aspecto unitário do ser humano. Antes, para os antigos gregos, a alma separada do corpo era uma espécie de sombra descaracterizada. Já a alma incorporada era o que infundia a vida e a consciência na pessoa. O assunto é objeto de competente discussão em Jan

Bremmer, *The Early Greek Concept of the Soul* (Princeton: Princeton University Press, 1987). Ver também Bruno Snell, *The Discovery of the Mind*, trad. ingl. de T. G. Rosenmeyer (Oxford: Oxford University Press, 1953).

p. 180:

A citação de Byron Robinson é tirada de seu livro *The Abdominal And Pelvic Brain* (Hammond, Indiana: Frank S. Betz, 1907), p. 123. Entre os trabalhos mais recentes que versam sobre o mesmo tema, podemos citar um artigo de Jackie D. Wood, "Physiology of the enteric nervous system", em Leonard R. Johnson, org., *Physiology of the Gastrointestinal Tract*, Vol. 1 (Nova York: Raven Press, 3ª ed. 1994); e Michael D. Gershon, *The Second Brain* (Nova York: Harper Collins, 1998).

p. 182:

Ver Michael E. Zimmerman, "Learning to Be Embodied: A Recommendation For College Curriculum Transformation", *The Trumpeter*, vol. 8, nº 3 (verão de 1991), pp. 131-34.

Capítulo 7: Conhecimento incandescente

p. 185:

Ver Bradley Efron e Ronald Thisted, "Estimating the number of unseen species: How many words did Shakespeare know?", *Biometrika*, vol. 63, nº 3 (1976), 435-47.

Sobre o abismal analfabetismo do povo norte-americano, ver um livro revelador de Charlotte Thomson Iserbyt: *The Deliberate Dumbing Down of America – A Chronological Paper Trail* (Bath, Minnesota: 3d Research Co., 1999). Durante o primeiro governo Reagan, Iserbyt foi Conselheira Sênior de Políticas Públicas na Secretaria de Pesquisa e Aperfeiçoamento da Educação, e foi então que, pela primeira vez, denunciou uma iniciativa do governo que visava controlar o conteúdo do ensino dado em todas as salas de aula dos Estados Unidos. Seu livro, bem pesquisado e cuidadosamente documentado, fala sobre a educação nos Estados Unidos nos últimos cem anos e condena sem meias palavras o objetivo oculto do governo norte-

-americano de "emburrecer" deliberadamente os cidadãos do país. A obra de Iserbyt deve ser lida ao lado daquela de Allan Bloom, *Closing of the American Mind* (Nova York: Simon & Schuster, 1987), uma crítica mordaz do ensino universitário norte-americano.

p. 187:

Sobre os trabalhos atuais e as opiniões de Edward de Bono, ver seu website www.edwarddebono.com/about.htm.

p. 190:

Sobre a doutrina de Jiddu Krishnamurti, ver M. Lutyens, org., *The Krishnamurti Reader* (Harmondsworth, Reino Unido: Arkana/ Penguin, 1970). Sobre sua vida, ver Pupul Jayakar, *J. Krishnamurti: A Biography* (Nova York: Harper & Row, 1986). Radha Rajagopal Sloss faz uma apreciação crítica em *Lives in the Shadow with J. Krishnamurti* (Londres: Bloomsbury, 1991).

Sobre o método ETC de Tarthang Tulku, ver seus livros *Time, Space, and Knowledge: A New Vision of Reality* (Berkeley, Califórnia: Dharma Publishing, 1977) e *Knowledge of Time and Space* (Berkeley, Califórnia: Dharma Publishing, 1990).

p. 193:

Evidentemente, a ideia de que a filosofia se origina da experiência do sofrimento não tem nada de novo. A filosofia era ensinada pelos sábios da Índia antiga, inclusive por Gautama, o Buda. O caminho búdico de libertação se estrutura sobre os seguintes quatro reconhecimentos: em primeiro lugar, o sofrimento é onipresente. Em segundo lugar, a causa do sofrimento é a ignorância. Em terceiro lugar, o sofrimento acaba quando surge a verdadeira sabedoria. Em quarto lugar, a ignorância pode ser vencida pela prática do Nobre Caminho Óctuplo, que compreende o entendimento correto, a resolução correta, a fala correta, a ação correta, o meio de vida correto, o esforço correto, a atenção correta e a concentração correta. A espiritualidade budista é delineada em muitos livros. Recomendo especificamente o de Sangharakshita, *A Survey of Buddhism: Its Doctrines and Methods Through the Ages* (Birmingham, Reino Unido: Windhorse Publications, ed. rev. 2001) e o de Hans Wolfgang Schumann, *Buddhism: An Outline of Its Tea-*

chings and Schools (Wheaton, Illinois: Quest Books, 1990). A tradição budista tibetana é apresentada com competência por Reginald A. Ray em *Secret of the Vajra World: The Tantric Buddhism of Tibet* (Boston, Massachusetts: Shambhala Publications, 2001) e *Indestructible Truth: The Living Spirituality of Tibetan Buddhism* (Boston, Massachusetts: Shambhala Publications, 2002).

p. 195:

A continuidade da consciência anestesiada é discutida em C. Jordan *et al.*, orgs., *Memory and Awareness in Anaesthesia 4: Proceedings of the Fourth International Symposium* (Londres: Imperial College Press, 1999).

p. 196:

A morte extraordinária de Sua Santidade o XVI Karmapa foi narrada em detalhes por Reginald A. Ray, *Secret of the Vajra World* (Boston, Massachusetts: Shambhala, 2001), pp. 465-80. Um relato mais curto se encontra em Sushila Blackman, org., *Graceful Exits: How Great Beings Die – Death Stories of Hindu, Tibetan Buddhist, and Zen Masters* (Boston, Massachusetts: Shambhala Publications, 2005), pp. 126 e 128. A biografia do jovem XVII Karmapa está em Mick Brown, *The Dance of 17 Lives* (Londres: Bloomsbury USA, 2004).

Para a maioria dos ocidentais, a crença na reencarnação é irracional. Não obstante, a reencarnação é aceita como fato em muitas culturas não ocidentais, especialmente as ligadas ao hinduísmo e ao budismo. Sylvia Cranston, org., em *Reincarnation: The Phoenix Fire Mystery* (Pasadena, Califórnia: Theosophical University Press, 1994), faz um resumo do tema. Ver também Colin Wilson, *Exploring Reincarnation: The Classic Guide to the Evidence for Past-Life Experiences* (Londres: Rider, nova ed. 2004). Ian Stevenson, em *Twenty Cases Suggestive of Reincarnation* (Charlottesville: University of Virginia, 2ª ed. revista e aumentada, 1980), relaciona alguns casos estudados cientificamente.

Vicki Mackenzie, em *Reincarnation: The Body Lama* (Londres: Bloomsbury, 1988), narra a reencarnação de um lama tibetano atual. O lama em questão é Thubten Yeshe Rimpoche, que desta vez, ao que parece, assumiu o corpo de uma criança espanhola. Veja-se o relato autobiográfico de um mestre tibetano reencarnado em Jamyang Wangmo, *The Lawudo Lama: Stories of Reincarnation from the Mount Everest Region* (Boston, Massachusetts: Wisdom Publications, 2005). Essa obra, com prefácio de Sua Santidade o Dalai Lama, conta a história de Kunzang Yeshe Rimpoche (o primeiro Lawudo Lama) e de sua atual reencarnação na forma de Thubten Zopa (o segundo Lawudo Lama, mais conhecido como Lama Zopa Rimpoche).

A nomeação do novo Karmapa deixou muito claro que existem inúmeros fatores culturais e políticos envolvidos na identificação de um lama tibetano de primeiro escalão. Em outras palavras, não é um acontecimento de interesse puramente espiritual. Sobre as circunstâncias em que se deu a identificação da XVII incorporação (*tulku*) do Karmapa, ver Lea Terhune, *Karmapa: The Politics of Reincarnation* (Boston, Massachusetts: Wisdom Publications, 2004).

O relato da morte extraordinária do XVI Karmapa é baseado em uma entrevista com seu médico pessoal, o doutor Mitchell Levy, e pode ser lido em Reginald A. Ray, *Secret of the Vajra World* (Boston, Massachusetts: Shambhala Publications, 2001), pp. 467-80.

p. 199:

Ver Carl Gustav Jung, "Yoga and the West", *Prabuddha Bharata* (Calcutá, 1936), pp. 170-77. Esse ensaio faz parte de *The Collected Works of C. G. Jung,* vol. 11: *Psychology and Religion: West and East* (Princeton: Princeton University Press, 2ª ed. 1970). Também estão incluídos no mesmo volume os ensaios "Psychological Commentary on The Tibetan Book of the Great Liberation" (1939), "The Psychology of Eastern Meditation" (1943) e "The Holy Men of India" (1944). O ensaio "What India Can Teach Us" (1939) se encontra em *The Collected Works of C. G. Jung,* vol. 10: *Civilization in Transition* (Bollingen, 2ª ed. 1970).

Cf. também esta observação de Jung: "Estude o yoga, pois você aprenderá infinitas coisas – mas não tente aplicá-lo". Citação tirada de C. G. Jung, *Psychology and the East* (Princeton: Princeton University Press, 1ª Edição Prince, 1978), p. 82. Essa edição engloba excertos dos volumes 10, 11, 13 e 18 das *Collected Works* e inclui os ensaios mencionados acima. O comentário de Jung não tem sentido, pois o yoga só revela seu sentido mais profundo quando é praticado.

Harold Coward, *Jung and Eastern Thought* (Nova York: SUNY Press, 1985), e Judith Harris, *Jung and Yoga: The Psyche-Body Connection* (Toronto: Inner City Books, 2000), discutem criticamente as opiniões de Jung sobre as doutrinas orientais. Ver também Geraldine Coster, *Yoga and Western Psychology: A Comparison* (Nova Délhi: Motilal Banarsidass, reeditado em 1998); J. J. Clarke, *Jung and Eastern Thought: A Dialogue with the Orient* (Londres: Routledge, 1994); Radmila Moacanin, *The Essence of Jung's Psychology and Tibetan Buddhism* (Boston, Massachusetts: Wisdom Publications, 2003); Nathan Katz, org., *Buddhism and Western Psychology* (Boulder, Colorado: Prajna Press, 1983); Jeffrey B. Rubin, *Psychotherapy and Buddhism: Toward an Integration* (Nova York: Plenum Press, 1996); e Anand C. Paranjpe, *Theoretical Psychology: The Meeting of East and West* (1983).

John J. Clarke, *Oriental Enlightenment: The Encounter Between Asian and Western Thought* (Londres: Routledge, 1997), discute os aspectos gerais da ligação entre Oriente e Ocidente. Sobre esse assunto, ver também F. S. Northrop, *Meeting of East and West* (Nova York: MacMillan, 1960). Sarvepalli Radhakrishnan, ex-presidente da Índia que se dedicou, como Jung, a construir pontes entre o Oriente e o Ocidente, escreveu *East and West: Some Reflections* (Londres: Allen & Unwin, 1955) e *Indian Religions and Western Thought* (Oxford: Oxford University Press, 1985).

p. 205:

Sobre Abraham Maslow e seus conceitos de "terceira força" e "quarta força" na psicologia, ver seus livros *Toward a Psychology of Being* (Nova York: Wiley, 3ª ed. 1998) e *The Farther Reaches of Human Nature* (Harmondsworth, Reino Unido: Penguin Books, 2ª ed. 1973). Ver também Edward Hoffman, *The Right to be Human: A Biography of Abraham Maslow* (Columbus, Ohio: McGraw Hill, 1999).

p. 205:

Clinicamente, o sonambulismo afeta uma em cada dez pessoas pelo menos uma vez na vida. Metaforicamente, afirmo que 99% da humanidade é sonâmbula. Também era essa a opinião do inflexível Georges Ivanovich Gurdjieff, tido como um mestre do século XX, cuja obra inspirou o psicólogo americano Charles Tart a escrever *Waking Up: Overcoming the Obsta-*

cles to Human Potential (Boston, Massachusetts: Shambhala Publications, 1987) e *Open Mind, Discriminating Mind: Reflections on Human Possibilities* (Nova York: Harper & Row, 1989).

Epílogo

p. 208:

O comentário de Hitler sobre o sonambulismo, que deveria ter alarmado seus leitores, é citado em Sir Ian Kershaw, *Hitler, 1889–1936: Hubris* (Nova York: W. W. Norton, 1999), p. 591. Ver, do mesmo autor, *Hitler, 1936-1945: Nemesis* (Nova York: W. W. Norton, 2000).

Pós-escrito

p. 212:

Os livros *Green Yoga* (Eastend, Saskatchewan, 2007) e *Green Dharma* (Eastend, Saskatchewan, 2007), de Georg Feuerstein e Brenda Feuerstein, trazem mais detalhes sobre a atual crise ambiental e aprofundam a crítica à abordagem gradual de Al Gore. [*Yoga Verde* e *Dharma Verde*, publicados respectivamente em 2010 e 2011 pela Editora Pensamento, São Paulo.]

BIBLIOGRAFIA SELECIONADA

Nas notas aos capítulos, fornecemos outras referências bibliográficas.

Ahmed, Nafeez Mosaddeq. *Behind the War on Terror: Western Strategy and the Struggle for Iraq*. Gabriola Island, Canadá: New Society Publishers, 2003.

Aldhouse-Green, Miranda e Stephen. *The Quest for the Shaman: Shape-Shifters, Sorcerers and Spirit-Healers of Ancient Europe*. Londres: Thames & Hudson, 2005.

Anderson, Walter Truett. *Reality Isn't What It Used to Be*. San Francisco: Harper & Row, 1990.

Arnheim, Rudolf. *To the Rescue of Art*. Berkeley: University of California Press, 1992.

Arvigo, Rosita. *Sastun: My Apprenticeship With a Maya Healer*. Nova York: HarperCollins, 1994.

Athanasiou, Tom e Paul Baer. *Dead Heat: Global Justice and Global Warming*. Nova York: Seven Stories Press, 2002.

Aurobindo, Sri. *On the Veda*. Pondicherry, Índia: Sri Aurobindo Ashram, 1964.

_____. *Hymns to the Mystic Fire*. Pondicherry, Índia: Sri Aurobindo Ashram, 1970.

Avedon, John F. *In Exile from the Land of Snows: The Definitive Account of the Dalai Lama and Tibet Since the Chinese Conquest*. Nova York: HarperPerennial, 1994.

Aveni, A. F., org. *World Archaeoastronomy*. Cambridge, Inglaterra: Cambridge University Press, 1989.

Beer, Robert. *The Encyclopedia of Tibetan Symbols and Motifs*. Boston, Mass.: Shambhala Publications, 1999.

Berger, Peter L. *The Homeless Mind*. Harmondsworth, Inglaterra: Penguin Books, 1973.

_____. *A Rumour of Angels: Modern Society and the Rediscovery of the Supernatural*. Harmondsworth, Inglaterra: Penguin Books, 1971.

Berman, Morris. *Dark Ages America: The Final Phase of Empire*. Nova York: W. W. Norton, 2006.

———. *The Twilight of American Culture*. Nova York: W. W. Norton, 2000.

———. *The Reenchantment of the World*. Nova York: Bantam Books, 1984.

———. *Coming to Our Senses: Body and Spirit in the Hidden History of the West*. Nova York: Simon & Schuster, 1989.

———. *Wandering God: A Study of Nomadic Spirituality*. Albany, N.Y.: SUNY Press, 2000.

Bloom, Allan. *Closing of the American Mind*. Nova York: Simon & Schuster, 1987.

Bremmer, Jan. *The Early Greek Concept of the Soul*. Princeton, N.J.: Princeton University Press, 1987.

Brown, Lester R. *Eco-Economy: Building an Economy for the Earth*. Nova York: W. W. Norton, 2001.

Brumberg, Joan Jacobs. *The Body Project: An Intimate History of American Girls*. Nova York: Vintage Books, 1998.

Buhner, Stephen Harrod. *The Lost Language of Plants: The Ecological Importance of Plant Medicines to Life on Earth*. White River Junction, Vt.: Chelsea Green, 2002.

Cassirer, Ernst. *An Essay on Man*. New Haven, Conn.: Yale University Press, 1944.

Chipp, Herschel B. *Theories of Modern Art: A Source Book by Artists and Critics*. Berkeley, Calif.: University of California Press, 1968.

Ciholas, Paul. *The Omphalos and the Cross: Pagans and Christians in Search of a Divine Center*. Macon, Ga.: Mercer University Press, 2003.

Combs, A. *The Radiance of Being: Complexity, Chaos and the Evolution of Consciousness*. Nova York: Paragon House, 1996.

Conty, Patrick. *The Genesis and Geometry of the Labyrinth: Architecture, Hidden Language, Myths, and Rituals*. Rochester, Vt.: Inner Traditions International, 2002.

Coward, Harold. *Yoga and Psychology: Language, Memory, and Mysticism*. Albany, N.Y.: SUNY Press, 2002.

Cranston, Sylvia, org. *Reincarnation: The Phoenix Fire Mystery*. Pasadena, Calif.: Theosophical University Press, 1994.

Cross, Gary. *An All-Consuming Century*. Nova York: Columbia University Press, 2000.

Dawkins, Richard. *The Selfish Gene*. Oxford: Oxford University Press, 2^a ed. 1989.

Deikman, Arthur J. *The Observing Self: Mysticism and Psychotherapy*. Boston, Mass.: Beacon Press, 1982.

Dossey, L. *Recovering the Soul*. Nova York: Bantam Books, 1989. [*Reencontro com a Alma*, publicado pela Editora Cultrix, São Paulo, 1992.] (fora de catálogo)

_____. *Healing Words: The Power of Prayer and the Practice of Medicine*. Nova York: HarperCollins, 1993. [*As Palavras Curam*, publicado pela Editora Cultrix, São Paulo, 1996.] (fora de catálogo)

Drengson, Alan. *The Practice of Technology: Exploring Technology, Ecophilosophy, and Spiritual Disciplines for Vital Links*. Nova York: SUNY Press, 1995.

Eccles, John C. *The Wonder of Being Human: Our Brain and Our Mind*. Nova York: Free Press, 1984.

Edwards, Andres R. *The Sustainability Revolution: Portrait of a Paradigm Shift*. Gabriola Island, Colúmbia Britânica: New Society Publishers, 2005.

Ehrlich, Paul R. e Anne H. Ehrlich. *Betrayal of Science and Reason: How Anti-Environment Rhetoric Threatens Our Future*. Washington, D.C.: Island Press, 1998.

Elder, Charles D. *The Political Uses of Symbols*. Nova York: Longman Publishing Group, 1983.

Elgin, Duane. *Awakening Earth: Exploring the Evolution of Human Culture and Consciousness*. Nova York: William Morrow, 1993.

_____. *Voluntary Simplicity: Toward a Way of Life That is Outwardly Simple, Inwardly Rich*. Nova York: William Morrow, ed. rev. 1996.

_____. *Promise Ahead: A Vision of Hope and Action For Humanity's Future*. Nova York: HarperCollins, 2000.

Eliade, Mircea. *Shamanism*. Londres: Routledge & Kegan Paul, 1964.

_____. *Images and Symbols: Studies in Religious Symbolism*. Princeton, N.J.: Princeton University Press, 1991.

_____. *The Sacred and the Profane: The Nature of Religion*. Orlando, Fl.: Hartcourt, 1987.

Feuerstein, Georg. *Yoga Morality: Ancient Teachings at a Time of Global Crisis*. Prescott, Ariz.: Hohm Press, 2007.

_____. *Holy Madness: Spirituality, Crazy-Wise Teachers, and Enlightenment*. Prescott, Ariz.: Hohm Press, 2006.

_____. *The Yoga Tradition: Its History, Literature, Philosophy and Practice*. Prescott, Ariz.: Hohm Press, 2001.

_____. *Tantra: The Path of Ecstasy*. Boston, Mass.: Shambhala Publications, 1998.

_____. *Shambhala Encyclopedia of Yoga*. Boston, Mass.: Shambhala Publications, 1997.

_____. *Structures of Consciousness: The Genius of Jean Gebser.* Lower Lake, Calif.: Integral Publishing, 1987.

_____. e Brenda Feuerstein. *Green Yoga.* Eastend, Saskatchewan: Traditional Yoga Studies, 2007. [*Yoga Verde,* publicado pela Editora Pensamento, São Paulo, 2010.]

_____. e Brenda Feuerstein. *Green Dharma.* Eastend, Saskatchewan: Traditional Yoga Studies, 2008. [*Dharma Verde,* publicado pela Editora Pensamento, São Paulo, 2011.]

Forman, Robert K. C., org. *The Problem of Pure Consciousness: Mysticism and Philosophy.* Oxford: Oxford University Press, 1990.

Freidel, David *et al. Maya Cosmos: Three Thousand Years on the Shaman's Path.* Nova York: William Morrow, 1995.

Freud, Sigmund. *Civilization and Its Discontents.* The Standard Edition, trad. ingl. de James Strachey. Nova York: W. W. Norton, 1961.

_____. *The Psychopathology of Everyday Life.* Trad. ingl. de James Strachey. Volume 6 da Standard Edition. Londres: Hogarth Press, 1960.

Gebser, Jean. *The Ever-Present Origin.* Trad. ingl. de N. Barstad com a assistência de A. Mickunas. Athens: Ohio University Press, 1985.

Gilbert, Felix com a assistência de David Clay Large. *The End of the European Era, 1890 to the Present.* Nova York: W. W. Norton, 1991.

Gombrich, E. H. *The Story of Art.* Londres: Phaidon Press, reimpr. 1971.

Goswami, Shyam Sundar. *Layayoga.* Rochester, Vt.: Inner Traditions International, 1999.

Goudsblom, Johan. *Fire and Civilization.* Nova York: Viking Adult, 1993.

Gould, Stephen Jay. *The Flamingo's Smile.* Nova York: W.W. Norton, 1985.

Green, Elmer e Alice Green. *Beyond Biofeedback.* Nova York: Dell, 1977.

Grutter, Theo. *Dancing with Mosquitoes: To Liberate the Mind From Humanism – A Way to Green the Mind.* Nova York: Vantage Press, 2000.

Guenther, Herbert V. *Tibetan Buddhism in Western Perspective.* Emeryville, Calif.: Dharma Publishing, 1977.

Hadingham, E. *Secrets of the Ice Age: The World of the Cave Artists.* Nova York: Walker, 1979.

Harman, Willis. *Global Mind Change.* Indianápolis: Knowledge Systems, 1988.

Harris, Judith. *Jung and Yoga: The Psyche-Body Connection.* Toronto: Inner City Books, 2001.

Harris, Sam. *The End of Faith: Religion, Terror, and the Future of Reason.* Nova York: W. W. Norton, 2004.

Heinberg, Richard. *The Party's Over: Oil, War and the Fate of Industrial Societies.* Gabriola Island, Colúmbia Britânica: New Society Publishers, 2003.

_____. *Cloning the Buddha: The Moral Impact of Biotechnology.* Wheaton, Ill.: Quest Books, 1999.

_____. *Memories and Visions of Paradise: Exploring the Universal Myth of a Lost Golden Age.* Wheaton, Ill.: Quest Books, 1995.

Howard, M. *The Occult Conspiracy.* Rochester, Vt.: Destiny Books, 1989.

Iserbyt, Charlotte Thomson. *The Deliberate Dumbing Down of America: A Chronological Paper Trail.* Bath, Mn.: 3d Research Co., 1999.

Jablonka, Eva e Marion J. Lamb. *Epigenetic Inheritance and Evolution – the Lamarckian Dimension.* Oxford: Oxford University Press, 1995.

Jensen, Derrick. *Listening to the Land: Conversations About Nature, Culture, and Eros.* White River Junction, Vt.: Chelsea Green, 2004.

_____. e George Draffan. *Strangely Like War: The Global Assault on Forests.* White River Junction, Vt.: Chelsea Green, 2003.

Johanson, Donald e Blake Edgar. *From Lucy to Language.* Nova York: Simon & Schuster, 1996.

Johnson, Robert A. *Owning Your Own Shadow: Understanding the Dark Side of the Psyche.* San Francisco: HarperSanFrancisco, reimpr. 1993.

Jung, Carl Gustav. *Modern Mind in Search of a Soul.* Nova York: Harvest Books, 1933.

_____. *Man and His Symbols.* Nova York: Dell Publishing, 1968.

_____. *Psychology and the East.* Princeton, N.J.: Princeton University Press, 1ª ed. Prince, 1978.

Kaelber, W. O. *Tapta Marga: Asceticism and Initiation in Vedic India.* Albany, NY: SUNY Press, 1989.

Kak, Subhash. *The Astronomical Code of the Rigveda.* Nova Délhi: Munshiram Manoharlal, ed. rev. 2000.

Krupp, E. C. *Echoes of the Ancient Skies: The Astronomy of Lost Civilizations.* Nova York: Harper & Row, 1983.

_____. *Beyond the Blue Horizon: Myths and Legends of the Sun, Moon, Stars, and Planets.* Nova York: HarperCollins, 1991.

Kunow, Marianna Appel. *Maya Medicine: Traditional Healing in Yucatan.* Albuquerque: University of New Mexico Press, 2003.

Lange, Victor, Eric Blackall e Cyrus Hamlin, orgs. *Goethe's Collected Works.* Nova York: Suhrkamp, 1983-1989. 12 volumes.

Lauck, Joanne Elizabeth. *The Voice of the Infinite in the Small: Re-Visioning Insect-Human Connection.* Boston, Mass.: Shambhala Publications, 2002.

Leach, William R. *Land of Desire: Merchants, Power, and the Rise of a New American Culture.* Nova York: Vintage, 2003.

Lovelock, James. *Homage to GAIA: The Life of an Independent Scientist.* Oxford: Oxford University Press, 2000.

Macqueen, Gailand. *The Spirituality of Mazes & Labyrinths.* Kelowna, Canadá: Northstone, 2005.

Maslow, Abraham. *The Farther Reaches of Human Nature.* Harmondsworth, Inglaterra: Penguin Books, 1971.

_____. *Toward a Psychology of Being.* Nova York: Wiley, 3ª ed. 1998.

Matthews, William Henry. *Mazes and Labyrinths: Their History and Development.* Mineola, N.Y.: Dover Publications, 1970.

McGinn, Bernard. *The Mystical Thought of Meister Eckhart: The Man from Whom God Hid Nothing.* Nova York: Herder & Herder, 2003.

McLeod, Melvin, org. *Mindful Politics: A Buddhist Guide to Making the World a Better Place.* Boston, Mass.: Wisdom Publications, 2006.

McLuhan, Marshall *et al. The Medium is the Massage: An Inventory of Effects.* Nova York: Bantam Books. 1967.

Merkel, Ingrid e Allen G. Debus, orgs. *Hermeticism and the Renaissance: Intellectual History and the Occult in Early Modern Europe.* Washington, D.C.: Folger Books, 1988.

Merkel, Jim. *Radical Simplicity: Small Footprints on a Finite Earth.* Gabriola Island, Colúmbia Britânica: New Society Publishers, 2003.

Metzner, Ralph. *Green Psychology: Transforming Our Relationship to the Earth.* Rochester, Vt.: Park Street Press, 1999.

Michell, John F. *At the Center of the World: Polar Symbolism Discovered in Celtic, Norse and Other Ritualized Landscapes.* Nova York: Thames & Hudson, 1994.

Murphy, Michael. *The Future of the Body: Explorations Into the Further Evolution of Human Nature.* Los Angeles: J. P. Tarcher, 1992.

Napoleoni, Loretta. *Terror Incorporated: Tracing the Dollars Behind the Terror Network.* Nova York: Seven Stories Press, 2005.

O'Flaherty, Wendy Doniger. *The Rig Veda: An Anthology.* Harmondsworth, Inglaterra: Penguin Books, 1981.

Osman, Ahmed. *Christianity: An Ancient Egyptian Religion.* Rochester, Vt.: Bear & Co., 1998.

Pagels, H. R. *The Cosmic Code: Quantum Physics as the Language of Nature.* Nova York: Bantam Books, 1983.

Palmer, Trevor. *Perilous Planet Earth: Catastrophes and Catastrophism through the Ages.* Cambridge: Cambridge University Press, 2003.

Penfield, Wilder. *The Mystery of the Mind.* Princeton, N.J.: Princeton University Press, 1975.

Penrose, Roger. *Shadows of the Mind: A Search for the Missing Science of Consciousness.* Oxford: Oxford University Press, 1994.

Pitman, Walter e Bill Ryan. *Noah's Flood: The New Scientific Discoveries About the Event That Changed History.* Nova York: Simon & Schuster, 2000.

Ray, Reginald A. *Secret of the Vajra World: The Tantric Buddhism of Tibet.* Boston, Mass.: Shambhala Publications, 2001.

_____. *Indestructible Truth: The Living Spirituality of Tibetan Buddhism.* Boston, Mass.: Shambhala Publications, 2002.

Reeves, Nicholas. *Akhenaten: Egypt's False Prophet.* Londres: Thames & Hudson, 2005.

Rice, M. *Egypt's Making: The Origins of Ancient Egypt 5000-2000 B.C.* Londres: Routledge, 1991.

Richter, John Paul, org. *The Notebooks of Leonardo Da Vinci.* Mineola, Nova York Dover Publications, 1970.

Rifkin, Ira. *Spiritual Perspectives on Globalization: Making Sense of Economic and Cultural Upheaval.* Woodstock, Vt.: Skylight Paths, 2004.

Rolle, Richard. *The Fire of Love.* Harmondsworth, Inglaterra: Penguin, 1972.

Roszak, Theodore. *Person/Planet: The Creative Disintegration of Industrial Society.* Garden City, N.Y.: Anchor Press/Doubleday, 1978.

Ruppert, Michael C. *Crossing the Rubicon: The Decline of the American Empire at the End of the Age of Oil.* Gabriola Island, Canadá: New Society Publishers, 2004.

Santillana, Giorgio de e Hertha von Dechend. *Hamlet's Mill: An Essay on Myth and the Frame of Time.* Boston, Mass.: Nonpareil Books/David Godine Publisher, nova ed. 1977.

Schele, Linda. *The Blood of Kings: Dynasty and Ritual in Maya Art.* Nova York: George Braziller, 1992.

_____. e David Freidel. *A Forest of Kings: The Untold Story of the Ancient Maya.* Nova York: William Morrow, 1990.

_____. et al. *The Code of Kings: The Language of Seven Sacred Maya Temples and Tombs.* Nova York: Scribner, 1999.

Schor, Juliet B. *Born to Buy: The Commercialized Child and the New Consumer Culture*. Nova York: Scribner, 2004.

Shamdasani, Sonu, org. *The Psychology of Kundalini Yoga: Notes of the Seminar Given in 1932 by C. G. Jung*. Princeton, N.J.: Princeton University Press, 1996.

Smith, Huston. *Forgotten Truth: The Primordial Tradition*. Nova York: Harper Torchbooks, 1985.

_____. *Beyond the Post-Modern Mind*. Wheaton, Ill.: Quest Books, 1989.

Stearns, Peter N. *Consumerism in World History: The Global Transformation of Desire*. Londres: Routledge, 2003.

Stevenson, Ian. *Twenty Cases Suggestive of Reincarnation*. Charlottesville: University of Virginia, 2ª ed. rev. e aument. 1980.

Suzuki, David. *Time to Change: Essays*. Toronto: Stoddart Publishing, 1994.

_____. *Inventing the Future*. Londres: Allen & Unwin, 1990.

Swimme, Brian e Thomas Berry. *The Universe Story: From the Primordial Flaring Forth to the Ecozoic Era – A Celebration of the Unfolding of the Cosmos*. Nova York: HarperCollins, 1992.

Tarnas, Richard. *The Passion of the Western Mind*. Nova York: Harmony Books, 1991.

Tart, Charles. *Waking Up: Overcoming the Obstacles to Human Potential*. Boston, Mass.: New Science Library, 1987.

_____. *Open Mind, Discriminating Mind*. San Francisco: HarperSanFrancisco, 1989.

Tarthang Tulku. *Openness Mind*. Emeryville, Calif.: Dharma Publishing, 1978.

_____. *Time, Space, and Knowledge: A New Vision of Reality*. Berkeley, Calif.: Dharma Publishing, 1977.

_____. *Knowledge of Time and Space*. Berkeley, Calif.: Dharma Publishing, 1990.

Teilhard de Chardin, Pierre. *The Phenomenon of Man*. Nova York: Harper & Row, 1959. [*O Fenômeno Humano*, publicado pela Editora Cultrix, São Paulo, 1988.]

_____. *The Future of Man*. Nova York: Harper & Row, 1964.

Tillich, Paul. *Systematic Theology*. Chicago: University of Chicago Press, 1951. 2 vols.

Toynbee, Arnold. *Civilization on Trial and The World and the West*. Nova York: Meridian Books, 1958.

_____. e Daisaku Ikeda. *The Toynbee-Ikeda Dialogue: Man Himself Must Choose*. Tóquio: Kodansha International, 1976.

Trungpa, Chögyam. *Illusion's Game: The Life and Teaching of Naropa*. Boston, Mass.: Shambhala Publications, 1994.

_____. *Shambhala: Sacred Path of the Warrior.* Boston, Mass.: Shambhala Publications, reimpr. 1988. [*Shambhala – A Trilha Sagrada do Guerreiro*, publicado pela Editora Cultrix, São Paulo, 1992.]

Weizsäcker, Carl Friedrich von. *The Unity of Nature.* Nova York: Farrar, Straus, Giroux, 1980.

Wilber, Ken. *Up from Eden, New Edition: A Transpersonal View of Human Evolution.* Wheaton, Ill.: Quest Books, reimpr. 1996.

_____. *Sex, Ecology, Spirituality: The Spirit of Evolution.* Boston, Mass.: Shambhala Publications, 2000.

Wilson, Colin. *Exploring Reincarnation: The Classic Guide to the Evidence for Past-Life Experiences.* Londres: Rider, nova ed. 2004.

Wolf, Fred Alan. *The Yoga of Time Travel: How the Mind Can Defeat Time.* Wheaton, Ill.: Quest Books, 2004.

Zeilinga de Boer, Jelle e Donald Theodore Sanders. *Earthquakes in Human History: The Far-Reaching Effects of Seismic Disruptions.* Princeton, N.J.: Princeton University Press, 2004.

_____. *Volcanoes in Human History: The Far-Reaching Effects of Major Eruptions.* Princeton, N.J.: Princeton University Press, 2004.

Zimmer, Heinrich R. *Myths and Symbols in Indian Art and Civilization.* Princeton, N.J.: Princeton University Press, 1972.

PRÓXIMOS LANÇAMENTOS

Editora
Pensamento
SÃO PAULO

Para receber informações sobre os lançamentos da Editora Pensamento, basta cadastrar-se no site:
www.editorapensamento.com.br

Para enviar seus comentários sobre este livro,
visite o site
www.editorapensamento.com.br
ou mande um e-mail para
atendimento@editorapensamento.com.br